GESTÃO AMBIENTAL

O GEN | Grupo Editorial Nacional – maior plataforma editorial brasileira no segmento científico, técnico e profissional – publica conteúdos nas áreas de ciências sociais aplicadas, exatas, humanas, jurídicas e da saúde, além de prover serviços direcionados à educação continuada e à preparação para concursos.

As editoras que integram o GEN, das mais respeitadas no mercado editorial, construíram catálogos inigualáveis, com obras decisivas para a formação acadêmica e o aperfeiçoamento de várias gerações de profissionais e estudantes, tendo se tornado sinônimo de qualidade e seriedade.

A missão do GEN e dos núcleos de conteúdo que o compõem é prover a melhor informação científica e distribuí-la de maneira flexível e conveniente, a preços justos, gerando benefícios e servindo a autores, docentes, livreiros, funcionários, colaboradores e acionistas.

Nosso comportamento ético incondicional e nossa responsabilidade social e ambiental são reforçados pela natureza educacional de nossa atividade e dão sustentabilidade ao crescimento contínuo e à rentabilidade do grupo.

Reinaldo Dias

3ª EDIÇÃO

GESTÃO AMBIENTAL
RESPONSABILIDADE SOCIAL E SUSTENTABILIDADE

gen | atlas

- O autor deste livro e a editora empenharam seus melhores esforços para assegurar que as informações e os procedimentos apresentados no texto estejam em acordo com os padrões aceitos à época da publicação, *e todos os dados foram atualizados pelo autor até a data de fechamento do livro.* Entretanto, tendo em conta a evolução das ciências, as atualizações legislativas, as mudanças regulamentares governamentais e o constante fluxo de novas informações sobre os temas que constam do livro, recomendamos enfaticamente que os leitores consultem sempre outras fontes fidedignas, de modo a se certificarem de que as informações contidas no texto estão corretas e de que não houve alterações nas recomendações ou na legislação regulamentadora.

- O autor e a editora se empenharam para citar adequadamente e dar o devido crédito a todos os detentores de direitos autorais de qualquer material utilizado neste livro, dispondo-se a possíveis acertos posteriores caso, inadvertida e involuntariamente, a identificação de algum deles tenha sido omitida.

- **Atendimento ao cliente: (11) 5080-0751 | faleconosco@grupogen.com.br**

- Direitos exclusivos para a língua portuguesa
  Copyright © 2017, 2024 (6ª impressão) by
  Editora Atlas Ltda.
  Uma editora integrante do GEN | Grupo Editorial Nacional

- Travessa do Ouvidor, 11
  Rio de Janeiro – RJ – 20040-040
  www.grupogen.com.br

- Reservados todos os direitos. É proibida a duplicação ou reprodução deste volume, no todo ou em parte, em quaisquer formas ou por quaisquer meios (eletrônico, mecânico, gravação, fotocópia, distribuição pela Internet ou outros), sem permissão, por escrito, da Editora Atlas Ltda.

- Capa: MSDE | MANU Santos Design

- Imagem: Anna_leni | Istockphoto

- Projeto gráfico e editoração eletrônica: Caixa Alta Editoração | Ronaldo Alexandre

CIP-BRASIL. CATALOGAÇÃO NA PUBLICAÇÃO
SINDICATO NACIONAL DOS EDITORES DE LIVROS, RJ

Dias, Reinaldo
Gestão ambiental: responsabilidade social e sustentabilidade / Reinaldo Dias. – 3. ed. – [6ª Reimp.] - São Paulo: Atlas, 2024.
Bibliografia.
ISBN 978-85-97-01033-6

1. Administração de empresas 2. Desenvolvimento sustentável 3. Gestão ambiental 4. Planejamento estratégico 5. Responsabilidade social das organizações   I. Título.

06-0342   CDD-658.408

Índices para catálogo sistemático:
1. Gestão ambiental : Responsabilidade social e sustentabilidade : Empresas : Administração   658.408

Material Suplementar

Este livro conta com o seguinte material suplementar:

- Apresentações para uso em sala de aula (exclusivo para professores).

O acesso ao material suplementar é gratuito. Basta que o leitor se cadastre, faça seu *login* em nosso *site* (www.grupogen.com.br) e, após, clique em Ambiente de aprendizagem.

O acesso ao material suplementar online fica disponível até seis meses após a edição do livro ser retirada do mercado.

Caso haja alguma mudança no sistema ou dificuldade de acesso, entre em contato conosco (gendigital@grupogen.com.br).

Sumário

Apresentação, XI

1 A evolução histórica da questão ambiental, 1

    1.1 O homem e a natureza na pré-história, 1

    1.2 A criação do ambiente cultural: o processo de urbanização, 4

    1.3 Industrialização e meio ambiente, 5

    1.4 A contaminação industrial, 7

    Conclusão, 15

2 A tomada de consciência do problema ambiental, 17

    2.1 O problema ambiental no século XX, 17

    2.2 A década de 1970, 19

    2.3 A década de 1980, 23

    2.4 A década de 1990 e o início do século XXI, 24

    2.5 O estado do debate ambiental no final do século XX, 28

    2.6 A expansão da consciência ambiental: o papel das ONGs, 29

    Conclusão, 34

3 O desenvolvimento sustentável como novo paradigma, 35

    3.1 Antecedentes históricos, 35

    3.2 A Comissão Brundtland e o conceito de sustentabilidade, 36

    3.3 A Conferência das Nações Unidas no Rio de Janeiro (1992) e os seus desdobramentos, 38

    3.4 O desenvolvimento sustentável no âmbito empresarial, 42

    3.5 As dimensões da sustentabilidade: econômica, social e ambiental, 45

    3.6 *Triple Bottom Line* ou Tripé da Sustentabilidade, 46

3.7 A economia verde, 47
3.8 O Protocolo Verde, 48
3.9 O Princípio Poluidor-Pagador (PPP), 50
3.10 A pegada ecológica, 51
3.11 Os Objetivos do Desenvolvimento Sustentável (ODS), 54
Conclusão, 55

4 As empresas e o meio ambiente, 57

4.1 Empresas e contaminação, 57
4.2 Fatores externos que induzem respostas das empresas, 60
4.3 A resposta das empresas, 63
4.4 Gestão ambiental e competitividade, 65
4.5 Estímulos para a adoção de métodos de gestão, 69
4.6 A avaliação de impacto ambiental, 75
4.7 O Estudo de Impacto Ambiental (EIA) e o Relatório de Impacto ao Meio Ambiente (RIMA), 81
Conclusão, 82

5 As empresas e a comunidade local, 83

5.1 As empresas e as comunidades, 83
5.2 O governo municipal e as empresas, 87
5.3 A legislação ambiental municipal e as empresas, 91
5.4 As empresas, a ética e a regulação ambiental, 94
5.5 A política ambiental municipal, 96
Conclusão, 99

6 O sistema de gestão ambiental nas empresas, 101

6.1 Histórico, 101
6.2 Gestão do risco ambiental, 106
6.3 Os sistemas de gestão ambiental, 107
6.4 As normas ISO 14000, 110
6.5 A norma ISO 14001:2004, 115
6.6 A nova norma ISO 14001:2015, 115
6.7 A norma ISO 13065 para sustentabilidade da bioenergia, 116
6.8 A necessidade de uma cultura ambiental nas organizações, 117
Conclusão, 122

7 Comércio internacional e meio ambiente, 123

7.1 A relação entre o comércio internacional e o meio ambiente, 123
7.2 A OMC e a questão ambiental, 125
7.3 Blocos comerciais e meio ambiente: o caso do Mercosul, 129
7.4 A declaração de Taranco, 132
7.5 O Acordo-Quadro sobre Meio Ambiente do Mercosul, 135
Conclusão, 137

8 As mudanças climáticas globais, 139

8.1 Efeito estufa e a mudança climática, 140
8.2 Convenção-Quadro das Nações Unidas sobre Mudança Climática, 141
8.3 O Protocolo de Kyoto, 142
8.4 O conteúdo do Protocolo de Kyoto, 143
8.5 O Acordo de Cancun na COP 16, 146
8.6 Acordo climático de Paris na COP 21, 146
8.7 O Acordo de Kigali e o aquecimento global, 148
8.8 O Mecanismo para o Desenvolvimento Limpo (MDL), 149
Conclusão, 152

9 A produção mais limpa e a ecoeficiência, 153

9.1 Conceito de Produção Mais Limpa (PML), 153
9.2 Definição de ecoeficiência, 157
9.3 O papel do Poder Público, 160
9.4 A ecoeficiência e a produção mais limpa, 161
9.5 Fatores que afetam a adoção de tecnologias mais limpas, 162
Conclusão, 165

10 Marketing verde ou ecológico, 167

10.1 O conceito de marketing ecológico, 167
10.2 Gestão ambiental e marketing verde, 170
10.3 *Marketing mix* ecológico, 171
10.4 O posicionamento de marcas ecológicas, 176
10.5 A publicidade ambiental enganosa, 178
10.6 A certificação como estratégia de marketing, 180
Conclusão, 181

11 A responsabilidade social empresarial e o meio ambiente, 183

11.1 O conceito de responsabilidade social empresarial, 183

11.2 As dimensões interna e externa da RSE, 188

11.3 As normas de RSE, 189

11.4 A Norma de Responsabilidade Social – ISO 26000, 193

11.5 A responsabilidade social ambiental, 194

Conclusão, 201

12 A cidadania, as empresas e o meio ambiente: o caso CESP das usinas termoelétricas em São Paulo, 203

12.1 Introdução: um breve histórico, 203

12.2 A origem do problema, 204

12.3 A primeira tentativa: Paulínia, 205

12.4 A segunda tentativa: Mogi-Guaçu, 209

12.5 A dialética da participação do cidadão na questão ambiental, 211

Conclusão, 216

Anexos, 219

Anexo A, 219

Anexo B, 221

Anexo C, 224

Referências, 227

Apresentação

Neste início de século, as preocupações com o meio ambiente assumem proporções cada vez maiores, em virtude dos efeitos visíveis de desequilíbrios provocados pelo homem na natureza. As empresas, vistas há muito tempo como as principais vilãs do problema, estão de alguma forma conseguindo dar respostas a muitos questionamentos da sociedade.

Embora as ações empresariais ambientalmente responsáveis não sejam adotadas por parcelas significativas das organizações, aquelas que o fazem representam lideranças que vão se tornando referências em seus respectivos setores e constituindo-se em modelos para a adoção de padrões e patamares de excelência ambiental.

A interação das empresas com a sociedade mais geral, e a do seu entorno imediato em particular, por outro lado, está ainda num nível de intensidade inferior à adoção por parte das empresas de sistemas de gestão ambiental. Esse quadro reflete, em primeiro lugar, um desconhecimento da amplitude de que se reveste a problemática ambiental por parte dos dirigentes das empresas, e, em segundo lugar, também um despreparo das administrações municipais no trato da questão, ou por ausência de quadros capacitados, ou por puro desinteresse, dado o grau de organização da sociedade local.

Com a intensificação da criação de cursos superiores espalhados pelos mais diversos pontos do país, gera-se uma expectativa de que se formarão quadros que irão preencher as necessidades de gestão ambiental, tanto no setor público, quanto no setor privado, e para tanto é necessário que se estabeleçam os contornos do debate.

Neste sentido é que publicamos este livro: para contribuir para a formação de agentes ambientalmente responsáveis; que estes nos seus futuros (ou atuais) locais de trabalho procurem inserir suas organizações na perspectiva do desenvolvimento sustentável.

Para tanto, abordamos neste livro a Gestão Ambiental do ponto de vista macro, não nos restringimos ao ambiente interno das organizações; procuramos mostrar que o trato com o meio ambiente não pode ser limitado à unidade produtiva, visto que esta sempre está inserida num contexto sociocultural e ambiental amplo, do qual constitui apenas uma de suas unidades. Neste sentido, defendemos ao longo de todo o texto uma articulação maior entre os setores privado, público e o terceiro setor (que envolve as organizações não governamentais).

A importância da participação do cidadão nas decisões, o respeito ao seu posicionamento nas entidades em que participa, a sua capacidade de entendimento dos processos envolvidos, propiciada pelo maior acesso à informação, são abordados e permeiam toda a publicação, além de constituírem todo um capítulo, destacando a relação entre a cidadania e as empresas.

Alguns capítulos do livro sintetizam ou aprofundam pesquisas, na área ambiental, por mim realizadas nos últimos anos, que tratam das organizações, do Poder Público, da urbanização, da cidadania, dos blocos econômicos, do turismo, entre outros tópicos, sendo que alguns deles se encontram citados na bibliografia.

O livro tem o objetivo de dar uma visão geral da relação do meio ambiente com as organizações, buscando conseguir ampliar o número daqueles que atuam na área ambiental, não só como perspectiva de vida profissional, mas também assumindo uma bandeira de luta permanente que busque difundir aos habitantes do planeta a importância de preservação da nossa morada no universo: o planeta Terra.

Nesta terceira edição foram realizadas atualizações sobre eventos associados com a temática principal do livro. Neste sentido foram incluídos o Acordo de Kigali sobre a eliminação da produção do HFC, desdobramentos da Rio+20, principalmente os objetivos do milênio, a economia verde, a nova norma ISO de bioenergia, resoluções da COP 21 realizada em Paris e a nova ISO 14001:2015, entre outros temas abordados e revisados.

Reinaldo Dias

A evolução histórica da questão ambiental 1

Nos últimos 300 anos, o desenvolvimento tecnológico da humanidade foi inigualável. Em nenhum outro período histórico foram feitas tantas descobertas, em todos os campos da ciência, gerando uma incrível capacidade de produção e de controle de elementos naturais. No entanto, também é o período histórico em que o ser humano gerou os meios que podem levá-lo à extinção. O homem, sem predadores naturais, torna-se, como afirmava Thomas Hobbes, o lobo de si mesmo. O processo que ora está em curso, de contaminação excessiva do meio ambiente natural, foi acelerado com a Revolução Industrial e sua compreensão é fundamental para que nos conscientizemos da gravidade da situação e para a obtenção dos meios necessários para a sua superação. Neste capítulo, destacamos essa evolução humana e sua relação ambígua com a natureza.

1.1 O homem e a natureza na pré-história

O ser humano, dentre todas as espécies animais existentes, é a que apresenta a maior capacidade de adaptação ao ambiente natural, e pode ser encontrado no deserto mais causticante, no frio continente antártico, nas profundezas da floresta amazônica, sob o oceano ou voando na atmosfera e além dela.

Esta incrível capacidade de adaptação só foi possível porque o homem sempre criou no seu entorno um meio ambiente próprio, diferente do meio circundante – natural – que denominamos cultural. A construção pelos seres humanos de um espaço próprio de vivência, diferente do natural, se deu sempre à revelia e com a modificação do ambiente natural. Assim, o ser humano, para sua sobrevivência, de um modo ou de outro, sempre modificou o ambiente natural.

Na pré-história, a primeira grande modificação feita pelo homem foi nas suas próprias condições biológicas, pois o equipamento humano de sobrevivência não lhe daria boas condições de superação dos predadores naturais, mas mesmo assim a espécie humana sobreviveu. "*E, no entanto, o fez com um equipamento físico muito pobre. Incapaz de correr como um antílope; sem a força de um tigre; sem a acuidade visual de um lince ou as dimensões de um elefante.*"[1]

Para superar suas limitações, o homem aprendeu a criar ferramentas que multiplicavam suas capacidades limitadas, e ao mesmo tempo compreendeu que a sua resistência ao meio ambiente hostil era mais facilmente superada com a formação de grupos, que, organizados em torno de um objetivo, multiplicavam suas capacidades individuais.

Essa multiplicação da capacidade humana de intervir no meio ambiente não afetou de maneira significativa a natureza durante a pré-história, embora haja registros de caça a grandes animais na América do Norte, cujas manadas eram encurraladas em desfiladeiros profundos, nos quais se lançavam, morrendo centenas deles.

Esse tipo de caça mostra a importante diferença entre o ser humano e os outros animais. Não são somente os homens que caçam em grupos; muitos animais também o fazem. No entanto, diferentemente dos animais, o homem concebe sua ação previamente no seu cérebro, na forma de planejamento, e a cada ação incorporam-se novas informações, que resultarão em diferentes soluções para os mesmos problemas que se apresentam.

Essa atividade realizada pelos seres vivos (não só pela espécie humana), que interfere na natureza de modo a transformá-la para melhor satisfazer a suas necessidades, denominamos trabalho. Deste modo, o trabalho é uma atividade desenvolvida pela espécie humana para modificar a natureza e adaptá-la para a satisfação de suas necessidades.

Embora tanto os animais como os seres humanos realizem trabalho, há uma profunda diferença entre eles, pois "*o trabalho humano é consciente e proposital, ao passo que o trabalho dos outros animais é instintivo*".[2]

O homem, ao trabalhar, executa uma atividade que previamente havia planejado em sua mente, e ao desenvolvê-la materialmente pode modificá-la a seu modo. Ao longo da realização do projeto, é capaz de resolver os problemas que surgem, muitas vezes modificando a sua concepção inicial. Deste modo, ao trabalhar, o homem sofre uma transformação no seu modo de pensar, modificando-se. Como afirmou Marx,

---

[1] Laraia (1997, p. 39).
[2] Braverman (1980, p. 50).

"atuando assim sobre a natureza externa e modificando-a, ao mesmo tempo modifica sua própria natureza".[3]

Desse modo, o trabalho humano, em sua essência, tem como objetivo maior a manutenção da espécie humana no ambiente natural, melhorando as suas condições de existência, ou seja, a sua qualidade de vida.

A partir do momento em que os indivíduos entenderam que com a união alcançavam objetivos comuns, surgiu a necessidade de organização das atividades para que estes objetivos fossem alcançados. Deste modo se desenvolve um processo de organização do trabalho, estreitamente ligado à distribuição de funções e ao sequenciamento de tarefas, o que provoca um aumento do rendimento. A capacidade de trabalho do homem aumenta, ou, dito de outro modo, a sua capacidade de intervir na natureza é ampliada e, consequentemente, crescem os impactos no ambiente natural produzidos pelo homem.

O homem passou a fazer o que todos os outros animais faziam, só que melhor. Construiu represas maiores e melhores do que aquelas que constroem os castores, desenvolveu a capacidade de tecer fibras vegetais melhor do que os animais, construiu abrigos melhor do que as outras espécies conseguiam, aperfeiçoou seus métodos de caça e pesca, tornando-se o predador mais temido, superando os animais mais ferozes que existiam. Deste modo, a capacidade de intervenção humana sobre o meio ambiente ao longo dos anos foi sendo multiplicada de uma forma jamais imaginada pelo próprio homem, superando todos os seus limites.

Durante milhares de anos, esse processo de intensificação da capacidade humana de intervir no ambiente natural foi se desenvolvendo de forma gradativa e cumulativa, mas durante muito tempo as modificações provocadas, aparentemente, não foram significativas se comparadas às dos dias atuais. Até que há aproximadamente entre 8.000 e 10.000 anos houve uma primeira grande revolução científico-tecnológica que provocou enormes impactos no ambiente natural devido ao aumento da capacidade produtiva humana.

Há muito tempo que as sociedades humanas viviam em constante movimento, caçando os animais selvagens que se deslocavam em rebanhos, e mudando de um lugar para outro em função das estações do ano, coletando frutos e grãos para sua alimentação (sociedades de caçadores e coletores de sementes). No período citado, há mais de 8.000 anos, os homens aprenderam a domesticar os animais e a plantar sementes selecionadas, o que permitia maiores e melhores colheitas ao longo do ano. Essas duas novas atividades – domesticação dos animais e domínio da técnica de plantio – provo-

---

[3] MARX, Karl (1989, p. 202).

caram uma revolução na história da humanidade (uma revolução agrícola), pois permitiram a fixação das pessoas e o surgimento das primeiras vilas e cidades.

Com o homem passando a produzir os alimentos de que necessitava, houve um excedente de alimentos, o que permitiu que se aumentasse a complexidade de funções que existiam. Puderam surgir ofícios não diretamente ligados à produção de alimentos, aumentando a divisão do trabalho. Com o aumento da complexidade das sociedades, cresceu a necessidade de cooperação continuada de numerosas pessoas para um fim específico, de manutenção da qualidade de vida. Nesse momento, a melhoria da qualidade de vida se dava em detrimento do mundo natural, pois a concepção predominante era de luta do homem contra a natureza.

Com a concentração humana em locais específicos – aldeias, vilas, cidades –, cresceu a necessidade de atendimento dessa população, e principalmente aumentou a ocupação dos espaços naturais. Surgiram novos anseios que somente poderiam ser atendidos em detrimento do mundo natural. As pirâmides seriam construídas destruindo-se áreas que detinham o material necessário para a sua construção; cursos d'água foram desviados para atender às necessidades das concentrações humanas; florestas foram destruídas para atender à demanda de madeira para as habitações etc.

1.2 A criação do ambiente cultural: o processo de urbanização

Com o surgimento da agricultura e o consequente sedentarismo, ocorre o início de um processo profundo de transformação da relação do homem com a natureza, pois a atividade agrícola exige a criação de um meio ambiente artificial para o cultivo de plantas e do gado. Torna-se necessário proteger as plantações e o gado dos animais selvagens. Deve-se cercar determinado espaço do terreno, que passa a ser propriedade de alguém ou de um grupo. Surge a propriedade privada. A produção de alimentos permite uma abundância de comida, que possibilita um grande incremento da população, que por sua vez ocupa mais espaços em detrimento do ambiente natural.

Quanto maiores as aglomerações humanas, mais destrutivas eram do ponto de vista ambiental. E, nesse estágio de crescimento acentuado da população humana, muitas espécies desapareceram gradativamente onde o homem construía em ritmo acelerado o seu próprio ambiente. No Oriente Médio, onde atualmente se encontra o Iraque, se registram as primeiras grandes aglomerações humanas e é onde ocorrem as primeiras grandes extinções de espécies animais. Os grandes predadores são rapidamente extintos, pois eram a primeira ameaça ao homem e a suas criações de animais domésticos. Há inúmeras representações de caçadas a leões e outros predadores naquela região, que foram rapidamente extintos.

A construção de grandes cidades intensificou a destruição do ambiente natural circunvizinho. Assim ocorreu na Mesopotâmia, com a construção da Babilônia, cuja obra mais conhecida até hoje foi uma recriação artificial do ambiente natural – os jardins suspensos da Babilônia, revelando a existência de uma nostalgia que ligava o sentimento das populações e de sua classe dominante com a recente alteração do ambiente natural.

A civilização romana foi, na Antiguidade, a que mais criou espaços urbanos em todo o Mediterrâneo, e a que mais contribuiu para a diminuição da diversidade, principalmente de predadores naturais, que eram capturados para servir de atração nas arenas que existiam em inúmeras cidades, e principalmente no Coliseu de Roma. Uma das perdas mais sensíveis foi a do grande leão do Atlas, que vivia no norte da África e que era portador de juba preta, que aumentava a sua imponência e que o tornava uma importante atração das arenas romanas.

Em outras partes do mundo, as coisas não eram diferentes. Nas Américas, os registros indicam que a civilização Maia que existiu na América Central antes da chegada dos espanhóis teve seu declínio acentuado pela destruição de seu *habitat* natural.

No Camboja, Ásia, a localidade de Angkhor Vat teve ocupada no meio da floresta uma área equivalente à atual cidade de New York, nos Estados Unidos, e entrou em decadência, também, porque o uso insustentável dos recursos naturais causou sua destruição.

As concentrações urbanas, ao destruírem o ambiente natural, e recriarem um ambiente propício ao homem, provocam também a adaptação dos organismos que existiam nos ambientes naturais, os quais passam a conviver no espaço humano como pragas, que se multiplicam quase sem controle, além de inúmeros micro-organismos que transmitem doenças. Assim, durante séculos tivemos notícias de grandes epidemias que assolaram as cidades, trazidas por animais que passaram a viver no ambiente humano.

Durante a Idade Média, em particular, temos exemplos de como as concentrações humanas não se encontravam, ainda, adequadas a garantir a segurança dos seres humanos. As grandes epidemias que ocorreram provocaram a mortandade de milhões de pessoas, alterando a fisionomia da população europeia.

1.3 Industrialização e meio ambiente

No século XVIII, ocorreu outra grande transformação na capacidade produtiva humana. Aconteceu outra grande Revolução Científico-Tecnológica, a segunda, que também é conhecida como Revolução Industrial. Ela surgiu inicialmente na Inglaterra, se espalhou e dominou o cenário durante os séculos XIX e XX, provocando profundas alterações no meio ambiente natural, que na realidade apontou para a perspectiva de sua destruição.

A Revolução Industrial, que teve seu início na Inglaterra no século XVIII e rapidamente se espalhou por outros recantos do planeta, promoveu o crescimento econômico e abriu as perspectivas de maior geração de riqueza, que por sua vez traria prosperidade e melhor qualidade de vida.

O problema é que o crescimento econômico desordenado foi acompanhado de um processo jamais visto pela humanidade, em que se utilizavam grandes quantidades de energia e de recursos naturais, que acabaram por configurar um quadro de degradação contínua do meio ambiente.

A industrialização trouxe vários problemas ambientais, como: alta concentração populacional, devido à urbanização acelerada; consumo excessivo de recursos naturais, sendo que alguns não renováveis (petróleo e carvão mineral, por exemplo); contaminação do ar, do solo, das águas; e desflorestamento, entre outros.

A urbanização foi um dos mais importantes subprodutos da Revolução Industrial e criou um ambiente sem precedentes nas cidades. Por volta de 1850, havia mais cidadãos britânicos morando em cidades do que no campo, e quase um terço da população total vivia em cidades com mais de 50.000 habitantes. Essas cidades eram cobertas de fumaça e impregnadas de imundície, e os serviços públicos básicos – abastecimento de água, esgotos sanitários, espaços abertos etc. – não acompanhavam a migração maciça de pessoas, "*produzindo assim, sobretudo depois de 1830, epidemias de cólera, febre tifoide e o pagamento assustador de tributo constante aos dois grandes grupos de assassinos urbanos do século XIX – a poluição do ar e das águas, ou doenças respiratórias e intestinais*".[4]

O fenômeno da urbanização na Inglaterra da primeira metade do século XIX agravava as mortes por doenças infecciosas, responsáveis por mais da metade delas. Uma em cada duas crianças nascidas nas cidades morria antes de completar cinco anos, os sistemas sanitários eram inadequados e, em muitos casos, o esgoto ia diretamente para os rios dos quais as companhias de esgoto retiravam seu abastecimento de água.[5]

Ainda nos primórdios da industrialização, um economista inglês, Thomas Robert Malthus (1766-1834), publicou um trabalho denominado *Ensaio sobre a população: como afeta o futuro progresso da humanidade* (1798),[6] onde sistematizava um conjunto de preocupações que apontava para os problemas decorrentes do aumento populacional e para a possibilidade de esgotamento dos recursos naturais e seus reflexos no

---

[4] HOBSBAWM, Eric J. *Da revolução industrial inglesa ao imperialismo*. Tradução de Donaldson Magalhães Garschagen. Rio de Janeiro: Forense Universitária, 1983. p. 81.
[5] DEANE, Phyllis. *A Revolução Industrial*. 3. ed. Tradução de Meton Porto Gadelha. Rio de Janeiro: Zahar, 1975. p. 275.
[6] MALTHUS, Thomas. *Ensaio sobre o princípio da população*. Tradução de Eduardo Saló. Publicações Europa-América, s/d. p. 26 [do original: *Essay on the principle of population*, 1798].

crescimento econômico. Dando destaque ao crescimento populacional, afirmava que "*o poder da população é infinitamente maior que o da Terra para produzir a subsistência do homem*".

Sem dúvida, os novos mecanismos e formas de produção, acrescidos da exploração intensiva e sistemática dos recursos naturais trazidos pela Revolução Industrial, generalizaram-se e se espalharam de forma descontrolada, sem prever as consequências para o meio ambiente. Os processos de industrialização aumentaram de forma espetacular, mas foram concebidos de forma irracional, tendo como resultado o grave problema ambiental que afeta todo o planeta nos dias de hoje. O desmatamento intensivo para criar novas áreas agrícolas e produzir o carvão vegetal provocou o desaparecimento da maior parte da cobertura florestal da Europa no século XIX e início do século XX.

A exploração industrial do meio ambiente manteve-se sem contestação durante todo o século XIX e a maior parte do século XX. A visão equivocada de que os recursos naturais eram ilimitados e estavam à disposição do homem somente começou a ser questionada e exigiu maior reflexão da humanidade na década dos anos 1970 (embora desde os anos 1950 e 1960 existissem algumas ações pontuais nesse sentido), quando os processos de deterioração ambiental e a possibilidade de esgotamento de determinados recursos naturais se tornaram mais evidentes.

Acontece que, embora o início do desenvolvimento industrial tenha quase três séculos, é somente nas duas últimas décadas do século XX que o volume físico da produção industrial no mundo cresceu espetacularmente, considerando-se que na segunda metade do século XX foram empregados mais recursos naturais na produção de bens que em toda a história anterior da humanidade.[7]

1.4 A contaminação industrial

Um dos problemas mais visíveis causados pela industrialização é a destinação dos resíduos de qualquer tipo (sólido, líquido ou gasoso) que sobram do processo produtivo, e que afetam o meio ambiente natural e a saúde humana. Ao longo do século XX, foram os grandes acidentes industriais e a contaminação resultante deles que acabaram chamando a atenção da opinião pública para a gravidade do problema. Alguns dos problemas ambientais tornaram-se assunto global e pela sua visibilidade e facilidade de compreensão quanto a causa e efeito constituíram-se na principal ferramenta de construção de uma conscientização dos problemas causados pela má gestão.[8]

---

[7] WBCSD/PNUMA. *Eco-efficiency and cleaner production*. Charting the course to sustainability. Paris: WBCSD, 1998.

[8] Sobre os diferentes tipos de contaminação, ver Dias (2015), páginas 145 a 160.

Os principais casos que passaram para a história dos desastres ambientais estão relacionados no Quadro 1.1, e constituem um pequeno apanhado dos acidentes mais ilustrativos que envolvem as empresas e que tiveram maior repercussão mundial.

No ano de 2010, dois acidentes ambientais de grandes proporções atraíram a atenção da mídia internacional: o vazamento de petróleo na plataforma da British Petroleum nos EUA e a lama tóxica na Hungria.

a. O desastre ecológico nos EUA

O desastre ambiental nos EUA provocado pelo vazamento na plataforma da BP começou após explosão e afundamento da Plataforma Deepwater Horizon, matando 11 trabalhadores, dia 20 de abril de 2010, no Golfo do México, e imediatamente assumiu proporções catastróficas. A extensão da tragédia levou à intervenção do governo do EUA, forçando a presença do presidente Barack Obama no local do desastre.

Tendo o acidente ocorrido a 1.500 metros de profundidade, a mancha nos primeiros dias tomou conta do litoral de quatro estados americanos (Alabama, Florida, Louisiana e Mississipi), provocando mudanças na cor do mar, surgindo pássaros e peixes cobertos de petróleo, o que provocou uma ampla cobertura da mídia internacional.

O vazamento colocou em risco 40% dos pântanos costeiros dos EUA, que são difíceis de limpar. Prejudicou um ecossistema rico, com muitos manguezais e estuários, que já havia sido afetado pelo furacão Katrina (2005). O acidente causou graves prejuízos ao setor da pesca (que foi proibida em parte da região) e do turismo, colocando em xeque, mais uma vez, a capacidade de gestão de crises ambientais do governo dos EUA

Tornou-se o pior desastre ecológico dos Estados Unidos, sendo considerado o maior vazamento de petróleo da história.

b. A lama tóxica na Hungria

No dia 4 de outubro de 2010, ocorreu um derrame de lama tóxica de uma fábrica de alumínio em Ajka, 165 km a oeste de Budapeste, na Hungria, que matou nove pessoas e mais de 150 foram hospitalizadas por queimaduras químicas. Milhares de moradores de sete povoados vizinhos à fábrica foram afetados pelo desastre, sendo removidos de suas casas.

Quadro 1.1 Principais acidentes ambientais no século XX[9]

Ano	Descrição
1947	Navio carregado de nitrato de amônia explode no Texas, causando mais de 500 mortes e deixando 3.000 feridos.
1956	Contaminação da baía de Minamata, Japão. Foram registrados casos de disfunções neurológicas em famílias de pescadores, gatos e aves. A contaminação acontecia desde 1939 devido a uma companhia química instalada às margens. Moradores morreram devido às altas concentrações de mercúrio, que causavam a chamada "doença de Minamata".
1966	Na cidade de Feyzin, França, um vazamento de GLP causa a morte de 18 pessoas e deixa 65 intoxicadas.
1976	No dia 10 de julho, em Seveso, cidade italiana perto de Milão, a fábrica Hoffmann-La Roche liberou densa nuvem de um desfolhante conhecido como agente laranja, que, entre outras substâncias, continha dioxina, altamente venenosa. Em torno de 733 famílias foram retiradas da região.
1978	Na cidade de San Carlos, Espanha, caminhão-tanque carregado de propano explode causando 216 mortes e deixando mais de 200 feridos.
1984	No dia 2 de dezembro, um vazamento de 25 toneladas de isocianato de metila, ocorrido em Bhopal, Índia, causou a morte de 3.000 pessoas e a intoxicação de mais de 200.000. O acidente foi causado pelo vazamento de gás da Fábrica da Union Carbide.
1984	Em San Juanico, México, incêndio de GLP seguido de explosão causa 650 mortes e deixa 6.400 feridos.
1986	No dia 26 de abril, um acidente na usina de Chernobyl, na antiga URSS, causado pelo desligamento do sistema de refrigeração com o reator ainda em funcionamento, provocou um incêndio que durou uma semana, lançando na atmosfera um volume de radiação cerca de 30 vezes maior que o da bomba atômica de Hiroshima. A radiação espalhou-se, atingindo vários países europeus e até mesmo o Japão.
1986	Em Basileia, Suíça, após incêndio em uma indústria foram derramadas 30 toneladas de pesticidas no rio Reno, causando a mortandade de peixes ao longo de 193 km.
1989	Na madrugada de 24 de março de 1989, o navio-tanque Exxon-Valdez, ao se desviar de um *iceberg*, bateu num recife e a seguir encalhou no estreito do Príncipe William, no Alasca. O rombo aberto no casco deixou vazar cerca de 44 milhões de litros de petróleo. O vazamento de óleo, o pior da história dos EUA, atingiu uma área de 260 km², poluindo águas, ilhas e praias da região. Morreram milhares de animais – peixes, baleias e leões-marinhos.

Fonte: Elaborado a partir de Dias (2003), Bogo (1998) e Cetesb.

---

[9] O critério adotado neste e nos demais quadros deste capítulo foi de relacionar os acidentes que tiveram repercussão na mídia internacional e que acabaram de algum modo contribuindo para o avanço das discussões sobre problemas ambientais.

Quadro 1.2 Principais acidentes ambientais do século XXI, no mundo

Ano	Descrição
2002	O petroleiro Prestige se acidentou em 13 de novembro carregando 77.000 toneladas de petróleo no nordeste da Espanha. A maré negra causada pelo derramamento atingiu o norte de Portugal. Perda de 12 bilhões de dólares com a limpeza e recuperação da área afetada.
2003	Incêndio provocado numa unidade de enxofre da Al-Mishraq, perto de Mosul no Iraque, que se prolongou durante um mês liberando 910.000 toneladas de óxido de enxofre. Milhares de pessoas foram afetadas.
2004	Em novembro no Porto de Paranaguá (PR) ocorreu a explosão do cargueiro chileno Vicuña, foi considerado o maior vazamento em 20 anos na baía. Quatro tripulantes dos 24 que estavam a bordo morreram e cerca de um milhão de litros de metanol e cinco milhões de litros de óleo combustível vazaram no mar. Centenas de animais, incluindo crustáceos, golfinhos, tartarugas e aves aquáticas, foram encontrados mortos na região.
2005	Série de explosões de grandes proporções ocorreu em uma fábrica de produtos químicos da cidade de Jilin, na China. Houve milhares de vítimas, o rio foi atingido afetando dezenas de milhares de pessoas. Houve um escapamento de benzeno e nitrobenzeno que foi despejado no rio Songhua, importante afluente do rio Amur.
2010	No dia 20 de abril uma explosão na plataforma de perfuração Deepwater Horizon, da empresa British Petroleum, matou 11 trabalhadores e rompeu um poço petrolífero que provocou o pior derramamento de petróleo em alto-mar da história dos Estados Unidos.
2010	Em 4 de outubro ocorreu o rompimento da barragem de rejeito de uma mina de alumínio na Hungria. A barragem armazenava milhões de toneladas de resíduos do processo de mineração de bauxita para a produção de alumínio. A lama tóxica derramada na região de Ajka, 165 km a oeste de Budapeste, fez com que a Hungria declarasse estado de emergência. Foram despejados 1,1 milhões de metros cúbicos de lama tóxica vermelha, inundando três vilarejos. Até 40 quilômetros quadrados de terra foram afetadas e, após causar estragos em rios menores e lagos, parte da lama alcançou o rio Danúbio (um dos principais da Europa). A lama vermelha, resíduo tóxico, é a sobra da produção de alumínio e contém substâncias nocivas, como chumbo, bem como elementos altamente corrosivos.
2011	Em março ocorreu o maior desastre nuclear deste século. Depois que um *tsunami* atingiu a unidade nuclear de Fukushima, no Japão, mais de 100 mil pessoas foram evacuadas e 600 morreram durante a evacuação. A exposição à radiação deverá afetar, em longo prazo, diversas pessoas. A empresa Tokyo Electric Power (Tepco) derramou no mar milhares de toneladas de água contaminada afetando a vida marinha.

Quadro 1.3 Principais acidentes ambientais do século XXI no Brasil

Ano	Descrição
2001	Em 22 de junho de 2001, rompeu-se a barreira de um reservatório de rejeitos da Mineração Rio Verde Ltda. na região de Macacos (São Sebastião das Águas Claras) em Nova Lima, na Região Metropolitana de Belo Horizonte. Além dos graves danos ambientais (dois córregos e uma área de 79 hectares de Mata Atlântica foram soterrados pela lama), 5 funcionários da empresa morreram em decorrência do acidente.
2003	Em março ocorreu vazamento de barragem de celulose em Cataguases (MG). Houve vazamento de 520 mil m³ de rejeitos compostos por resíduos orgânicos e soda cáustica. Os resíduos atingiram os rios Pomba e Paraíba do Sul, originando prejuízos ao ecossistema e à população ribeirinha, que teve o abastecimento de água interrompido. O incidente também afetou áreas do Estado do Rio de Janeiro. O Ibama aplicou multa de R$ 50 milhões à Florestal Cataguases e à Indústria Cataguases de papel.
2007	Em janeiro, ocorreu rompimento de barragem de mineração em Miraí (MG) na zona da Mata, com vazamento de 2.280.000 m³ de água e argila (lavagem de bauxita). O órgão estadual aplicou multa de R$ 75 milhões à empresa Mineração Rio Pomba Cataguases.
2008	Em 18 de novembro, um vazamento do pesticida endosulfan no rio Piratininga, um afluente do Paraíba do Sul, matou milhares de peixes – mais de 80 toneladas – em Resende (RJ) e outras cidades vizinhas. O incidente causou interrupção do fornecimento de água em várias cidades na área. Além de peixes foram encontradas capivaras e aves mortas.
2011	Em novembro, houve o vazamento de uma grande quantidade de óleo da empresa americana Chevron na Bacia de Campos, no Rio de Janeiro (RJ). O Ibama aplicou multa de R$ 60 milhões à empresa. Estima-se que a mancha provocada pelo vazamento no mar tenha chegado a 162 km², o equivalente a metade da Baía de Guanabara. Muitos animais morreram na área afetada pela mancha de óleo. A Chevron, responsável pela perfuração do poço que vazou, foi condenada a pagar uma indenização de R$ 95 milhões ao governo brasileiro para compensar os danos ambientais causados.
2014	Em 10 de setembro em Itabirito (MG) um rompimento de barreira de rejeitos de uma mina da Empresa Herculano Mineração soterrou trabalhadores e veículos. A investigação apontou que uma sucessão de erros e a omissão deliberada dos responsáveis da empresa foram as causas para o deslizamento, que matou três pessoas. O prejuízo ambiental causado pelo rompimento da barragem em Itabirito é considerado grande. Seis cursos d'água foram afetados, além da perda irreversível para a flora e prejuízos para a fauna.
2015	Em abril ocorreu incêndio no terminal Alemoa, em Santos (SP), da empresa Ultracargo. A empresa foi multada pelo órgão estadual de meio ambiente em R$ 22,5 milhões por lançar efluentes líquidos no estuário, em manguezais e na lagoa próxima ao terminal.

Continua

Ano	Descrição
2015	No dia 5 de novembro ocorreu o acidente ambiental de Mariana (MG). O rompimento de uma barragem de rejeitos da operação da mineradora Samarco causou uma enxurrada de detritos originados da mineração que inundou o distrito de Bento Rodrigues, causando a destruição da povoação. A lama tóxica resultante do vazamento atingiu 35 cidades do estado de Minas Gerais, banhadas pelo Rio Doce, chegando a quatro cidades do estado do Espírito Santo até desaguar no Oceano Atlântico. Morreram 19 pessoas e 11 toneladas de peixes. 1,5 mil hectares de vegetação foram destruídos e mais de 1.000 pessoas ficaram desabrigadas.

A lama vermelha, resíduo tóxico, é a sobra da produção de alumínio e contém substâncias nocivas, como chumbo, bem como elementos altamente corrosivos. A produção de uma tonelada de alumínio gera cerca de três toneladas de lodo.

Foi considerado como o pior acidente ambiental químico da história do país. Nesse dia, à tarde, as paredes de um reservatório de resíduos da fábrica de alumínio se romperam despejando 1,1 milhões de metros cúbicos de lama tóxica vermelha, inundando três vilarejos. Várias cidades próximas foram inundadas e em Kolontar e Devecser o lodo chegou a dois metros de altura.

O acidente trouxe uma grande preocupação para a Europa pela possibilidade de contaminação de um dos seus principais rios: o Danúbio. A lama tóxica chegou a atingir um dos seus afluentes, a apenas 20 km desse importante rio, que espalharia a tragédia ambiental de forma dramática para milhões de europeus.

Nas áreas afetadas pela maré vermelha, não haverá fauna e flora durante alguns anos e rios que foram atingidos, como o Tolna, podem ter sido condenados à morte. Há o risco ainda, de quando secar a lama, poder ser transportada na forma de poeira e afetar outras áreas.

A empresa húngara MAL, responsável pelo acidente químico, declarou-se disposta a pagar até 5,5 milhões de euros (US$ 7,3 milhões) a título de indenização para as vítimas nos próximos cinco anos.

No Brasil, segundo relatório "O Estado Real das Águas no Brasil – 2003/2004", elaborado pela Defensoria das Águas, a contaminação das águas de rios, lagos e lagoas quintuplicou nos últimos dez anos. O relatório foi realizado a partir do mapeamento de 35 mil denúncias de agressão ao meio ambiente e ações civis públicas que já receberam sentença judicial.

O relatório aponta que a principal fonte de contaminação no país é o despejo de material tóxico proveniente das atividades agroindustriais e industriais, que são responsáveis pelo consumo de 90% das águas e que são devolvidas contaminadas após o uso. A pesquisa apontou 20.000 áreas contaminadas no país.

Um dos piores casos de contaminação de águas, revelados pelo relatório, é o que foi provocado pelo aterro Mantovani, uma área do Município de Santo Antonio de Posse, na Região Metropolitana de Campinas (SP), onde mais de 50 empresas multinacionais depositaram toneladas de resíduos tóxicos de forma inadequada entre 1973 e 1987. Entre outras indústrias, Cargill, Monsanto, Philips, Petrobras, Du Pont, Chrysler, Bosch, Johnson & Johnson despejaram mais de 500 mil toneladas de material tóxico, contaminando rios e pessoas.[10]

Segundo estimativas do Instituto Ekos do Brasil, que faz estudos na área ambiental, somente no Estado de São Paulo os locais contaminados são cerca de 30 mil, porém a Cetesb identifica, oficialmente, cerca de 1.500.[11]

O caso Shell, em Paulínia, São Paulo, é um exemplo dos problemas causados pela contaminação. A empresa foi condenada pelo Ministério da Saúde em relatório divulgado no início de 2005 pela contaminação em área do município. O caso da contaminação do bairro Recanto dos Pássaros arrastou-se por vários anos, conforme mostra o Quadro 1.2, que demonstra bem os problemas causados à comunidade, a ação das autoridades públicas e o desgaste da imagem da empresa perante a opinião pública.

Tanto o caso do Aterro Mantovani quanto o da Shell, em Paulínia (SP), demonstram que o passar do tempo não é nenhuma garantia para as empresas que buscam se beneficiar a curto prazo com o não cumprimento da legislação. O prejuízo para a imagem da empresa poderá ocorrer a qualquer tempo – curto, médio ou longo prazo – e, quando vierem os problemas causados para o meio ambiente, o benefício inicial obtido não compensará a má reputação alcançada que demandará alto investimento para ser recuperada, sem garantia nenhuma de que será obtida novamente.

---

[10] Defensoria das Águas. *O Estado Real das Águas no Brasil – 2003/2004*. Disponível em: <www.defensoriadaagua.org.br>.

[11] RAMOS, Victor. SP detecta 750 novas áreas contaminadas. *Folha de S. Paulo*, Caderno Cotidiano, 10 nov. 2004, p. C-1.

Quadro 1.4 O caso Shell em Paulínia (SP)

Período	Acontecimentos
Anos 1970	A Shell instala em Paulínia sua fábrica de pesticidas, que funciona até a década de 1980.
1995	A Shell protocola no Ministério Público a autodenúncia de contaminação da área.
1996	Laudo do laboratório americano Lancaster informa que os níveis de contaminação são 16 vezes maiores do que os permitidos para a saúde humana.
2000	Em julho, o Ministério Público denuncia a contaminação. Em agosto, Cetesb, Ministério Público e Secretaria do Meio Ambiente de Paulínia sugerem a interdição de 800 metros quadrados do bairro.
2001	Em fevereiro, a Shell começa a fornecer água para 200 moradores e a comprar hortaliças produzidas nas chácaras. Em março, exames detectam metais como chumbo e titânio no organismo dos moradores. A empresa negocia a adoção do Termo de Ajustamento de Conduta (TAP) para a área, mas discorda dos resultados dos exames.
2001	Em abril, a Cetesb acusa a Shell de ter omitido informações sobre a contaminação. Em maio, os moradores rejeitam o plano de recuperação da área proposto pela Shell. Em julho, a Polícia Civil conclui inquérito apontando crime ambiental cometido pela Shell. Em agosto, o assunto vira tema de uma audiência pública na Comissão de Meio Ambiente da Câmara dos Deputados, em Brasília. Em novembro, a Shell começa a comprar as chácaras contaminadas.
2002	Em fevereiro, ação pública movida pelo Ministério Público e pela Associação dos moradores pede a remoção de todos os moradores do Recanto dos Pássaros. Pede também que a Shell assuma os exames de saúde dos moradores e custeie os tratamentos. No começo do segundo semestre, o início da demolição dos imóveis é impedido pelos moradores, que alegam que os telhados das casas estão tomados pelas partículas dos produtos tóxicos eliminados pela fábrica.
2003	Em fevereiro, a Justiça determina que o Recanto dos Pássaros seja inteiramente desocupado. No mesmo mês, a Prefeitura interdita a gleba e passa a controlar o acesso dos visitantes. Em outubro, a Cetesb determina que a Shell construa uma barreira hidráulica para evitar que a contaminação chegue ao Rio Atibaia.
2004	O advogado de um grupo de ex-moradores entra na Justiça contra a Shell, exigindo indenização por danos morais (R$ 700 mil) e materiais (pagamento de plano e tratamento de saúde vitalícios). Em julho, três ex-trabalhadores da Shell denunciam o SUS e a Prefeitura de Paulínia por omissão no tratamento médico.

Continua

Período	Acontecimentos
2005	Ministério da Saúde conclui relatório que acusa a Shell e a Basf de negligência, imperícia e imprudência nas atividades antigas e atuais da área.
2010	No mês de agosto de 2010, a Justiça do Trabalho de Paulínia/SP condenou a Shell do Brasil e a Basf S.A. ao pagamento de indenizações que ultrapassam R$ 1 bilhão. Inclui o custo do tratamento médico de todos os ex-trabalhadores da unidade de fabricação de agrotóxicos no bairro Recanto dos Pássaros em Paulínia, desde a década de 1970 até o ano de 2002, quando houve a interdição da planta. Os filhos de empregados, autônomos e terceirizados que nasceram durante ou após a prestação de serviços também são abrangidos pela decisão. Segundo a sentença, a cobertura médica deveria abranger consultas, exames e todo o tipo de tratamento médico, nutricional, psicológico, fisioterapêutico e terapêutico, além de internações. No mês de outubro, a Corregedoria-geral da Justiça do Trabalho, em Brasilia, suspendeu a sentença de condenação da Shell e da Basf até o julgamento de uma medida cautelar no TRT (Tribunal Regional do Trabalho) da 15ª Região, em Campinas.
2013	Em abril começaram a ser pagas as indenizações do caso Shell-Basf. Mais de mil trabalhadores receberam R$ 200 milhões e assistência médica. Acordo assinado soma R$ 400 milhões; metade vai para pesquisa.
2015	Abril. O Ministério Publicou do Trabalho (MPT) destinou R$ 96 milhões do acordo coletivo obtido no caso Shell-Basf para cinco projetos relacionados a pesquisa e atendimento de saúde. O maior deles, orçado em R$ 69,9 milhões, é para o Hospital de Câncer de Barretos (SP) construir uma unidade, em Campinas (SP), destinada à prevenção e tratamento da doença, e manter centros móveis na cidade com o mesmo objetivo. Ainda restam R$ 104 milhões para serem distribuídos até 2018.
2016	No dia 28 de abril ocorreu ato em Campinas para lembrar as vítimas de acidentes de trabalho e da grande contaminação dos trabalhadores da Shell-Basf. A contaminação na Shell-Basf, ocorrida em Paulínia até 2002, provocou segundo os trabalhadores 75 mortes, a maioria causada por câncer.

Fonte: Agência Anhanguera de Notícias (AAN); texto publicado no jornal *Correio Popular*, 13 abr. 2005, p. 5, com adaptações e atualização.

Conclusão

Durante os últimos 200 anos é que se agravou o problema ambiental na Terra, com a intensificação da industrialização e o consequente aumento da capacidade de intervenção do homem na natureza. Essa situação é facilmente verificável pela evolução do quadro de contaminação do ar, da água e do solo em todo o mundo e pelo número crescente de desastres ambientais.

Esse processo todo, como veremos nos capítulos seguintes, deflagrou um movimento sem precedentes envolvendo indivíduos e organizações de todo tipo, com o objetivo de salvar o planeta da destruição. O processo de contaminação também tem levado um número crescente de pessoas a se submeterem a um processo de conscientização cruel, já que ocorre em decorrência da multiplicação de desastres ambientais.

De qualquer modo, a problemática ambiental hoje faz parte da pauta obrigatória da maior parte dos encontros mundiais e torna-se uma preocupação crescente da maioria das empresas que não querem continuar fazendo o papel de vilãs da sociedade.

A tomada de consciência do problema ambiental 2

Como vimos no Capítulo 1, os problemas ambientais serviram para alertar os seres humanos do grave perigo que estava ocorrendo. Mas foi somente na segunda metade do século XX que se deu início a um movimento global, que se traduziu em inúmeros encontros, conferências, tratados e acordos assinados pelos países do mundo. Ao mesmo tempo, desenvolveu-se uma participação maior das comunidades através das organizações não governamentais ambientalistas, culminando no final do século com a formulação de uma nova estratégia de desenvolvimento que contempla o meio ambiente não mais como depositário dos restos da civilização industrial, mas como parte integrante e necessária de qualquer progresso que a humanidade queira realizar.

2.1 O problema ambiental no século XX

Na segunda metade do século XX, com a intensificação do crescimento econômico mundial, os problemas ambientais se agravaram e começaram a aparecer com maior visibilidade para amplos setores da população, particularmente dos países desenvolvidos, os primeiros a serem afetados pelos impactos provocados pela Revolução Industrial.

Até o ano de 1962, os problemas derivados da relação do homem com o meio ambiente foram abordados de forma muito superficial. Nesse ano, Rachel Carson publicou o livro *Silent Spring* (Primavera Silenciosa),[1] que teve enorme repercussão na opinião pública e que expunha os perigos de um inseticida, o DDT.

Rachel Carson trabalhou durante 17 anos no US Fish and Wildlife Service (Departamento de Caça e da Vida Selvagem dos EUA), e teve a oportunidade de conhecer os problemas relacionados com os pesticidas. O livro foi escrito para alertar o público e incentivar as pessoas a reagir contra o abuso dos pesticidas químicos.

---

[1] Carson (1968).

Os agricultores se opuseram à autora do livro energicamente, afirmando que, sem inseticidas, o rendimento das colheitas diminuiria 90%. Como resposta, a autora defendeu o emprego de controles biológicos, que consistem na utilização de fungos, bactérias e insetos para combater os parasitas que se nutrem das plantas.

Com o livro, e sua repercussão, o Senado dos EUA foi levado a proibir quase totalmente a utilização do DDT nos Estados Unidos. Anos mais tarde, os cientistas descobriram concentrações da substância nos pinguins da Antártida, em ursos polares do Ártico e em baleias da Groenlândia, que estavam muito distantes das zonas agrícolas onde o pesticida tinha sido utilizado.

O livro *Primavera Silenciosa* soou como um alarme que provocou, nos anos seguintes, intensa inspeção das terras, rios, mares e ares por parte de muitos países, preocupados com danos causados ao meio ambiente. Em consequência, a poluição emergiu como um dos grandes problemas ambientais no mundo.

No ano de 1968, três encontros foram fundamentais para delinear uma estratégia para o enfrentamento dos problemas ambientais nas décadas de 1970 e seguintes:

1. No mês de abril de 1968, estiveram reunidas em Roma, Itália, pessoas de dez países, entre cientistas, educadores, industriais e funcionários públicos de diferentes instâncias de governo, com o objetivo de discutir os dilemas atuais e futuros do homem. Deste encontro nasceu o Clube de Roma, uma organização informal descrita, com muita propriedade, como um *"colégio invisível"*. Suas finalidades eram promover o entendimento dos componentes variados, mas interdependentes – econômicos, políticos, naturais e sociais –, que formam o sistema global; chamar a atenção dos que são responsáveis por decisões de alto alcance, e do público do mundo inteiro, para aquele novo modo de entender e, assim, promover novas iniciativas e planos de ação.[2]

2. A Assembleia das Nações Unidas, nesse ano de 1968, decide pela realização, em 1972, na cidade de Estocolmo, na Suécia, de uma Conferência Mundial sobre o Meio Ambiente Humano.

3. A UNESCO promove em Paris, no mês de setembro de 1968, uma Conferência sobre a conservação e o uso racional dos recursos da biosfera que estabelece as bases para o lançamento, em 1971, do Programa Homem e a Biosfera (MAB).

---

[2] Meadows et al. (1973).

Esses encontros demonstram o crescimento da questão ambiental e colocam o ano de 1968 como um marco nas discussões sobre o meio ambiente. É importante lembrar que esse ano foi atípico, constituindo-se num momento histórico em que ocorreram grandes mobilizações de massa, principalmente estudantis, no mundo todo, que questionavam a racionalidade do sistema capitalista como um todo e buscavam formas alternativas de convivência. Certamente, este clima social e político contribuiu para o aprofundamento do debate ambiental.

No início da década de 1970, tornaram-se mais consistentes os questionamentos sobre o modelo de crescimento e desenvolvimento econômico que perdurava desde a Revolução Industrial, que teve início no século XVIII. O que se questionava era que, embora tivessem ocorrido profundas mudanças na economia, os níveis de subdesenvolvimento e pobreza não abaixavam, e em muitos casos aumentavam; além disso, a desigualdade social entre os países desenvolvidos e subdesenvolvidos se tornava cada vez maior.

Do ponto de vista ambiental, questionava-se cada vez mais o mito da abundância do capital natural, e constatava-se que o modelo de crescimento econômico até então adotado provocou agravamento da deterioração ambiental, com o aumento da contaminação e a possibilidade do esgotamento dos recursos naturais.

2.2 A década de 1970

Como citado anteriormente, o programa MAB foi lançado em Conferência patrocinada pela UNESCO e realizada em Paris, entre os dias 9 e 19 de novembro de 1971. O encontro contou com a participação de representantes e observadores de diversos países e de vários organismos internacionais, tais como a Organização das Nações Unidas para a Agricultura e a Alimentação (FAO), a Organização Mundial da Saúde (OMS), a União Internacional para a Conservação da Natureza e dos Recursos Naturais (UICN), entre outros, que reconheceram a necessidade de se estabelecer uma cooperação científica internacional para se conceber e aperfeiçoar um plano de utilização racional e conservação dos recursos naturais da biosfera.

Os objetivos do programa, conforme descrição da UNESCO, são:

> "Proporcionar os conhecimentos fundamentais das ciências naturais e das ciências sociais necessários para a utilização racional e a conservação dos recursos da Biosfera e para o melhoramento da relação global entre o homem e o meio, assim como para prever as consequências das ações de hoje sobre o mundo de amanhã, aumentando assim a capacidade do homem para ordenar eficazmente os recursos naturais da Biosfera."[3]

---
[3] UNESCO (1971).

Como consequência da criação do programa, a partir de 1976, foi criada ao redor do mundo uma rede mundial de áreas protegidas denominadas Reservas da Biosfera. Estas reservas envolvem regiões com ecossistemas terrestres ou costeiros nas quais o objetivo é conciliar a conservação da diversidade biológica com a exploração racional dos recursos naturais. O Brasil possui seis reservas em seu território: a Mata Atlântica, o cinturão verde de São Paulo, o Cerrado, o Pantanal, a Caatinga e a Amazônia Central.

O Clube de Roma, por sua vez, empregando fórmulas matemáticas e computadores para determinar o futuro ecológico do planeta, previu um desastre a médio prazo. E o que foi descoberto foi publicado num relatório denominado *Limites do Crescimento*, publicado em 1972, no qual se previa que as tendências que imperavam até então conduziriam a uma escassez catastrófica dos recursos naturais e a níveis perigosos de contaminação num prazo de 100 anos. Os alimentos e a produção industrial iriam declinar até o ano de 2010 e, a partir daí, como consequência haveria diminuição da população por penúria, falta de alimentos e poluição. O relatório expunha claramente:[4]

> "Se se mantiverem as atuais tendências de crescimento da população mundial, industrialização, contaminação ambiental, produção de alimentos e esgotamento dos recursos, este planeta alcançará os limites de seu crescimento no curso dos próximos cem anos. O resultado mais provável será um súbito e incontrolável declínio tanto da população como da capacidade industrial."

O documento, embora sendo criticado e considerado alarmista por muitos,[5] conseguiu atingir seu objetivo, influenciando não apenas a opinião pública, mas, sobretudo, muitos governos e organizações internacionais. Ao mesmo tempo que apontava o problema, o documento indicava um caminho a percorrer baseado na busca

> "de um resultado modelo que represente um sistema mundial que seja: 1. Sustentável, sem colapso inesperado e incontrolável; 2. Capaz de satisfazer aos requisitos materiais básicos de todos os seus habitantes".[6]

O relatório como um todo revela seu caráter precursor na introdução da relação do desenvolvimento com a exploração dos recursos naturais e as possibilidades de esgota-

---

[4] Meadows et al. (1973, p. 40).
[5] Sachs (1994).
[6] Meadows (1973, p. 155).

mento destes. Muitas linhas do documento apresentam semelhança com os textos do Relatório da Comissão Brundtland da ONU, como aquelas que apontam que

> "a sociedade equilibrada terá que examinar as alternativas criadas em uma terra finita, levando em consideração, não somente os valores humanos atuais, mas também as gerações futuras" (p. 179).

O maior mérito do documento se encontra, principalmente, no fato de que propiciou a ocorrência de um processo de debates contínuos que culminaram na apresentação de novas propostas de desenvolvimento que contemplavam os limites impostos pela possibilidade de esgotamento dos recursos naturais.

Gradativamente, a crença no desenvolvimento linear e continuado foi sendo colocada em xeque, bem como os diversos modelos econômicos de desenvolvimento baseados no uso intensivo dos recursos naturais, considerados até então como inesgotáveis.[7]

Como previsto e em função da crescente preocupação com o problema ambiental, a ONU realiza em 1972, na capital da Suécia, Estocolmo, a Conferência das Nações Unidas sobre o Meio Ambiente Humano, que teve como resultado uma Declaração e um Plano de Ação para o Meio Ambiente Humano que contém 109 recomendações.

A Conferência de Estocolmo,[8] por outro lado, embora não tenha sido convocada explicitamente para discutir o desenvolvimento, tornou-se um fórum de debates entre diferentes posições dos países do Norte e do Sul.

Os países desenvolvidos compareceram com propostas de limitação do desenvolvimento econômico para os países subdesenvolvidos, justificadas em função da necessidade de preservar os recursos naturais existentes.

Os países do Terceiro Mundo adotaram uma postura defensiva, argumentando que a questão ambiental encobria na verdade uma ação das *"grandes potências para conter a expansão do parque industrial dos países em vias de desenvolvimento"*.[9]

Esse despontar da escassez dos recursos naturais como um dos temas principais de segurança possibilitou o aparecimento de dois eixos no sistema internacional. Permanecia o eixo Leste-Oeste (que estabelecia uma divisão baseada em dois sistemas opostos: comunismo e capitalismo), em que predominavam os temas estratégico-militares,

---

[7] Diegues (1992).
[8] A Conferência de Estocolmo iniciou-se em 5 de junho de 1972, e desde então nesse dia é comemorado o "Dia Mundial do Meio Ambiente".
[9] Maimon (1992, p. 60).

e surgia um novo, o Norte-Sul (uma nova divisão baseada na oposição entre os países ricos do Norte e os pobres do Sul), explicitando duas novas preocupações: a depleção dos recursos naturais e a redistribuição de renda no planeta como forma de desenvolvimento dos países do Sul.[10]

Esses eventos, em particular a publicação do relatório do Clube de Roma e a Conferência das Nações Unidas sobre o Meio Ambiente Humano, contribuíram para que se estabelecessem preocupações normativo-institucionais tanto no âmbito da ONU, quanto no dos Estados (criação de Ministérios, Agências e outras organizações governamentais incumbidas do Meio Ambiente e multiplicação da legislação ambiental), bem como junto a organizações financeiras multilaterais (BID e BIRD, por exemplo), que constituíram assessorias, posteriormente transformadas em departamentos, encarregadas da questão ambiental.

Outro mérito da Conferência foi o de lançar as bases para a abordagem dos problemas ambientais numa ótica global de desenvolvimento, primeiros passos do que viria a se constituir mais tarde no conceito de desenvolvimento sustentável.[11]

A Conferência da ONU em 1972 gerou a Declaração sobre o Ambiente Humano e produziu um Plano de Ação Mundial, com o objetivo de orientar a preservação e a melhoria no ambiente humano. Um outro importante resultado do evento foi a criação do Programa das Nações Unidas sobre o Meio Ambiente (PNUMA), encarregado de monitorar o avanço dos problemas ambientais no mundo.

No final do ano de 1972, a Assembleia Geral da ONU prosseguiu o debate sobre a problemática do meio ambiente tendo como base as conclusões da Conferência de Estocolmo. Em consequência, a Assembleia Geral adotou em 15 de dezembro a Resolução 2997/XXIV, pela qual se aprovava a criação de um programa internacional para a salvaguarda do Meio Ambiente, com um Conselho Diretor formado por 58 Estados. Como seu primeiro diretor-executivo foi nomeado o canadense Maurice Strong, que havia desempenhado o cargo de Secretário-Geral da Conferência de Estocolmo. Decidiu-se que a sede do PNUMA seria em Nairóbi, no Quênia, para favorecer uma maior participação dos países em desenvolvimento. O novo organismo iniciou suas atividades oficialmente em outubro de 1973.[12]

---

[10] Bizzozero (1992).
[11] Kitamura (1994, p. 48).
[12] Em janeiro e fevereiro de 1997, o Conselho Administrativo do PNUMA lançou a denominada Declaração de Nairóbi, na qual são reafirmados os objetivos do organismo que foram confirmados pela Assembleia Geral da ONU em junho do mesmo ano.

Refletindo a importância das discussões que ocorreram em Estocolmo, nos anos seguintes proliferaram acordos e conferências temáticas internacionais, como: Convenção sobre o Comércio Internacional de espécies ameaçadas da fauna e flora silvestres (1973), Convenção Internacional para a Prevenção da Poluição pelos Navios (1973), Conferência Alimentar Mundial (1974), Convenção sobre a Proteção da Natureza no Pacífico Sul (1976), Conferência das Nações Unidas sobre a Água (1977), Conferência das Nações Unidas sobre a Desertificação (1977), Conferência Mundial sobre o Clima (1978), Convenção sobre a Conservação das espécies migrantes pertencentes à fauna selvagem (1979), Convenção sobre a conservação da fauna e da flora marítimas da Antártida (1980) e muitos outros documentos que foram normatizando procedimentos que deveriam ser adotados pelas pessoas e organizações em relação ao meio ambiente natural.

2.3 A década de 1980

No ano de 1983, a Assembleia Geral da ONU, como reflexo do aumento crescente das preocupações ambientais, criou a Comissão Mundial sobre o Meio Ambiente e o Desenvolvimento (CMMAD), presidida pela primeira-ministra da Noruega, Gro Harlem Brundtland, com o objetivo de examinar as relações entre meio ambiente e o desenvolvimento e apresentar propostas viáveis.

A Presidente da Comissão, Gro Brundtland, esclareceu no prefácio do relatório, o que foi solicitado para a Comissão: apresentar um trabalho que consistiria numa "agenda global para mudança" para, entre outras coisas:[13]

- propor estratégias ambientais que viabilizem o desenvolvimento sustentável por volta do ano 2000 em diante;
- recomendar formas de cooperação na área ambiental entre os países em desenvolvimento e entre os países em estágios diferentes de desenvolvimento econômico e social que os levem a atingir objetivos comuns, consideradas as inter-relações de pessoas, recursos, meio ambiente e desenvolvimento;
- encontrar meios e maneiras para que a comunidade internacional possa lidar mais eficientemente com as preocupações ambientais;
- contribuir com a definição de noções comuns relativas a questões ambientais de longo prazo e os esforços necessários para tratar com êxito os problemas da proteção e da melhoria do meio ambiente, uma agenda de longo prazo a ser posta em prática nos próximos decênios.

[13] CMMAD (1991, item XI).

O informe Brundtland, da Comissão Mundial para o Meio Ambiente e o Desenvolvimento (CMMAD), denominado "Nosso Futuro Comum",[14] divulgado em 1987, pode ser considerado um dos mais importantes documentos sobre a questão ambiental e o desenvolvimento dos últimos anos. Vincula estreitamente economia e ecologia e estabelece com muita precisão o eixo em torno do qual se deve discutir o desenvolvimento, formalizando o conceito de desenvolvimento sustentável e estabelecendo os parâmetros a que os Estados, independentemente da forma de governo, deveriam se pautar, assumindo a responsabilidade não só pelos danos ambientais, como também pelas políticas que causam esses danos.

O documento "Nosso Futuro Comum" foi referência e base importante para os debates que aconteceram na Conferência das Nações Unidas sobre o Meio Ambiente e Desenvolvimento (CNUMAD), realizada no Rio de Janeiro em 1992, onde se popularizou o conceito de desenvolvimento sustentável, tornando as questões ambientais e de desenvolvimento indissoluvelmente ligadas.

2.4 A década de 1990 e o início do século XXI

No final do século XX, no início da década de 1990, o meio ambiente ocupava um patamar privilegiado na agenda global, tendo se tornado assunto quase obrigatório nos inúmeros encontros internacionais. Foi um período de intensos debates, atividades, fóruns e encontros que resultaram em um consenso mundial dos perigos que corria o planeta caso se mantivesse o modelo de crescimento insustentável até então em vigor.

A CNUMAD ocorreu 20 anos após a conferência de Estocolmo e concentrou-se em identificar as políticas que geram os efeitos ambientais negativos. Concluiu ela, de forma eloquente, que *"a proteção ambiental constitui parte integrante do processo de desenvolvimento, e não pode ser considerada isoladamente deste"*. O meio ambiente e o desenvolvimento são duas faces da mesma moeda com nome próprio, desenvolvimento sustentável, o qual *"não se constitui num problema técnico, mas social e político"*.[15]

Como produto desse encontro foram assinados cinco documentos que direcionariam as discussões sobre o meio ambiente nos anos subsequentes, quais sejam:

- Agenda 21;
- Convênio sobre a Diversidade Biológica (CDB);
- Convênio sobre as mudanças climáticas;

---

[14] CMMAD (1991).
[15] Guimarães (1992, p. 100).

- Princípios para a Gestão Sustentável das Florestas;
- Declaração do Rio de Janeiro sobre meio ambiente e desenvolvimento.

Numa avaliação da Conferência do Rio, houve aqueles que se sentiram decepcionados com os resultados. No entanto, conforme afirma PRESTRE, *"suas decepções poderiam se revelar prematuras. Não se resolve em uma conferência um conjunto de questões tão complexas cientificamente e difíceis politicamente"*.[16] Os acordos internacionais no âmbito da política ambiental não constituem fins em si mesmos, mas iniciam um processo:

> "Não definem objetivos absolutos e inamovíveis ou um mandato de ação imperativo, mas servem de base a negociações e ajustamentos futuros entre os atores interessados, definindo seus parâmetros. Por conseguinte, a Conferência do Rio não foi o ponto culminante de um processo, porém uma etapa que permite compreender os limites das utopias, a complexidade dos mecanismos e as dimensões múltiplas dos problemas. Ela forneceu um meio de mobilização contínua dos governos e sociedades civis e um quadro intelectual, que permitirá a consideração de interesses diversos. A despeito de seus limites, a Conferência do Rio criou um potencial de progresso substancial e mostrou a via para uma inserção melhor da dimensão ambientalista nas políticas econômicas e nos processos de decisão."[17]

Além dos importantes documentos contendo diretrizes gerados na CNUMAD, houve um desdobramento institucional importante, que foi a criação da Comissão sobre o Desenvolvimento Sustentável (CDS) em dezembro de 1992, para assegurar a implementação das propostas da Rio 92. A CDS é uma comissão do Conselho Econômico e Social das Nações Unidas (ECOSOC).

Em dezembro de 2000, a Assembleia Geral das Nações Unidas resolveu que a CDS serviria de Órgão Central organizador da Cúpula Mundial de Desenvolvimento Sustentável, conhecida como Rio+10, que ocorreria em Johannesburgo entre os dias 26 de agosto e 4 de setembro de 2002 e que teria como objetivo avaliar a situação do meio ambiente global em função das medidas adotadas na CNUMAD-92.

Realizada a Conferência, foram produzidos dois documentos relevantes: a Declaração de Johannesburgo sobre o Desenvolvimento Sustentável e o Compromisso de Johannesburgo para um desenvolvimento sustentável.

---

[16] Prestre (2000, p. 240).
[17] Prestre (2000, p. 240).

Os participantes da Cúpula Mundial sobre o Desenvolvimento Sustentável (CMDS), de Johannesburgo, reconheceram que não foram alcançados os objetivos fixados na Cúpula do Rio, e reiteraram que os três pilares inseparáveis de um desenvolvimento sustentável estabelecidos naquela ocasião continuavam sendo a proteção do meio ambiente, o desenvolvimento social e o desenvolvimento econômico. Foi adotado o Compromisso de Johannesburgo para o Desenvolvimento Sustentável, o qual como declaração é bastante prolixo, mas, quanto a compromissos concretos, deixa muito a desejar e fica muito distante de uma verdadeira agenda para a ação. De modo geral, os compromissos assumidos foram muito vagos e sem prazos para alcançar os objetivos socioeconômicos e ambientais colocados.[18]

A definitiva vinculação da temática ambiental com as propostas de desenvolvimento pode ser considerada um marco no debate ambiental, pois, passados vinte anos, abriu-se a possibilidade para uma nova abordagem das questões ambientais, vinculando-as com os problemas sociais típicos dos países subdesenvolvidos do Sul, tais como a desigualdade e a injustiça social.

Com o avanço da conscientização ecológica nos países do Norte nas décadas de 1970 e 1980, desenvolveram-se tecnologias que possibilitaram melhor controle da emissão de poluentes, maior economia energética e substituição de alguns recursos naturais escassos. A pressão da opinião pública e das agências ambientais fez com que determinadas indústrias transferissem suas plantas industriais, seus processos produtivos e, muitas vezes, a comercialização de produtos que não satisfaziam às novas exigências para os países em desenvolvimento.[19]

Ao constatarem que os problemas ambientais eram fundamentalmente globais, os países do Norte tentaram fazer crer que as responsabilidades deveriam ser globalmente distribuídas, desconsiderando deste modo os diferentes estágios de desenvolvimento em que se encontravam os países.

Esta crescente preocupação dos países industrializados transformou seu relacionamento com os países em desenvolvimento numa espécie de "imperialismo benevolente",[20] que passa a exigir ações voltadas ao meio ambiente, vinculando sua efetiva realização com os empréstimos das agências de financiamento. Até o

---

[18] Sela (2002).
[19] Para a população, de modo geral, o automóvel é o produto mais visível dessa transferência para os países em desenvolvimento. Aqueles que não atendiam as especificações ambientais de emissão de gases continuaram a ser produzidos nos países do Sul. Devemos considerar, ainda, como transferências significativas as indústrias químicas e de papel e celulose.
[20] *Imperialismo Benévolo* em espanhol. Expressão utilizada no documento da Cepal (1990) e reproduzida por nós no texto.

fim da década de 1980, os únicos projetos de inversão que realizavam estudos de impacto ambiental na Argentina, por exemplo, o faziam porque era uma exigência das agências financeiras internacionais – Banco Internacional de Reconstrução e Desenvolvimento (BIRD), BID e outros.[21]

Os problemas ambientais dos países do Norte estão relacionados com o desenvolvimento excessivo. O aquecimento global, por exemplo, é provocado por gases que se originam das sociedades industrializadas. Isto significa que o estilo de vida das nações ricas é ecologicamente irracional e que o seu desenvolvimento não pode qualificar-se de "sustentável".[22]

Por outro lado, nos países em desenvolvimento, a degradação dos recursos assumiu dimensões mais trágicas, devido à necessidade de exploração da natureza para garantir a sobrevivência de suas populações. Deste modo, estão sacrificando o futuro para assegurar uma vida cotidiana precária no presente. Está claro que não se pode proteger um recurso natural negando-se a sua utilização por aqueles que dependem desse recurso.[23] E, além de os países do Sul fazerem uso intensivo dos recursos naturais,[24] são grandes consumidores de energia e suas indústrias não apresentam controle de emissão de poluentes comparáveis aos encontrados nos países desenvolvidos. A introdução de novas tecnologias que tornariam seus processos produtivos ecologicamente aceitáveis, de outro lado, encareceria seus produtos, tornando-os menos competitivos no mercado internacional. Sem dúvida nenhuma, evoluiu muito o debate sobre o real papel do meio ambiente no processo de desenvolvimento. O vínculo entre a proteção do meio ambiente e o combate à pobreza foi um avanço importante que se constitui numa conquista dos países do Sul frente à pressão exercida pelos países do Norte. Hoje, há pouco questionamento sobre sua importância e, na realidade, a discussão ambiental retoma a problemática de qual deve ser o modelo de desenvolvimento que reduzirá a desigualdade entre os países do Norte e do Sul e a existente no interior dos países em desenvolvimento.

A busca de uma agenda comum de ataque à pobreza e à destruição ambiental constitui-se num objetivo que une países desenvolvidos e em desenvolvimento nos fóruns internacionais; embora apresentem diferentes propostas[25] no enfrentamento do problema,

---

[21] CEPAL (1990).
[22] Boutros-Ghali (1992).
[23] Boutros-Ghali (1992).
[24] Historicamente, os diferentes imperialismos, particularmente o britânico e o americano, destinaram aos países do Sul este papel, o de exportadores de matéria-prima para os Países Centrais.
[25] As propostas diferentes no limite podem até chegar a excluir a pobreza como vinculada à questão ambiental, como desejavam os norte-americanos, que procuravam impedir que saísse referência a esse problema no documento final da Reunião de Cúpula das Américas realizada na Bolívia, e que só permaneceu no final do documento por pressão do Brasil.

concordam em que somente com a adoção de estratégias comuns poderão enfrentar o duplo desafio que representa a pobreza e o meio ambiente.[26]

2.5 O estado do debate ambiental no final do século XX

A década de 1990 inicia-se com uma nova realidade entre as nações: a queda do muro de Berlim assinala a substituição definitiva do confronto Leste-Oeste pelo embate Norte-Sul, colocando a questão ambiental como um dos itens fundamentais da agenda internacional.

Essa mudança no eixo pelo qual se articulam os interesses no sistema mundial provoca na década de 1990, particularmente após a Eco-92, um aumento da assinatura de tratados e acordos multilaterais internacionais, ao mesmo tempo em que aumentam as medidas normatizadoras[27] tomadas pelos organismos financeiros internacionais que contribuem para desenhar um quadro em que se configura a construção de uma nova ordem ambiental mundial.

A construção de um arcabouço normativo-institucional ambiental nos Estados-nações é direcionada, em grande medida, pelo significativo número de acordos multilaterais relacionados com o meio ambiente que constituem o aspecto mais visível dessa nova ordem. Até o ano de 1993, estavam em vigor numerosos acordos multilaterais sobre meio ambiente – em torno de 127 –, aos quais se acrescentam as notificações do Acordo sobre Obstáculos Técnicos ao Comércio estabelecido na Rodada de Tóquio – no total de 211. Estas notificações estabeleceram regras para a proteção ambiental e da saúde e segurança humanas em diversas áreas de interesse ecológico.[28]

Segundo dados da ONU, no início dos anos 1970 apenas 10 países contavam com organismos ambientais nacionais – órgãos especializados, departamentos, comitês etc. No fim de 1974, este número subiu para 60, chegando ao final da década ao número aproximado de 100 países. Houve, por outro lado, aumento significativo dos organismos não governamentais relacionados com o meio ambiente. Estima-se que eram 2.500 dessas organizações em 1972, chegando a atingir em 1981 a cifra de 15.000.[29]

Os empréstimos concedidos pelas agências internacionais de financiamento do desenvolvimento aumentaram substancialmente o condicionamento da liberação de recursos com metas ambientais preestabelecidas. Dos empréstimos concedidos pelo Banco Mundial entre 1988 e 1992, constatou-se que 60% incluíam explicitamente me-

---

[26] Leonard (1992) e Banco Mundial-BIRD (1992).
[27] Particularmente, os condicionamentos ambientais a empréstimos tomados junto a esses organismos.
[28] Albavera (1993).
[29] Unesco (1982, p. 9). Apud Carvalho (1991, p. 19).

tas ambientais ou condicionalidades referentes ao meio ambiente nas áreas de agricultura, silvicultura, energia, comércio e indústria. Um porcentual bastante superior aos 37% registrados entre os anos de 1979 e 1987.[30]

O *Worldwatch Institute*, em seu informe anual, denominado "Estado do Mundo-96", defendeu a aplicação de um ecoimposto para enfrentar a crise ambiental. Quando de sua aplicação, segundo o Instituto, seriam mais tributados aqueles produtos que contribuem para o aumento do aquecimento do planeta com a extinção das florestas, com a acumulação do lixo, com a diminuição das reservas de água potável, com a contaminação do mar e das terras cultiváveis.[31]

Muitas das medidas que visam a um maior controle do meio ambiente atingem os processos produtivos das empresas, os seus produtos, e tornam-se cada vez mais uma arma comercial de países ou regiões na proteção de mercados específicos, como veremos nos capítulos seguintes.

É evidente que a construção de uma nova ordem ambiental para ser equitativa deve basear-se no equilíbrio das opções de transformação produtiva. Há países que por seu avanço tecnológico desfrutam de maiores níveis de bem-estar e podem destinar maiores recursos para a proteção do meio ambiente, e não deveriam fazê-lo em prejuízo dos que se encontram na retaguarda da mudança tecnológica e apresentam altos níveis de pobreza.[32]

De todo modo fica exemplificado que, embora grande parte das iniciativas de regulamentação ambiental parta dos países centrais, e sem dúvida nenhuma expressa seus interesses, o fato é que o processo de globalização traz para o cenário internacional novas realidades e novas formas de intervenção nessa realidade que pode alterar e, até mesmo, redirecionar iniciativas prejudiciais aos países em desenvolvimento.[33]

2.6 A expansão da consciência ambiental: o papel das ONGs

Um dos resultados da crescente importância do meio ambiente foi o crescimento do número de organizações ecológicas, tanto no plano internacional, como em nível nacional e local, que se ocupam de diversos temas da agenda ambiental.

---

[30] Warford et al. (1993).
[31] Cf. jornal *O Estado de S. Paulo*, Worldwatch defende ecoimposto mundial, 14 jan. 1996, p. A-22.
[32] Albavera (1993).
[33] No exemplo utilizado, a OMC é uma nova realidade que, embora seja sucedânea do GATT (Acordo Geral sobre Tarifas e Comércio), constituiu-se num mundo multipolarizado em que as questões comerciais determinam as ações internacionais.

Outro aspecto a ser considerado na nova realidade global, aqui incluída a ambiental, é que são introduzidos no cenário internacional novos atores que desenvolvem ações e campanhas quase sempre pontuais e específicas que contribuem para a melhoria da qualidade de vida e exigem transparência e responsabilidade das empresas.

De acordo com a UNCTAD,[34]

> "o surgimento de ONGs poderosas, associado aos avanços na esfera da tecnologia da informação, permite que os casos de irresponsabilidade social figurem em primeiro plano, incrementando-se assim o risco para a reputação das empresas. A comunidade empresarial reconhece que a reputação é um ativo valioso, porque afeta a relação da empresa com seus clientes, empregados e investidores".

As organizações não governamentais, embora não tenham o peso político de outros atores decisivos, como os Estados-nações, as empresas transnacionais e as agências multilaterais, conseguem se contrapor a muitos destes no cenário internacional, com propostas, críticas ou, quando se faz necessário, até mesmo com ações diretas.

Na história das lutas ambientais, as ONGs ocupam lugar de destaque desde os anos 1960. Já no início dessa década, no ano de 1960, um grupo dos mais importantes conservacionistas decidiu criar uma organização que se manteria pela coleta de fundos e procuraria materializar as ideias da União Internacional para a Conservação da Natureza (UICN)[35] com projetos em todo o mundo. Reunidos em Morges, na Suíça, assinam o que mais tarde seria conhecido como o Manifesto de Morges e que se constituiu na base ideológica da organização criada em setembro de 1961, o *World Wildlife Fund* (WWF).

A partir dos anos 1960-1970, as ONGs ambientalistas, com recursos muito limitados, compensados por grandes doses de criatividade e convicção, conseguiram chamar a atenção da sociedade e dos governantes sobre os perigos que estávamos correndo devido à exploração predatória dos recursos naturais e pela poluição dos diversos ambientes do planeta.

---

[34] UNCTAD (2003). Publicación de información sobre la repercusión de las empresas en la sociedad: tendencias y cuestiones actuales. Informe de la Secretaría de la UNCTAD. TDB/B/COM.2/ISAR/20. Genebra, 15 ago. 2003.

[35] A UICN originou-se da iniciativa de conservacionistas suíços. A Liga suíça para a proteção da natureza promoveu duas conferências, uma em Basileia em 1946, e outra em Brunnen, em 1947, que dão origem à Liga Internacional para a Conservação que seria ratificada posteriormente em Fontainebleau. Anos mais tarde, esta Liga adotou o nome pelo qual é conhecida na atualidade, União Internacional para a Conservação da Natureza. Na atualidade, a União tem mais de 500 membros, de uma grande quantidade de países, que representam departamentos governamentais, associações, cientistas etc. (TORMO, 1993, p. 100).

Esta reação ao impacto ambiental do desenvolvimento industrial – contaminação do ar, do solo e da água por agentes químicos industriais e agrícolas e destruição do *habitat* de numerosas espécies pela realização de numerosos projetos de infraestrutura – provoca o surgimento das inúmeras organizações ambientalistas internacionais que irão mobilizar a opinião pública perante estas questões nos anos subsequentes, como Amigos da Terra, *Greenpeace* e o WWF.[36]

A partir dos anos 1980, as ONGs ambientalistas iniciam um processo de reorientação de seu foco de interesse que aponta para uma mudança decisiva em suas estratégias.

Em 1982, por ocasião da Sessão de Caráter especial do Conselho Administrativo do Programa das Nações Unidas para o Meio Ambiente (PNUMA), quando foram celebrados os dez anos do encontro de Estocolmo, as ONGs promoveram um encontro paralelo, em Nairóbi, com a finalidade de produzir um documento conjunto, denominado "Uma mensagem pela vida", que especificasse suas posições quanto à questão ecológica. O documento analisou o estado do meio ambiente, o impacto da atividade humana, os padrões de desenvolvimento vigentes e as ações que deveriam ser empreendidas pelos cidadãos, organismos, meios de comunicação etc. para proteger o meio ambiente.[37]

Desde então, seu poder de *lobby* junto aos países desenvolvidos vem crescendo. E devemos compreender que

> "em um mundo tão concatenado como o de hoje a inclinação das ONGs pela postura ambiental de determinado governo pode significar uma alternativa para se influenciar o processo de negociação bilateral com os países desenvolvidos, em especial as grandes potências, na questão ecológica. A busca dessa simpatia poderia vir a ter repercussões nas políticas internas dos diferentes países, que procurariam dar respostas institucionais às pressões externas em favor da preservação e manejo racional do meio ambiente".[38]

Nos últimos anos, os exemplos são muitos sobre a relevância assumida pelas ONGs no cenário internacional, desempenhando *"um papel fundamental nos esforços de identificação, monitoramento e solução de problemas ambientais e de desenvolvimento",*[39] sendo um dos mais significativos a campanha contra os Bancos Multilaterais de Desenvolvimento

---

[36] Tormo (1993).
[37] Durán (1986).
[38] Canízio (1990, p. 46).
[39] Rodrigues (1993).

(BMD) no sentido de influenciar políticas ambientais e de desenvolvimento financiadas por estas agências.[40]

Em novembro de 1994, o Banco Mundial (BIRD) divulgou o relatório *"A Partnership for Environmental Progress"* (Uma parceria para o progresso ambiental), no qual detalha a sua política ambiental, mudando a estratégia de seus financiamentos na América Latina. O coordenador do banco no Brasil, Dennis Mahar, assumiu que a nova postura foi adotada para fugir das críticas das ONGs e trazê-las para a execução de projetos em conjunto.[41]

As ONGs particularmente ambientalistas atuam no sentido de formação de uma nova governabilidade global, *"permitindo a inferência de novas territorialidades"*. Estas não necessariamente são coincidentes com as fronteiras soberanas dos Estados-nações, mas ainda assim *"contêm uma dimensão geográfica extrafronteiras que finalmente as caracteriza"*.[42]

O *Greenpeace*, por exemplo, apresenta uma territorialidade descontínua em sua representação formal (21 países), além de atuar em muitos outros, formando uma rede com outras ONGs ecológicas. Atuando solidariamente, essas organizações pensam os problemas em todos os quadrantes, *"investindo um esforço espacial e de capital mínimo, sendo a informação e a participação seus recursos máximos"*.[43]

Os novos meios de comunicação, e uma maior habilidade no seu uso, têm aumentado a capacidade de mobilização das ONGs. Nos encontros oficiais em que se discutem questões relevantes a respeito do meio ambiente, de modo geral ocorrem eventos paralelos organizados pelas entidades que se desenvolvem não só exercendo pressão sobre os integrantes oficiais, como também promovendo discussões com a apresentação de propostas alternativas.

Um exemplo da capacidade de mobilização das ONGs e sua aptidão de influir nos acontecimentos internacionais foi o fracasso da Rodada do Milênio,[44] para o qual muito

---

[40] Tendo se iniciado na década de 1980, a Campanha BMD é hoje um processo permanente no âmbito do movimento ambientalista internacional, mantendo muitas ONGs ambientalistas funcionários no centro organizacional da Campanha, em Washington. Cf. Rodrigues (1993, p. 215).
[41] Como exemplos dessa nova atitude, o representante do Bird citou os projetos Planaflora, em Rondônia, e Prodeagro, na Amazônia, desenvolvidos em cooperação com as ONGs. Cf. *Folha de S. Paulo*, Banco Mundial muda postura ao avaliar projetos de risco ambiental, de Antonio Carlos Seidl, 1º nov. 1994.
[42] Carvalho (1995, p. 16).
[43] Carvalho (1995, p. 21).
[44] Com esse nome, Rodada do Milênio, foi realizada reunião da OMC em Seattle entre os dias 30 de novembro e 3 de dezembro. Tinha o objetivo de realizar negociações multilaterais entre os países integrantes da OMC, estabelecendo novas regras para o Comércio Mundial. Para mais detalhes do encontro, consultar GONÇALVES (2000, p. 27-48).

contribuíram as organizações ambientalistas que protestavam particularmente contra medidas protecionistas tomadas pelos países que utilizavam a questão ambiental como barreira não tarifária.[45]

As ONGs ambientalistas se organizam em torno de temas e preocupações que são, por sua própria natureza, supranacionais, e seu *modus operandi* é também globalizante. Se houvesse uma "internacional verde", não estaria formada por partidos que atuam nos marcos da política nacional, mas abrigaria em seu seio as mais variadas organizações não governamentais, com diferentes propostas, com orientações políticas bastante diferenciadas e com integrantes igualmente diferenciados quanto a sua extração social. Essas organizações conseguiram introduzir novas dimensões nos ordenamentos jurídicos nacionais e internacionais, conseguiram mudar a forma e o conteúdo das relações e negociações internacionais e definitivamente conseguiram situar a interação seres humanos-natureza no centro da agenda pública nacional e internacional.[46]

Existem ONGs de todos os tamanhos e áreas de influência. Podemos encontrar aquelas que têm atuação localizada, com poucos filiados e recursos mínimos, e encontraremos outras que apresentam uma ação global, com milhares de filiados e doadores, com recursos imensos. Há cinco fatores principais que explicam o crescimento geral das ONGs e sua mobilização internacional:[47]

a) o desenvolvimento dos meios de comunicação facilita o contato rápido das ONGs, dando-lhes acesso a informação básica, que fundamenta sua ação local e facilita a divulgação global dos problemas enfrentados, conseguindo apoios que de outro modo seriam impossíveis ou muito difíceis;

b) há um maior entendimento de que os problemas enfrentados em escala nacional são idênticos em vários países, tornando-se, portanto, uma preocupação comum. Acrescente-se a isso o fato de que, com o fim da Guerra Fria, os problemas de segurança – que exigiam a identificação dos cidadãos ao Estado – "cedem lugar progressivamente à ideia de enfrentamento dos problemas comuns em escala mundial";

c) houve aumento da participação dos cidadãos no enfrentamento dos problemas locais, o que os levou a entender melhor o significado da necessidade de se organizar, para uma ação mais eficaz;

---

[45] Gonçalves (2000).
[46] Guimarães (1998).
[47] Aproveitamos os cinco pontos levantados por Prestre (2000, p. 137); no entanto, não se trata de uma transcrição deles, pois reinterpretamos e adaptamos os cinco fatores à realidade nacional.

d) incentivo de governos, ONGs dos países desenvolvidos e organismos de financiamento no sentido de desenvolver bases locais para sua ação, que lhes permita compreender melhor as realidades e controlar a implementação dos projetos financiados;

e) nos países onde a manifestação política é limitada, ou houve esgotamento dos partidos políticos tradicionais como representantes de todos os setores da sociedade, as ONGs constituem uma via de mobilização política alternativa e/ou suplementar.

O fato é que o aumento da participação das ONGs no plano internacional só tende a aumentar, particularmente quanto mais cresce o sentimento da necessidade de se estabelecerem parâmetros de participação no nível global, inserindo-se dentro de um contexto de articulação de uma nova cidadania, em que o indivíduo tem a oportunidade de se expressar num plano muito mais amplo do que o nacional. Essa realidade só é possível pelo surgimento das novas tecnologias, que facilitam as comunicações e tornam o local e o global pontos de uma linha onde os indivíduos irão se movimentar daqui em diante.

Conclusão

A conscientização ambiental ao longo da segunda metade do século XX ocorreu paralelamente ao aumento das denúncias sobre os problemas de contaminação do meio ambiente. O processo desencadeado gerou um grande número de normas e regulamentos internacionais que foram reproduzidos nos Estados nacionais e, ao mesmo tempo, surgiram inúmeros órgãos responsáveis para acompanhar a aplicação desses instrumentos legais, como secretarias, departamentos etc.

A sociedade civil, de sua parte, organizou-se rapidamente, surgindo um número incontável de organizações não governamentais com atuação ambiental que passaram a atuar em temas pontuais relacionados com o meio ambiente: energia, biodiversidade, águas, florestas, animais em extinção etc. Essas ONGs formam atualmente grupos de pressão em todos os níveis de organização política da sociedade: municipal, estadual e nacional; e com atuação destacada em termos globais, participando de todos os fóruns sobre o tema e pressionando governos, empresas, órgãos de financiamento, entre outros, para alterarem suas políticas em prol de um desenvolvimento sustentável.

Essa nova realidade implica numa radical mudança de atitude por parte das organizações do setor privado e público da economia, que têm cada vez mais de levar em conta a opinião pública quando se trata de questões ambientais.

O desenvolvimento sustentável como novo paradigma 3

No último decênio do século XX, consolida-se uma nova visão de desenvolvimento que não somente envolve o meio ambiente natural, mas também inclui os aspectos socioculturais numa posição de destaque, revelando que a qualidade de vida dos seres humanos passa a ser a condição para o progresso. As propostas de desenvolvimento sustentável estão baseadas na perspectiva de utilização atual dos recursos naturais desde que sejam preservados para as gerações futuras.

Embora de princípios aparentemente simples, a concepção do desenvolvimento sustentável norteia o atual debate sobre a questão ambiental em qualquer setor das atividades humanas. Neste capítulo, abordaremos as discussões que se deram para se estabelecer o conceito e os principais eventos que contribuíram para a sua elaboração.

3.1 Antecedentes históricos

De acordo com Maurice Strong, em prefácio de livro de SACHS, o conceito normativo básico de desenvolvimento sustentável emergiu na Conferência de Estocolmo de 1972, e foi designado à época como *"abordagem do ecodesenvolvimento"* e, posteriormente, renomeado com a denominação atual. Segundo ele, que foi Secretário Geral da Conferência, o desenvolvimento sustentável será alcançado se três critérios fundamentais forem obedecidos simultaneamente: equidade social, prudência ecológica e eficiência econômica.[1]

Em 1980, o documento "Estratégia Mundial para a Conservação da Natureza", elaborado conjuntamente pela União Internacional para a Conservação da Natureza (IUCN), pelo Programa de Meio Ambiente das Nações Unidas (PNUMA) e pelo

---
[1] Sachs (1993), Prefácio.

World Wildlife Fund (WWF), define sustentabilidade como *"uma característica de um processo ou estado que pode manter-se indefinidamente"*.[2]

3.2 A Comissão Brundtland e o conceito de sustentabilidade

Foi o relatório produzido pela Comissão Brundtland (Nosso Futuro Comum) que apresentou pela primeira vez uma definição mais elaborada do conceito de *"Desenvolvimento Sustentável"*.

Procura estabelecer uma relação harmônica do homem com a natureza, como centro de um processo de desenvolvimento que deve satisfazer às necessidades e às aspirações humanas. Enfatiza que a pobreza é incompatível com o desenvolvimento sustentável e indica a necessidade de que a política ambiental deve ser parte integrante do processo de desenvolvimento e não mais uma responsabilidade setorial fragmentada.

O relatório define as premissas do que seria o *Desenvolvimento Sustentável*, o qual contém dois conceitos-chave: *primeiro*, o conceito de *"necessidades"*, particularmente aquelas que são essenciais à sobrevivência dos pobres e que devem ser prioridade na agenda de todos os países; *segundo*, o de que o estágio atingido pela tecnologia e pela organização social impõe limitações ao meio ambiente, que o impedem consequentemente de atender às necessidades presentes e futuras.

O relatório prevê que ocorrerão diversas interpretações, como de fato aconteceu com o conceito de desenvolvimento sustentável, mas que em todas elas haverá características comuns que derivarão de um consenso a respeito do conceito básico e quanto a uma série de estratégias necessárias para que sejam atingidos seus objetivos.

No contexto do documento, fica explícito que o principal objetivo do desenvolvimento sustentável é satisfazer às necessidades e aspirações humanas, e que, em sua essência, ele:[3]

> *"é um processo de transformação no qual a exploração dos recursos, a direção dos investimentos, a orientação do desenvolvimento tecnológico e a mudança institucional se harmonizam e reforçam o potencial presente e futuro, a fim de atender às necessidades e aspirações humanas".*

Resultam daí os principais objetivos das políticas ambientais e desenvolvimentistas, que em síntese são:[4]

---

[2] IUCN/UNEP/WWF (1980).
[3] CMMAD (1991, p. 49).
[4] CMMAD (1991, p. 53).

a) retomar o crescimento;

b) alterar a qualidade do desenvolvimento;

c) atender às necessidades essenciais de emprego, alimentação, energia, água e saneamento;

d) manter um nível populacional sustentável;

e) conservar e melhorar a base de recursos;

f) reorientar a tecnologia e administrar o risco;

g) incluir o meio ambiente e a economia no processo de tomada de decisões.

Dessas indicações do relatório derivaram várias interpretações, como foi previsto, que sintetizam as propostas de sustentabilidade de diferentes grupos sociais.[5]

A expressão *desenvolvimento sustentável* tem sido objeto de polêmicas desde a sua formulação. Principalmente quando se busca precisá-lo, aprofundam-se as divergências. BARONI encontrou em literatura pesquisada 11 definições que[6] "exemplificam a diversidade de ideias e refletem a falta de precisão na conceituação corrente do termo". Da mesma forma, a autora, citando LÉLÉ, encontra contradições no uso da expressão.[7]

No entanto, embora proliferem visões pessimistas, dentro da generalidade com que foi exposto pelo documento da Comissão Brundtland, a discussão sobre o desenvolvimento sustentável, apesar das ambiguidades e mal-entendidos, abriu as portas para o debate da equidade social dentro de uma mesma geração e incorporou o meio ambiente no debate sobre o desenvolvimento de forma definitiva.

Embora seja um conceito amplamente utilizado, como já mencionado, não existe uma única visão do que seja o desenvolvimento sustentável. Para alguns, alcançar o desenvolvimento sustentável é obter o crescimento econômico contínuo através de um manejo mais racional dos recursos naturais e da utilização de tecnologias mais eficientes e menos poluentes. Para outros, o desenvolvimento sustentável é antes de tudo um projeto social e político destinado a erradicar a pobreza, elevar a qualidade de vida e satisfazer às necessidades básicas da humanidade que oferece os princípios e orientações para o desenvolvimento harmônico da sociedade, considerando a apropriação e a transformação sustentável dos recursos ambientais. Ou seja, para alguns se trata somente de compatibilizar o meio ambiente com um crescimento econômico contínuo,

---

[5] Herculano (1992).
[6] Baroni (1992).
[7] LÉLÉ, S. M. Sustainable Development: a critical review. *World Development*, 19(6), Great Britain, Pergamon Press, jun. 1991, p. 607-621. Apud Baroni (1992).

mantendo as condições que produzem e reproduzem as relações de exploração, hierarquização e dominação que permitem a apropriação da capacidade produtiva social por alguns homens. Para outros, implica novas bases, nas quais se sustenta a civilização, através da construção de uma nova racionalidade, uma racionalidade ambiental, que coloque como sentido e fim da organização social produtiva o bem-estar material do ser humano (nível de vida) e seu desenvolvimento espiritual (qualidade de vida).

A passagem de um modelo de desenvolvimento predatório a um sustentável que mantenha a harmonia com a natureza tem múltiplas implicações. Implica modificar nossa visão e relação com a natureza: esta não é somente uma fonte de matérias-primas, mas também é o ambiente necessário para a existência humana. Envolve um manejo racional dos recursos naturais e também modificar a organização produtiva e social que produz e reproduz a desigualdade e a pobreza, assim como as práticas produtivas predatórias e a criação de novas relações sociais, cujo eixo já não será a ânsia de lucro, mas o bem-estar humano.

Fica claro que o conceito dá margem a interpretações que de modo geral baseiam-se num desequilíbrio entre os três eixos fundamentais do conceito de sustentabilidade, que são: o crescimento econômico, a preservação ambiental e a equidade social. O predomínio de qualquer desses eixos desvirtua o conceito e torna-se manifestação de interesse de grupos, isolados do contexto mais geral, que é o interesse da humanidade como um todo.

3.3 A Conferência das Nações Unidas no Rio de Janeiro (1992) e os seus desdobramentos

A Conferência das Nações Unidas sobre Meio Ambiente e Desenvolvimento (CNUMAD), também conhecida como Cúpula da Terra, ou Eco-92, foi realizada no Rio de Janeiro em 1992, com representantes de 179 países que discutiram durante 14 dias os problemas ambientais globais e estabeleceram o desenvolvimento sustentável como uma das metas a serem alcançadas pelos governos e sociedades em todo o mundo.

Como vimos no Capítulo 2, da Conferência resultaram cinco documentos básicos:

- a declaração do Rio de Janeiro sobre Meio Ambiente e Desenvolvimento;
- a Declaração de princípios para a gestão sustentável das florestas;
- o Convênio sobre a Diversidade Biológica;
- o Convênio sobre as Mudanças Climáticas; e
- o Programa das Nações Unidas para o século XXI, mais conhecido como Agenda 21.

De todos, a Agenda 21 é o mais abrangente, e constitui um programa internacional que estabelece parâmetros para que se obtenha o desenvolvimento sustentável nas suas vertentes econômica, social e ambiental. No que diz respeito às empresas, em seu Capítulo 31, item 1, reconhece que:[8]

> *"O comércio e a indústria, inclusive as empresas transnacionais, desempenham um papel crucial no desenvolvimento econômico e social de um país. Um regime de políticas estáveis possibilita e estimula o comércio e a indústria a funcionar de forma responsável e eficiente e a implementar políticas de longo prazo. A prosperidade constante, objetivo fundamental do processo de desenvolvimento, é principalmente o resultado das atividades do comércio e da indústria. As empresas comerciais, grandes e pequenas, formais e informais, proporcionam oportunidades importantes de intercâmbio, emprego e subsistência."*

Em 1997, durante um período extraordinário de sessões da Assembleia Geral da ONU, em New York, foi realizada a Cúpula da Terra, conhecida como Rio+5, que tinha como principal objetivo analisar a execução do Programa 21, aprovado pela Cúpula de 1992. Após um período de intensas deliberações ocorridas devido às divergências entre os Estados sobre como financiar o desenvolvimento sustentável no plano mundial, foram obtidos alguns acordos, retratados no documento final[9] de 58 páginas, que são:

- adotar objetivos juridicamente vinculantes para reduzir a emissão dos gases do efeito estufa, os quais são causadores da mudança climática;
- avançar com mais vigor para modalidades sustentáveis de produção, distribuição e utilização de energia;
- focar a erradicação da pobreza como requisito prévio do desenvolvimento sustentável.

Outro encontro, mais amplo, com o mesmo objetivo, foi realizado pela ONU, no segundo semestre de 2002, em Johannesburgo, África do Sul, denominado Cúpula Mundial sobre Desenvolvimento Sustentável, mais conhecida como Rio+10, e novamente a intenção foi reavaliar e implementar as conclusões e diretrizes da Cúpula realizada no Rio em 1992.

---

[8] Conferência das Nações Unidas sobre o Meio Ambiente e Desenvolvimento (CNUMAD). *Agenda 21*. 3. ed. Brasília: Senado Federal, 2001. p. 481.
[9] Organización de las Naciones Unidas (ONU). Consejo Económico y Social. Informe del Secretario General. "Declaración de Rio sobre el Medio Ambiente y el Desarrollo: aplicación y ejecución". New York: Comisión sobre el Desarrollo Sostenible, 10 fev. 1997. 58 p.

No Quadro 3.1 é apresentado um resumo dos principais acontecimentos relacionados com a perspectiva do desenvolvimento sustentável.

Quadro 3.1 Resumo dos principais acontecimentos relacionados com o desenvolvimento sustentável

Ano	Acontecimento	Observação
1962	Publicação do livro *Primavera Silenciosa* (*Silent Spring*)	Livro publicado por Rachel Carson que teve grande repercussão na opinião pública e expunha os perigos do inseticida DDT.
1968	Criação do Clube de Roma	Organização informal cujo objetivo era promover o entendimento dos componentes variados, mas interdependentes – econômicos, políticos, naturais e sociais –, que formam o sistema global.
1968	Conferência da UNESCO sobre a conservação e o uso racional dos recursos da biosfera	Nessa reunião, em Paris, foram lançadas as bases para a criação do Programa: Homem e a Biosfera (MAB).
1971	Criação do Programa MAB da UNESCO	Programa de pesquisa no campo das Ciências Naturais e sociais para a conservação da biodiversidade e para a melhoria das relações entre o homem e o meio ambiente.
1972	Publicação do livro *Os limites do crescimento*	Informe apresentado pelo Clube de Roma no qual previa que as tendências que imperavam até então conduziriam a uma escassez catastrófica dos recursos naturais e a níveis perigosos de contaminação num prazo de 100 anos.
1972	Conferência das Nações Unidas sobre o Meio Ambiente Humano em Estocolmo, Suécia	A primeira manifestação dos governos de todo o mundo com as consequências da economia sobre o meio ambiente. Participaram 113 Estados-membros da ONU. Um dos resultados do evento foi a criação do Programa das Nações Unidas sobre o Meio Ambiente (PNUMA).
1980	I Estratégia Mundial para a Conservação	A IUCN, com a colaboração do PNUMA e do World Wildlife Fund (WWF), adota um plano de longo prazo para conservar os recursos biológicos do planeta. No documento aparece pela primeira vez o conceito de "desenvolvimento sustentável".
1983	É formada pela ONU a Comissão Mundial sobre o Meio Ambiente e o Desenvolvimento (CMMAD)	Presidida pela Primeira-Ministra da Noruega, Gro Harlem Brundtland, tinha como objetivo examinar as relações entre o meio ambiente e o desenvolvimento e apresentar propostas viáveis.

Continua

Ano	Acontecimento	Observação
1987	É publicado o informe Brundtland, da CMMAD, o "Nosso Futuro Comum"	Um dos mais importantes sobre a questão ambiental e o desenvolvimento. Vincula estreitamente economia e ecologia e estabelece o eixo em torno do qual se deve discutir o desenvolvimento, formalizando o conceito de desenvolvimento sustentável.
1991	II Estratégia Mundial para a Conservação: "Cuidando da Terra"	Documento conjunto do IUCN, PNUMA e WWF, mais abrangente que o formulado anteriormente; baseado no Informe Brundtland, preconiza o reforço dos níveis políticos e sociais para a construção de uma sociedade mais sustentável.
1992	Conferência das Nações Unidas sobre o Meio Ambiente e Desenvolvimento, ou Cúpula da Terra	Realizada no Rio de Janeiro, constitui-se no mais importante foro mundial já realizado. Abordou novas perspectivas globais e de integração da questão ambiental planetária e definiu mais concretamente o modelo de desenvolvimento sustentável. Participaram 170 Estados, que aprovaram a Declaração do Rio e mais quatro documentos, entre os quais a Agenda 21.
1997	Rio+5	Realizado em New York, teve como objetivo analisar a implementação do Programa da Agenda 21.
2000	I Foro Mundial de âmbito Ministerial – Malmö (Suécia)	Teve como resultado a aprovação da Declaração de Malmö, que examina as novas questões ambientais para o século XXI e adota compromissos no sentido de contribuir mais efetivamente para o desenvolvimento sustentável.
2002	Cúpula Mundial sobre o Desenvolvimento Sustentável – Rio+10	Realizada em Johannesburgo, nos meses de agosto e setembro, procurou examinar se foram alcançadas as metas estabelecidas pela Conferência do Rio-92 e serviu para que os Estados reiterassem seu compromisso com os princípios do Desenvolvimento Sustentável.
2005	Protocolo de Kyoto	O Protocolo de Kyoto entra em vigor, obrigando países desenvolvidos a reduzir os gases que provocam o efeito estufa e estabelecendo o Mecanismo de Desenvolvimento Limpo para os países em desenvolvimento.
2007	Relatório do Painel das Mudanças Climáticas	O Painel Intergovernamental sobre Mudança Climática (IPCC) divulga seu mais bombástico relatório, apontando as consequências do aquecimento global até 2100, caso os seres humanos nada façam para impedi-lo.

Continua

Ano	Acontecimento	Observação
2010	ISO 26000 – Responsabilidade Social	No dia 1º de novembro, a International Organization for Standardization (ISO) divulga a norma ISO 26000 para a responsabilidade social e que terá grande impacto nas organizações, tornando-as mais sensíveis ao engajamento em projetos visando o desenvolvimento sustentável.
2011	Rumo à economia verde	Em fevereiro, o Programa das Nações Unidas para o Meio Ambiente (PNUMA) divulga o documento "Rumo à economia verde: caminhos para o desenvolvimento sustentável e a erradicação da pobreza – síntese para tomadores de decisão", considerado como uma das contribuições-chave ao processo Rio+20 e ao objetivo geral de luta contra a pobreza e promoção de um século XXI sustentável.
2012	Rio+20 – Conferência das Nações Unidas sobre Desenvolvimento Sustentável	De 13 a 22 de junho ocorre a nova Conferência da ONU sobre DS no Rio de Janeiro. O encontro gerou um documento final: "O futuro que queremos" e tomou-se a decisão de formar um grupo de trabalho aberto que elaborasse os Objetivos do Desenvolvimento Sustentável que teriam como meta o ano de 2030.
2014	Objetivos do Desenvolvimento Sustentável (ODS)	Assembleia da ONU recebe o relatório do grupo de trabalho que ficou encarregado de estabelecer os ODS em substituição aos Objetivos do Desenvolvimento do Milênio (ODM).

3.4 O desenvolvimento sustentável no âmbito empresarial

O Conselho Empresarial para o Desenvolvimento Sustentável participou ativamente da organização da temática empresa e meio ambiente na Conferência do Rio em 1992, representado pelo seu presidente, Stephan Schmidheiny. O Conselho reuniu 48 líderes empresariais de diversos países,[10] que posteriormente elaboraram um documento sobre desenvolvimento sustentável voltado para o meio empresarial, o qual denominaram: "Mudando o rumo: uma perspectiva global do empresariado para o desenvolvimento e o meio ambiente". No início desse documento, foi divulgada uma declaração em que reconhecem que[11] *"o mundo se move em direção à desregulação, às iniciativas privadas e aos mercados globais. Isto exige que as empresas assumam maior responsabilidade social, econômica e ambiental ao definir seus papéis e ações".*

---

[10] Do Brasil faziam parte: Eliezer Batista da Silva, presidente da Rio Doce International S.A., e Erling S. Lorentzen, presidente da Aracruz Celulose S.A.
[11] SCHMIDHEINY, Stephan. *Cambiando el rumbo*: una perspectiva global del empresariado para el desarrollo y el medio ambiente. México: Fondo de Cultura Económica, 1992. p. 12.

O documento do Conselho Empresarial admite que o progresso em direção ao desenvolvimento sustentável é um bom negócio, pois consegue criar vantagens competitivas e novas oportunidades. No entanto, observa que isto exige *"mudanças profundas e de amplo alcance na atitude empresarial, incluindo a criação de uma nova ética na maneira de fazer negócios"*.[12]

O WBCSD (World Business Council Sustainable Development), no documento "Ecoeficiência criando mais valor com menos impacto", indica alguns fatores que constroem a sustentabilidade empresarial que estão sintetizados na Figura 3.1.

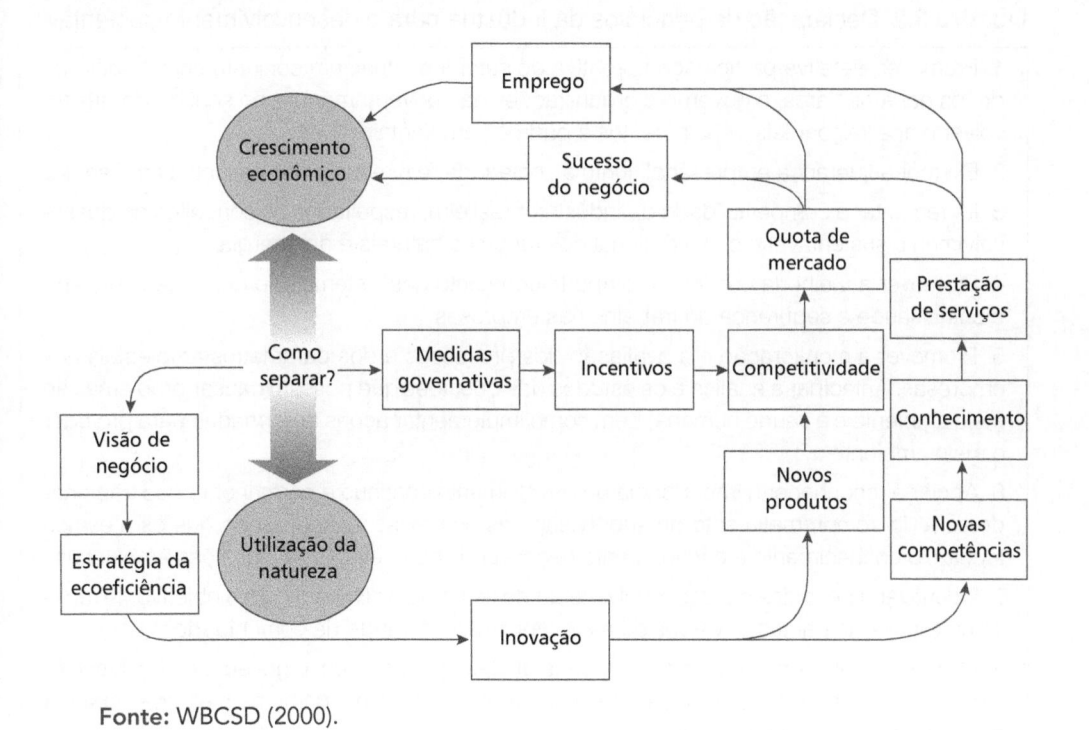

Fonte: WBCSD (2000).

Figura 3.1 Indicadores para a sustentabilidade empresarial.

Em abril de 1998, no Brasil, a Confederação Nacional da Indústria (CNI) define e publica sua Declaração de Princípios da Indústria para o Desenvolvimento Sustentável (ver Quadro 3.2), iniciativa que permite o incremento da divulgação da perspectiva de maior interação entre economia e meio ambiente junto ao empresariado.

A penetração do conceito de desenvolvimento sustentável no meio empresarial tem se pautado mais como um modo de empresas assumirem formas de gestão mais

---

[12] Schmidheiny (1992, p. 12).

eficientes, como práticas identificadas com a ecoeficiência e a produção mais limpa, do que uma elevação do nível de consciência do empresariado em torno de uma perspectiva de um desenvolvimento econômico mais sustentável. Embora haja um crescimento perceptível da mobilização em torno da sustentabilidade, ela ainda está mais focada no ambiente interno das organizações, voltada prioritariamente para processos e produtos. É um grande avanço, sem dúvida nenhuma, tomando-se como marco o ano de 1992; mas ainda falta muito para que as empresas se tornem agentes de um desenvolvimento sustentável, socialmente justo, economicamente viável e ambientalmente correto.

Quadro 3.2 Declaração de princípios da indústria para o desenvolvimento sustentável

1. Promover a efetiva participação proativa do setor industrial, em conjunto com a sociedade, os parlamentares, o governo e organizações não governamentais no sentido de desenvolver e aperfeiçoar leis, regulamentos e padrões ambientais.
2. Exercer a liderança empresarial, junto à sociedade, em relação aos assuntos ambientais.
3. Incrementar a competitividade da indústria brasileira, respeitados os conceitos de desenvolvimento sustentável e o uso racional dos recursos naturais e de energia.
4. Promover a melhoria contínua e o aperfeiçoamento dos sistemas de gerenciamento ambiental, saúde e segurança do trabalho nas empresas.
5. Promover a monitoração e a avaliação dos processos e dos parâmetros ambientais nas empresas. Antecipar a análise e os estudos das questões que possam causar problemas ao meio ambiente e à saúde humana, bem como implementar ações apropriadas para proteger o meio ambiente.
6. Apoiar e reconhecer a importância do envolvimento contínuo e permanente dos trabalhadores e do comprometimento da supervisão nas empresas, assegurando que os mesmos tenham o conhecimento e o treinamento necessários com relação às questões ambientais.
7. Incentivar a pesquisa e o desenvolvimento de tecnologias limpas, com o objetivo de reduzir ou eliminar impactos adversos ao meio ambiente e à saúde da comunidade.
8. Estimular o relacionamento e as parcerias do setor privado com o governo e com a sociedade em geral, na busca do desenvolvimento sustentável, bem como na melhoria contínua dos processos de comunicação.
9. Estimular as lideranças empresariais a agir permanentemente junto à sociedade com relação aos assuntos ambientais.
10. Incentivar o desenvolvimento e o fornecimento de produtos e serviços que não produzam impactos inadequados ao meio ambiente e à saúde da comunidade.
11. Promover a máxima divulgação e conhecimento da Agenda 21 e estimular sua implementação.

Fonte: CNI (2002, p. 24).

Como veremos nos capítulos seguintes, vários grupos econômicos têm se destacado como lideranças do ponto de vista da responsabilidade ambiental e tornam-se referência positiva para outros que buscam se aproximar dos padrões das empresas líderes, que são cada vez mais aceitos e esperados pela sociedade como um todo.

3.5 As dimensões da sustentabilidade: econômica, social e ambiental

O desenvolvimento sustentável nas organizações apresenta três dimensões, que são: a econômica, a social e a ambiental.

Do ponto de vista econômico, a sustentabilidade prevê que as empresas têm que ser economicamente viáveis. Seu papel na sociedade deve ser cumprido levando em consideração esse aspecto da rentabilidade, ou seja, dar retorno ao investimento realizado pelo capital privado.

Em termos sociais, a empresa deve satisfazer aos requisitos de proporcionar as melhores condições de trabalho aos seus empregados, procurando contemplar a diversidade cultural existente na sociedade em que atua, além de propiciar oportunidade aos deficientes de modo geral. Além disso, seus dirigentes devem participar ativamente das atividades socioculturais de expressão da comunidade que vive no entorno da unidade produtiva.

Do ponto de vista ambiental, deve a organização pautar-se pela ecoeficência dos seus processos produtivos, adotar a produção mais limpa, oferecer condições para o desenvolvimento de uma cultura ambiental organizacional, adotar uma postura de responsabilidade ambiental, buscando a não contaminação de qualquer tipo do ambiente natural, e procurar participar de todas as atividades patrocinadas pelas autoridades governamentais locais e regionais no que diz respeito ao meio ambiente natural.

O mais importante na abordagem das três dimensões da sustentabilidade empresarial é o equilíbrio dinâmico necessário e permanente que devem ter, e que tem de ser levado em consideração pelas organizações que atuam preferencialmente em cada uma delas: organizações empresariais (econômica), sindicatos (social) e entidades ambientalistas (ambiental). Deve ser estabelecido um acordo entre as organizações de tal modo que nenhuma delas atinja o grau máximo de suas reivindicações e nem o mínimo inaceitável, o que implica num diálogo permanente para que as três dimensões sejam contempladas de modo a manter a sustentabilidade do sistema.

A intransigência de qualquer das associações levará ao desequilíbrio do sistema e a sua insustentabilidade. Os empresários devem buscar o lucro aceitável; os sindicatos devem buscar reivindicar o possível, com o objetivo de manter o equilíbrio, e as entidades ambientalistas deverão saber ceder de tal modo que não se prejudique de modo irreversível a condição do ambiente natural. A Figura 3.2 representa o equilíbrio dinâmico entre essas três dimensões.

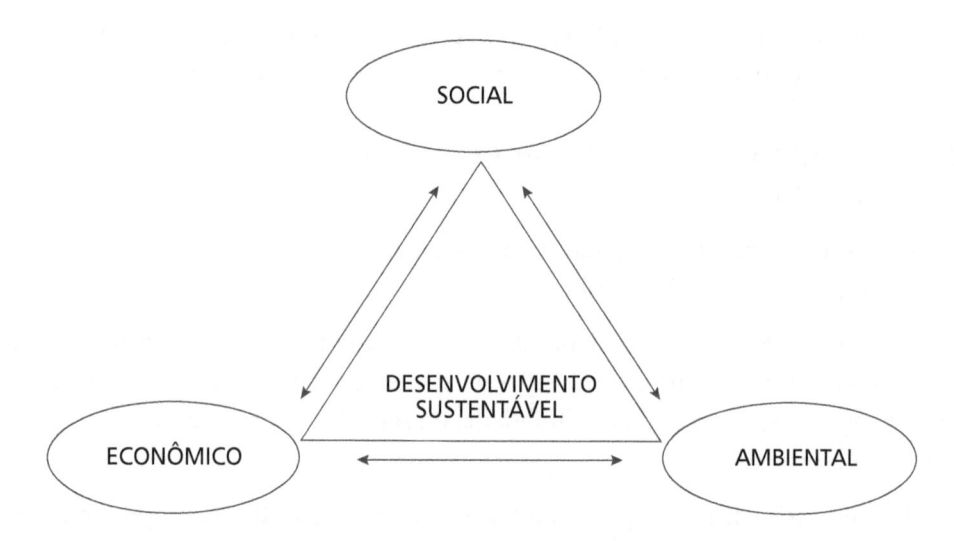

Figura 3.2 Equilíbrio dinâmico da sustentabilidade.

3.6 *Triple Bottom Line* ou Tripé da Sustentabilidade

No âmbito empresarial, as três dimensões da sustentabilidade se identificam com o conceito de *Triple Bottom Line*. Essa expressão surgiu na década de 1990 e tornou-se de conhecimento do grande público em 1997, com a publicação do livro *Cannibals With Forks: The Triple Bottom Line of 21st Century Business*, de John Elkington, e desde então inúmeras organizações, como o GRI (Global Reporting Initiative) e a AA (AccountAbility) vêm promovendo o conceito do *Triple Bottom Line* e o seu uso em corporações de todo o mundo, que refletem um conjunto de valores, objetivos e processos que uma organização deve focar para criar valor em três dimensões: econômica, social e ambiental.

O *Triple Bottom Line* é também conhecido como os 3 Ps (*People, Planet and Profit*, ou, em português, Pessoas, Planeta e Lucro). No Brasil é conhecido como o tripé da sustentabilidade, é um conceito que tanto pode ser aplicado de maneira macro, para um país ou o próprio planeta, como micro, numa residência, numa empresa, numa escola ou numa pequena vila.

> *People* – Refere-se ao tratamento do capital humano de uma empresa ou sociedade.
>
> *Planet* – Refere-se ao capital natural de uma empresa ou sociedade.
>
> *Profit* – Trata-se do lucro. É o resultado econômico positivo de uma empresa. Quando se leva em conta o *Triple Bottom Line*, essa perna do tripé deve levar em conta os outros dois aspectos.

Durante muito tempo a contabilidade das empresas se centrou nos resultados financeiros. No entanto, nos últimos anos, com a irrupção da Responsabilidade Social no âmbito corporativo, aumentou a exigência pela incorporação de novos indicadores para quantificar o impacto das empresas sobre os *stakeholders* externos. Nesse contexto é que surgiu o conceito de *Triple Bottom Line* e que se refere aos resultados de uma empresa medidos em termos econômicos, ambientais e sociais. São apresentados nos relatórios de sustentabilidade corporativa e se constituem em dados e aferições voluntárias.

3.7 A economia verde[13]

O modelo econômico predominante se baseia na busca do crescimento econômico através da utilização ótima de insumos e fatores de produção (capital físico e trabalho). A este modelo se pode denominar de "economia marrom", e ao longo das últimas décadas conseguiu um grande crescimento da economia mundial permitindo que hoje milhões de pessoas desfrutem altos níveis de qualidade de vida. No entanto, esse crescimento econômico foi alcançado com o esgotamento dos recursos naturais, e a consequente degradação e perda dos ecossistemas, além de ignorar que muitas pessoas, embora vivam em condições de extrema pobreza, dependem diretamente desses recursos.

É um modelo que não considera como bens econômicos escassos os ecossistemas e não utiliza métodos eficazes para administrar determinados recursos naturais como a água e o solo.

Esse contexto é que possibilita o surgimento da proposta de "economia verde", que pode ser definida como um modelo de produção integral e inclusivo que leva em consideração variáveis ambientais e sociais. A economia verde produz baixas emissões de carbono, utiliza os recursos de forma eficiente e socialmente inclusiva. A implantação de um modelo de economia verde tem como objetivo final melhorar as condições de vida dos mais pobres; e diminuir a desigualdade social, e evitar a destruição e esgotamento dos recursos naturais. A proposta de economia verde não se contrapõe ao modelo atual, na realidade o ultrapassa incorporando variáveis sociais e ambientais. Neste sentido se pode afirmar que a "economia verde" é uma evolução da "economia marrom" a patamares sustentáveis de produção e consumo.

Numa comparação resumida, podemos afirmar que a economia marrom tem um único objetivo principal: o crescimento econômico, e está baseada na utilização de energias fósseis e extração não planejada de recursos naturais. Enquanto que a economia verde apresenta múltiplos objetivos principais: crescimento econômico, conserva-

---

[13] Texto extraído de Dias (2014), p. 46.

ção dos recursos naturais e erradicação da pobreza. Além disso, está baseada na utilização de energias renováveis e utilização racional e sustentável dos recursos naturais.

Um elemento essencial no conceito de economia verde é a necessidade de refletir o valor do ambiente econômico na tomada de decisões. Os preços de mercado muitas vezes podem fornecer sinais enganosos sobre os impactos ambientais e sociais das atividades econômicas, levando a sistemas de produção e consumo que não conseguem maximizar o bem-estar das gerações atuais e futuras. Os governos, portanto, têm um papel importante a desempenhar na correção de incentivos e ajudar a moldar os resultados socialmente ótimos. Um aspecto importante disto é catalisar uma mudança para uma economia circular (na qual os resíduos são reconhecidos como um recurso valioso), aumentando assim a eficiência dos recursos e reduzindo os impactos ambientais decorrentes da extração de matérias-primas e geração de resíduos.

3.8 O Protocolo Verde

O Protocolo Verde é um documento firmado entre o Governo Federal através de seus Ministérios e bancos oficiais brasileiros, incorporando a variável ambiental na gestão e concessão de crédito oficial e benefícios fiscais com o objetivo de criar mecanismos que evitem a utilização destes créditos e benefícios em atividades e empreendimentos que sejam prejudiciais ao meio ambiente.

Esse protocolo surgiu como resultado de um grupo de trabalho instituído em 1995, cuja iniciativa está prevista na Política Nacional de Meio Ambiente, que dispõe no seu artigo 12:[14] "*As entidades e órgãos de financiamento e incentivos governamentais condicionarão a aprovação de projetos habilitados a esses benefícios ao licenciamento, na forma da lei, e ao cumprimento das normas, dos critérios e dos padrões expedidos pelo CONAMA.*" Nessa mesma Lei estão previstas, também, para aqueles que não cumprirem as determinações exigidas, a "*perda ou restrição de benefícios fiscais concedidos pelo Poder Público, em caráter geral ou condicional, e a perda ou suspensão de participação em linhas de financiamento em estabelecimentos oficiais de crédito*".

O Grupo de trabalho foi constituído com representantes do Ministério do Meio Ambiente, dos Recursos Hídricos e da Amazônia Legal, do Ministério da Agricultura, do Abastecimento e da Reforma Agrária, do Ministério da Fazenda, do Ministério do Planejamento e Orçamento, do Instituto Brasileiro do Meio Ambiente e dos Recursos Naturais Renováveis, do Banco Central do Brasil, do Banco Nacional de Desenvolvimento Econômico e Social, do Banco do Brasil, da Caixa Econômica Federal, do Banco do Nordeste do Brasil e do Banco da Amazônia.

---

[14] Lei nº 6.938, de 31 de agosto de 1981, que "institui a Política Nacional do Meio Ambiente e dá outras providências". Artigo 12.

Os cinco bancos participantes do grupo divulgaram um documento intitulado "Carta de Princípios para o Desenvolvimento Sustentável", no qual firmaram compromisso com o desenvolvimento sustentável (vide Quadro 3.3).

Em abril de 2009, os bancos privados através da Federação Brasileira de Bancos (FEBRABAN) assinaram protocolo de intenções com o Ministério do Meio Ambiente (MMA) aderindo ao Protocolo Verde. De acordo com o protocolo, linhas de financiamento só serão liberadas para empresas empenhadas em desenvolver políticas socioambientais. E empresas e empreendimentos que dependem de financiamento bancário para suas atividades econômicas terão, a partir daquela data, que comprovar que estão empenhadas em desenvolver políticas socioambientais, ou seja, respeito aos direitos humanos e trabalhistas, preservação da biodiversidade, valorização da diversidade das culturas locais, redução da pobreza e da desigualdade na distribuição de renda.

Quadro 3.3 Carta de princípios para o desenvolvimento sustentável

Os bancos a seguir assinalados reconhecem que podem cumprir um papel indispensável na busca de um desenvolvimento sustentável que pressuponha contínua melhoria no bem-estar da sociedade e da qualidade do meio ambiente. Para tanto, propõem-se a empreender políticas e práticas bancárias que estejam sempre e cada vez mais em harmonia com o objetivo de promover um desenvolvimento que não comprometa as necessidades das gerações futuras.
Princípios gerais do Desenvolvimento Sustentável:
1. A proteção ambiental é um dever de todos que desejam melhorar a qualidade de vida no planeta e extrapola qualquer tentativa de enquadramento espaço-temporal.
2. Um setor financeiro dinâmico e versátil é fundamental para o desenvolvimento sustentável.
3. O setor bancário deve privilegiar de forma crescente o financiamento de projetos que não sejam agressivos ao meio ambiente ou que apresentem características de sustentabilidade.
4. Os riscos ambientais devem ser considerados nas análises e nas condições de financiamento.
5. A gestão ambiental requer a adoção de práticas que antecipem e previnam degradações do meio ambiente.
6. A participação dos clientes é imprescindível na condução da política ambiental dos bancos.
7. As leis e as regulamentações ambientais devem ser aplicadas e exigidas, cabendo aos bancos participar da sua divulgação.
8. A execução da política ambiental nos bancos requer a criação e o treinamento de equipes específicas dentro de seus quadros.
9. A eliminação de desperdícios, a eficiência energética e o uso de materiais reciclados são práticas que devem ser estimuladas em todos os níveis operacionais.
10. Os princípios aqui assumidos devem constituir compromisso de todas as instituições financeiras.

Os recursos só seriam liberados às pessoas ou empresas que não tivessem dívidas com o IBAMA. Caso contrário, além de não poder receber o empréstimo, elas seriam incluídas no Cadastro de Inadimplentes do Banco Central (Cadin), o que as impede de fazer qualquer transação com instituições financeiras governamentais ou de participar de concorrências públicas.

3.9 O Princípio Poluidor-Pagador (PPP)

O principio "poluidor-pagador" ou de "quem contamina-paga" é uma das principais normas do direito ambiental e importante instrumento de políticas governamentais. O princípio torna a organização que contamina responsável pelo pagamento do prejuízo que causou. Os custos dos tratamentos eventuais dos danos causados ou de recuperação de áreas poluídas não recaem sobre o governo.

Sua origem está na recomendação da OECD (Organization for Economic Co-operation and Development) em 1972 para que seus países membros adotassem o princípio poluidor-pagador em seus territórios.

Nos anos seguintes, a OECD publicou um guia *The polluter pays principle: definition, analysis, implementation* (O princípio poluidor-pagador: definição, análise, implementação) onde definiu o princípio como segue: "O poluidor deve arcar com os custos de controle de poluição e medidas de prevenção exigidas pela autoridade pública, independentemente se estes custos são o resultado da imposição de alguma taxa de poluição, ou se é debitado por algum outro mecanismo econômico satisfatório, ou ainda, se é uma resposta a algum regulamento direto de redução de poluição obrigatória."

O princípio evoluiu e incorporou outros conteúdos como a responsabilidade por danos ambientais, o que implica que todo aquele que contamina deve compensar pelo dano causado.

No Brasil, o conceito foi incluído na Política Nacional de Meio Ambiente brasileira (Lei nº 6.938, de 31 de agosto de 1981) em seu artigo 4º, que afirma que "A política Nacional do meio ambiente visará: VII – a imposição ao poluidor e ao predador, da obrigação de recuperar e/ou indenizar os danos causados, e ao usuário, de contribuição pela utilização de recursos ambientais com fins econômicos".

A Constituição Brasileira de 1988 incorporou em seu texto este princípio ao estabelecer em seu artigo 225, 2º parágrafo, que "aquele que explorar recursos minerais fica obrigado a recuperar o meio ambiente degradado, de acordo com solução técnica exigida pelo órgão público competente, na forma da lei". Além disso no 3º parágrafo reforça, ainda mais, o princípio ao estabelecer que: "As condutas e atividades consideradas lesivas ao meio ambiente sujeitarão os infratores, pessoas físicas ou jurídicas, a sanções penais e administrativas, independentemente da obrigação de reparar os danos causados."

A Conferência das Nações Unidas realizada em 1992 no Rio de Janeiro consolidou o Princípio do "poluidor-pagador" no documento-síntese do evento incorporado à Agenda 21. O texto se encontra no princípio 16 que estabelece: "As autoridades nacionais devem procurar promover a internacionalização dos custos ambientais e o uso de instrumentos econômicos, tendo em vista a abordagem segundo a qual o poluidor deve, em princípio, arcar com o custo da poluição, com a devida atenção ao interesse público e sem provocar distorções no comércio e nos investimentos internacionais."

Em resumo: o princípio de quem contamina-paga constitui uma ferramenta de preservação ambiental que internaliza os custos para o agente poluidor.

3.10 A pegada ecológica

A pegada ecológica é um indicador ambiental de caráter integrador do impacto que exerce uma certa comunidade humana – país, região ou cidade – sobre o seu entorno, considerando tanto os recursos necessários como os resíduos gerados para a manutenção do modelo produtivo e do consumo da comunidade.

Pegada ecológica é a área de terreno necessária para produzir os recursos consumidos e para assimilar os resíduos gerados por uma população determinada com um modo de vida específico, onde quer que se encontre essa área.

Foi definida em 1996 por William Rees e Mathis Wackernagel no Canadá, Universidade da Colúmbia Britânica, no livro: *Our Ecological Footprint: Reducing Human Impact on the Earth*.

Constitui uma ferramenta de contabilidade de recursos naturais para medir a sustentabilidade.

Uma pegada ecológica mostra quem está consumindo quais recursos e em que quantidades. Ou seja, até que ponto estamos consumindo nossos recursos naturais mais rapidamente do que a sua capacidade de regeneração.

Em linhas gerais, o método traça uma comparação entre o consumo humano e a capacidade da natureza de suportá-lo.

O resultado dessa conta é o indicador do impacto ambiental que exercemos sobre o planeta.

A filosofia de cálculo da pegada ecológica leva em consideração os seguintes aspectos:

- para produzir qualquer produto, independentemente do tipo de tecnologia utilizada, necessitamos de um fluxo de materiais e energia, produzidos em última instância por sistemas ecológicos.

- Necessitamos de sistemas ecológicos para reabsorver os resíduos gerados durante o processo de produção e o uso dos produtos finais.

- Ocupamos espaço com infraestruturas, moradias, equipamentos etc. reduzindo, desse modo, a superfície dos ecossistemas produtivos.

Com o cálculo em mãos é possível planejar o uso dos recursos naturais de forma mais consciente, menos predadora.

A pegada ecológica é um instrumento útil que pode apoiar a tomada de decisões, pois deixa clara a relação entre o comportamento humano e as exigências ecológicas. Com a sua aplicação podem se alcançar decisões estratégicas e políticas mais equitativas e justas.

Através da medição das pegadas ecológicas, pode-se aprender a utilizar os recursos com maior cuidado e adotar ações pessoais e coletivas para reduzir os impactos.

A metodologia de cálculo da pegada ecológica consiste em contabilizar o consumo das diferentes categorias e transformá-lo na superfície biológica produtiva apropriada através de índices de produtividade. Baseia-se na estimativa da superfície necessária para satisfazer os consumos associados à alimentação, aos produtos florestais, ao consumo energético e a ocupação direta do terreno. Esta superfície é expressa em ha/cap/ano se o cálculo é realizado por habitante, ou em hectares se o cálculo se refere ao conjunto da comunidade estudada.

Um hectare global representa a média de "capacidade de carga" de todos os hectares da terra. (1 hectare = 10.000 m^2/100 hectares.)

Os terrenos produtivos que se consideram para o cálculo são os seguintes:

Cultivos	Superfícies com atividade agrícola e que constituem a terra mais produtiva em termos ecológicos, ou seja, onde ocorra uma maior produção de biomassa utilizável pelas comunidades humanas.
Pastos	Espaços utilizados para o pastoreio do gado, e de um modo geral menos produtivos para uso agrícola.
Bosques	Superfícies florestais quer sejam naturais ou replantadas, mas sempre no caso em que se encontrem em exploração.
Mar produtivo	Superfícies marinhas onde haja uma produção biológica mínima para que possa ser aproveitada pelas sociedades humanas.

Terreno construído	São consideradas as áreas urbanizadas ou ocupadas por infraestruturas.
Área de absorção de CO_2	Superfícies de bosques necessárias para a absorção da emissão de CO_2 devido ao consumo de combustíveis fósseis para a produção de energia.

A pegada se mede em hectares globais. Um hectare global é uma indicação da proporção da superfície da terra necessário para apoiar um determinado tipo de atividade

Uma vez estimado o valor da pegada ecológica, é calculada a superfície real de cada tipologia de terreno produtivo (cultivos, pastos, bosques, mar e terreno urbanizado) disponíveis no âmbito estudado (global, regional, local etc.). A soma de todos eles é a capacidade de carga local e se expressa em hectares por habitante.

A comparação entre os valores da pegada ecológica e a capacidade de carga local permite conhecer o nível de autossuficiência do âmbito de estudo. Se o valor da pegada ecológica está acima da capacidade de carga local, a região apresenta um déficit ecológico.

PEGADA ECOLÓGICA	>	CAPACIDADE DE CARGA	A região apresenta um déficit ecológico

Se ocorre que a capacidade de carga é igual ou maior que a pegada ecológica, a região é autossuficiente.

PEGADA ECOLÓGICA	=	CAPACIDADE DE CARGA	A região é autossuficiente

Portanto, o déficit ecológico indica que uma região não é autossuficiente, pois consome mais recursos do que dispõe. É uma indicação de que a comunidade está se apropriando de superfícies fora de seu território, ou está utilizando superfícies que seriam usadas pelas futuras gerações.

Em termos de sustentabilidade, o objetivo de uma sociedade teria que ser dispor de uma pegada ecológica que não ultrapassasse sua capacidade de carga, ou seja, que o seu déficit ecológico seja zero.

A população brasileira já ultrapassou o que seria considerada uma pegada ecológica *per capita* máxima.

Enquanto o valor calculado para garantir a sustentabilidade é de 2,1 hectares/ano por pessoa, a média brasileira é de 2,4 hectares/ano por pessoa.

A carga global a que o planeta é submetido está, atualmente, acima do que a natureza pode suportar. Demora aproximadamente um ano e dois meses para regenerar o que se utiliza a cada 12 meses.

Por volta de 1980, a pegada total humana atingiu o ponto limítrofe da capacidade ecológica do planeta, o que significava que, até esse período, um planeta era suficiente. No entanto, em 1999, era necessário 1,2 planeta a fim de suportar as atividades antrópicas.

3.11 Os Objetivos do Desenvolvimento Sustentável (ODS)

No documento final da Rio+20 decidiu-se elaborar os ODS e para isso foi constituído um grupo de trabalho que após três anos de discussão aprovou por consenso o documento "Transformando nosso mundo: a Agenda 2030 para o desenvolvimento sustentável".

A Agenda 2030 consiste em uma declaração, os 17 ODS e as 169 metas, uma seção econômica sobre os meios de implementação e de parcerias globais.

Os 17 objetivos são:

1. **Erradicação da pobreza:** acabar com a pobreza em todas as suas formas, em todos os lugares.

2. **Erradicação da fome:** acabar com a fome, alcançar a segurança alimentar e melhoria da nutrição e promover a agricultura sustentável.

3. **Saúde de qualidade:** assegurar uma vida saudável e promover o bem-estar para todos, em todas as idades.

4. **Educação de qualidade:** assegurar a educação inclusiva e equitativa e de qualidade, e promover oportunidades de aprendizagem ao longo da vida para todos.

5. **Igualdade de gênero:** alcançar a igualdade de gênero e empoderar todas as mulheres e meninas.

6. **Água limpa e saneamento:** garantir disponibilidade e manejo sustentável da água e saneamento para todos.

7. **Energias renováveis:** garantir acesso à energia barata, confiável, sustentável e renovável para todos.

8. **Empregos dignos e crescimento econômico:** promover o crescimento econômico sustentado, inclusivo e sustentável, emprego pleno e produtivo, e trabalho decente para todos.

9. **Inovação e infraestrutura:** construir infraestrutura resiliente, promover a industrialização inclusiva e sustentável, e fomentar a inovação.

10. **Redução das desigualdades:** reduzir a desigualdade dentro dos países e entre eles.

11. **Cidades e comunidades sustentáveis:** tornar as cidades e os assentamentos humanos inclusivos, seguros, resilientes e sustentáveis.

12. **Consumo responsável:** assegurar padrões de produção e de consumo sustentáveis.

13. **Combate às mudanças climáticas:** tomar medidas urgentes para combater a mudança climática e seus impactos.

14. **Vida debaixo da água:** conservação e uso sustentável dos oceanos, dos mares e dos recursos marinhos para o desenvolvimento sustentável.

15. **Vida sobre a Terra:** proteger, recuperar e promover o uso sustentável dos ecossistemas terrestres, gerir de forma sustentável as florestas, combater a desertificação, deter e reverter a degradação da terra e deter a perda de biodiversidade.

16. **Paz e justiça:** promover sociedades pacíficas e inclusivas para o desenvolvimento sustentável, proporcionar o acesso à justiça para todos e construir instituições eficazes, responsáveis e inclusivas em todos os níveis.

17. **Parcerias pelas metas:** fortalecer os meios de implementação e revitalizar a parceria global para o desenvolvimento sustentável.

Conclusão

Após longo tempo, desde os primórdios da Revolução Industrial, o crescimento econômico foi sinônimo de desenvolvimento econômico, revelando a importância da economia no dia a dia da humanidade. De fato, a industrialização trouxe a importância econômica de utilização dos recursos naturais para o benefício da humanidade, com o desenvolvimento de produtos para satisfazer a suas necessidades. No entanto, durante longo tempo, pensou-se que os recursos naturais fossem infinitos, que durariam eternamente, e agiu-se desse modo, durante todo o período, com o desperdício sendo a marca registrada do crescimento.

Ocorre que, num determinado momento, estudos demonstraram que a natureza não estava mais suportando sua exploração e que muitos dos recursos utilizados em breve deixariam de existir. O alarme causou uma mobilização continuada, que desembocou numa nova proposta de desenvolvimento que contempla o meio ambiente natural, que deveria ser preservado para a utilização futura pelas novas gerações.

O princípio, aparentemente simples, preconizado pelo desenvolvimento sustentável popularizou-se de tal modo que hoje há um número incontável de interpretações dele, o que, no entanto, não desfaz sua importância, por trazer ao processo de desenvolvimento os limites de uso da natureza. E, embora haja várias interpretações desse conceito, todas elas procuram se pautar pelos princípios básicos enunciados pela Comissão Brundtland em 1987, que preconiza que o desenvolvimento só deve ser realizado se atender às gerações atuais e futuras, ou seja, deve-se a todo custo utilizar os recursos, somente na exata medida em que não prejudique a sua mesma utilização pelas gerações futuras.

As empresas e o meio ambiente

4

As empresas são as responsáveis principais pelo esgotamento e pelas alterações ocorridas nos recursos naturais, de onde obtêm os insumos que serão utilizados para obtenção de bens que serão utilizados pelas pessoas. Essa atividade de grande utilidade realizada pelas organizações, no entanto, nos últimos anos está quase ficando num segundo plano em função dos problemas ambientais causados pelas indústrias; estes problemas se tornam o aspecto mais visível, na maioria das vezes, de sua relação com o ambiente natural. No entanto, o papel de vilãs do meio ambiente que vêm desempenhando as empresas tem sua razão de ser, pois são poucas, proporcionalmente, aquelas que se preocupam e tornam mais eficientes ecologicamente os seus processos produtivos, como o demonstram os dados estatísticos mundiais e nacionais. E, mesmo quando o fazem, a iniciativa é tomada mais como uma resposta a uma exigência dos órgãos governamentais do que por assumirem uma postura de responsabilidade social ambiental. No entanto, o importante papel desempenhado por essas unidades produtivas é inegável e imprescindível, e somente com o avanço da adoção de Sistemas de Gestão por parte das empresas teremos uma perspectiva de rumarmos para um desenvolvimento minimamente sustentável.

4.1 Empresas e contaminação

A contaminação do meio ambiente natural pelas indústrias teve início com a Revolução Industrial no século XIX, e dessa época em diante o problema teve um crescimento exponencial, provocando inúmeras catástrofes ambientais que tiveram enorme repercussão local, regional e global, como vimos no Capítulo 1.

Ocorre que nos processos industriais os recursos naturais são empregados como insumos que, devido a ineficiências internas dos processos, geram resíduos de todo tipo que contaminam o meio ambiente. O processo, além de gerar problemas de contaminação que afetam a saúde humana, pode também provocar a escassez de recursos naturais que são utilizados sem uma previsão da sua possibilidade de esgotamento.

A utilização privada do meio ambiente, que é um recurso comum, foi discutida pelo biólogo Garrett Hardin no artigo "A tragédia dos bens comuns", no qual indica o destino ao qual parece estar condenado qualquer recurso que tem sua propriedade compartilhada (veja Quadro 4.1).

Quadro 4.1 A tragédia dos bens comuns

Garrett Hardin

"A tragédia dos recursos comuns se desenvolve da seguinte maneira. Imagine um pasto aberto para todos. É de esperar-se que cada pastor tentará manter nos recursos comuns tantas cabeças de gado quanto lhe seja possível. Este arranjo pode funcionar razoavelmente por séculos graças às guerras tribais, à caça furtiva e às enfermidades que manterão os números tanto de homens como de animais abaixo da capacidade de carga das terras. Finalmente, no entanto, chega o dia de ajustar contas, ou seja, o dia em que se torna realidade a tão sonhada meta de estabilidade social. Neste ponto, a lógica inerente aos recursos comuns sem misericórdia gera uma tragédia.

Como um ser racional, cada pastor busca maximizar seus ganhos. Explícita ou implicitamente, consciente ou inconscientemente, se pergunta: Qual é o benefício para mim de acrescentar um animal ao meu rebanho? Esta utilidade tem um componente negativo e outro positivo.

1. O componente positivo é uma função do incremento de um animal. Como o pastor recebe todos os benefícios da venda, a utilidade positiva é próxima de +1.
2. O componente negativo é uma função da sobreutilização do pastoreio adicional gerado por um animal a mais. No entanto, como os efeitos do pastoreio são compartilhados por todos os pastores, a utilidade negativa de qualquer decisão particular tomada por um pastor é somente uma fração de −1.

Ao somar todas as utilidades parciais, o pastor racional conclui que a única decisão sensata para ele é agregar outro animal ao seu rebanho, e outro mais... Mas esta é a conclusão a que chega cada um e todos os pastores sensatos que compartilham os recursos comuns. E aí está a tragédia. Cada homem está dentro de um sistema que o impulsiona a incrementar seu gado ilimitadamente, em um mundo limitado. A ruína é o destino para o qual correm todos os homens, cada um buscando seu melhor proveito em um mundo que acredita na liberdade de uso dos recursos comuns. A liberdade de uso dos recursos comuns resulta na ruína de todos.

Fonte: Hardin (1968, p. 1243).

Os problemas de contaminação do meio ambiente são manifestações que se encaixam perfeitamente no raciocínio, como apontou o próprio Hardin:[1]

> *"De maneira inversa, a tragédia dos recursos comuns reaparece nos problemas de contaminação. Aqui o assunto não é retirar algo dos recursos comuns, mas colocar algo dentro – drenagens ou refugos químicos, radioativos ou térmicos na água; gases nocivos ou perigosos no ar; anúncios ou sinais perturbadores e desagradáveis na paisagem. Os cálculos dos benefícios são muito semelhantes aos que foram mencionados antes. O homem razoável descobre que sua parte dos custos dos desperdícios que descarrega nos recursos comuns é muito menor que o custo de purificar seus desperdícios antes de desfazer-se deles. Já que isto é válido para todos, estamos aprisionados em um sistema de 'sujar nosso próprio ninho', e assim prosseguiremos, embora atuemos unicamente como livres empresários, independentes e racionais."*

Quando se explora o meio ambiente, que é um bem comum, buscando o benefício privado, podem ser causados impactos ambientais que afetam negativamente o bem-estar de outras pessoas que não têm relação com quem os gera. Estes impactos constituem custos externos, ou externalidades, para as empresas. A contaminação ambiental, do ponto de vista econômico, se relaciona com a internalização dos custos externos (ou externalidades) ambientais por parte das empresas. Isto ocorre quando o gerador da externalidade não assume os custos e os transfere a terceiros na forma de contaminação ambiental. São custos ambientais que o empresário causa, mas que não assume, e que acabam diminuindo seus custos diretos (compra de matéria-prima, contratação de mão de obra, pagamento de capital, investimentos de melhoria nos processos etc.), já que não investe no processo produtivo para evitar a produção de resíduos contaminantes. Para si obtém uma vantagem a curto prazo que se assemelha, no exemplo de Hardin, ao pastor que vai agregando gado no pasto, e para a sociedade mais geral o valor é negativo, pois se expressa na forma de esgotamento e deterioração dos recursos naturais, contaminação dos lençóis d'água, do ar e do solo, afetando a saúde pública.

Ocorre que na falta de incentivos capazes de induzir à internalização dos custos ambientais por parte das empresas, elas somente interromperiam a geração de contaminações quando essas externalidades ambientais negativas deixassem de gerar benefícios privados. Segundo Hardin, uma das formas de ação possíveis é a utilização de *"leis coercitivas ou mecanismos fiscais que tornem mais barato para o contaminador tratar os resíduos antes de desfazer-se deles sem tratá-los"*. Ou seja, a regulação, as instituições ambientais, a pressão das comunidades e as exigências do mercado são formas de tornar

---

[1] HARDIN, Garrett. The Tragedy of Commons, *Science*, v. 162, p. 1243-1248, 1968.

mais conveniente ao empresário (e mais barata) a adoção de mecanismos prévios que evitem a contaminação.

4.2 Fatores externos que induzem respostas das empresas

Há diversos fatores externos que provocam uma resposta das empresas no sentido de diminuir a contaminação. Entre estes, estão: o Estado, a comunidade local, o mercado e os fornecedores.

1. O papel do Estado (a regulação formal)

    A legislação ambiental, juntamente com as instituições ambientais e as atividades de controle de contaminação realizadas por estas em todos os níveis, limitam a liberdade da empresa para contaminar. O Estado utiliza esses instrumentos legais com o objetivo de proteger a saúde das pessoas e o bem comum, representado pelo ambiente natural e os benefícios que causa à sociedade mais geral.

    A regulação formal pode ser classificada em dois grandes grupos: o tipo comando e controle e outro, que é a adoção de instrumentos econômicos. Pelo primeiro método, mais tradicional, o Governo estabelece regulamentações para o uso dos recursos ambientais e passa a fiscalizar o cumprimento da legislação, punindo os eventuais infratores (multas e até o fechamento da empresa); baseia-se, portanto, na pressão normativa de padrões estabelecidos. Logo, a decisão da empresa de reduzir ou não a contaminação dependerá da diferença entre os custos que poderão ser abatidos e o valor das multas ou dos custos de um fechamento temporário da empresa.

    Pelo outro método, com a utilização dos instrumentos econômicos, os preços dos bens ambientais devem refletir, o mais corretamente possível, os valores que lhes sejam imputados pela sociedade, de forma que se possa cobrar adequadamente pelo uso desses bens, seja de forma direta, seja de forma indireta, via taxas, subsídios etc. A empresa decide, por exemplo, entre contaminar e pagar a taxa, ou descontaminar e incorrer nos custos de redução da emissão de contaminantes.

    O fato é que nem sempre as medidas de controle da contaminação geram custos. As intervenções do governo que estimulam investimentos de controle ou de prevenção da contaminação, que geram custos iniciais, contribuem para melhorar as condições de competitividade das empresas e das cidades em que se situam. Para que isto ocorra, além dos benefícios ambientais, estes investimentos devem gerar também benefícios privados. Entre os benefícios privados estão os relacionados com o melhoramento das condições de competitividade das empresas. Eles, por sua vez, gerariam benefícios públicos adicionais como o aumento do emprego e do bem-estar social.

Mas o Estado e o seu poder regulador não é o único incentivo que têm as empresas para melhorar seu desempenho ambiental. Além das pressões geradas pela regulação formal, há uma resposta ambiental das empresas com a diminuição da contaminação gerada motivada por diferentes fatores, entre os quais: pressões da comunidade, de diferentes grupos organizados, do mercado, dos consumidores, dos fornecedores etc.

Alguns exemplos da atuação do Estado no controle da poluição:

a) Em novembro de 1995, a Fiat do Brasil foi multada em R$ 3,9 milhões pelo IBAMA por não atender aos padrões legais de emissões veiculares, que eram exigidos desde 1987 para os veículos novos que saíam das montadoras, que tinham de atender aos padrões do Programa de Controle da Poluição do Ar por Veículos Automotores (PROCONVE). Segundo o órgão do governo, o modelo Uno Mille Electronic utilizava dispositivos que mascaravam os níveis de emissão de poluentes e permitiam um maior rendimento do motor, o que provocou um aumento de emissão acima do permitido em lei.[2]

b) Em setembro de 1995, a Rhodia Indústrias Químicas e Têxteis foi condenada por depositar lixo químico a céu aberto na região continental de São Vicente (SP). Segundo a sentença, a Rhodia teria que indenizar o Fundo de Reparação do Meio Ambiente do Estado de São Paulo em mais de 8 milhões de reais. Além disso, a empresa seria obrigada a remover os resíduos, isolar o solo contaminado e repor terra boa na superfície. Deveria também, enquanto houvesse possibilidade de contaminação, manter sob guarda as áreas afetadas para evitar ocupação humana. Ficaria ainda responsável pelo abastecimento de água à população, uma vez que os lençóis freáticos da região foram afetados.[3]

c) A Companhia Siderúrgica Paulista (COSIPA), em Cubatão, no litoral paulista, recebeu, em 1995, multas num valor aproximado de um milhão de reais, por atrasos no cronograma de controle de suas fontes de poluição e irregularidades

---

[2] GRAMACHO, Wladimir. Ibama multa Fiat em R$ 3,9 milhões. *Gazeta Mercantil*. 23 nov. 1995, p. A-6. Serra, Neuza. Ibama multou empresa em R$ 3,9 milhões. *Gazeta Mercantil*, 23 dez. 1995, p. C-1.
[3] NUNES, Eunice. Ação ambiental tem efeito educativo para empresas. *Folha de S. Paulo*, 21 out. 1995, p. 3-2.

devido à má operação e manutenção de equipamentos de controle da poluição e do processo produtivo.[4]

d) Uma emissão de gás sulfídrico, em janeiro de 1996, na unidade de Suzano (SP) da fabricante de sais orgânicos Produquímica, provocou a morte de três operários e atingiu outros cinco, sendo que a empresa foi multada pela Cetesb em R$ 72 mil. Além da multa, foi determinada a paralisação do setor onde ocorreu o acidente. A mesma empresa, em 1993, havia sido autuada por importar cerca de 200 toneladas de resíduos da Inglaterra. A empresa trouxe o material como micronutrientes para fertilizante; no entanto, a Cetesb constatou a presença de metais pesados, como chumbo, cádmio e cromo. A presença de metais havia sido identificada, anteriormente, pela entidade ambientalista Greenpeace, que fez a denúncia. O material foi devolvido à Inglaterra.[5]

2. A comunidade local (regulação informal)

As comunidades locais onde estão localizadas as unidades empresariais cada vez mais se tornam importantes atores em relação aos problemas de contaminação, pois são as primeiras que sofrem as consequências da poluição, e em função disso apresentam uma capacidade de resposta mais rápida, afetando as decisões das empresas no que tange a um maior controle ambiental.

Por outro lado, há um maior número de pessoas informadas sobre os processos produtivos e de contaminação envolvidos: membros da comunidade técnico-científica, intelectuais, educadores, jornalistas, membros de entidades ecológicas, entre outros, que encontram mecanismos legais para exigir do governo ou das empresas o cumprimento de suas responsabilidades ambientais. Um exemplo do papel ativo desempenhado pelas comunidades pode ser visto no estudo de caso apresentado no Capítulo 12.

3. O papel do mercado

As empresas, de modo geral, operam em vários mercados, que podem ser tanto locais, regionais, nacionais ou global. Há um crescente aumento da consciência ambiental, que varia em função de cada mercado. Os países mais desenvolvidos, as regiões mais desenvolvidas de um mesmo país são

---

[4] SERRA, Neuza. Agência ambiental multa Cosipa em R$ 892 mil. *Gazeta Mercantil*, 6 out. 1995, p. A-7.
[5] SERRA, Neuza. Produquímica é multada por acidente com gás sulfídrico. *Gazeta Mercantil*, 10 jan. 1996, p. A-6.

os que mais consomem produtos ecológicos; isso envolve a reputação da empresa como benfeitora ou não do meio ambiente.

4. Os fornecedores

Há um número crescente de empresas que são fornecedoras de outras que necessitam ter um bom desempenho ambiental em toda a sua cadeia produtiva, o que as obriga a fazerem exigências aos seus próprios fornecedores para que sejam portadores de certificações ambientais e se tornem unidades produtivas respeitosas com o meio ambiente. Deste modo, mesmo que uma empresa não sofra pressões diretas tanto do Estado como da Comunidade, ela se vê obrigada a adotar ações ambientais que evitem a contaminação por ter como clientes empresas para as quais seu mercado consumidor exige integrarem uma cadeia produtiva ambientalmente correta.

4.3 A resposta das empresas

A contaminação industrial, como vimos, é fruto da impossibilidade de transformação total dos insumos em produtos, e essas perdas formam resíduos que contaminam o ar, a água ou o solo. Quando uma empresa enfrenta o desafio de reduzir emissões contaminantes, possui, de modo geral, duas opções: instalar tecnologias no final do processo produtivo para reter a contaminação gerada, ou realizar atividades de prevenção da contaminação ao longo de todo o processo produtivo.

A instalação de tecnologias no final do processo produtivo retém uma parte da contaminação antes que saia da área ocupada pela empresa. Uma vez recolhida a contaminação, deve ser colocada num determinado local e em recipientes adequados, o que implica para a empresa em novas instalações, que demandarão investimento inicial e aumento dos custos de produção.

As atividades de prevenção da contaminação incluem um uso mais eficiente dos recursos naturais e da energia utilizados e diminuição sensível dos resíduos. Além da redução das emissões contaminantes, as estratégias de prevenção podem gerar benefícios para a empresa pela diminuição dos custos de produção e do melhor posicionamento no mercado. Por outro lado, a maior eficiência do processo pode resultar numa melhoria da qualidade do produto.

Há vários benefícios financeiros que podem ser obtidos pelas empresas ao reduzirem os resíduos lançados no meio ambiente natural e adotarem mecanismos de controle da poluição (veja Quadro 4.2). Entre esse benefícios financeiros estão:[6]

a) menores gastos com matéria-prima, energia e disposição de resíduos, com menor dependência de instalações de tratamento e de destinação final de resíduos;

b) redução ou eliminação de custos futuros decorrentes de processos de despoluição de resíduos enterrados ou de contaminação causada por eles;

c) menores complicações legais (que representam ganhos obtidos pelo não pagamento de multas ambientais);

d) menores custos operacionais e de manutenção;

e) menores riscos, atuais e futuros, a funcionários, público e meio ambiente e, consequentemente, menores despesas.

Quadro 4.2 Reaproveitamento industrial

No ano de 1996, a indústria Volvo do Brasil produzia mensalmente 2,5 toneladas de borras de tinta, um rejeito industrial altamente poluidor e prejudicial ao meio ambiente. Após uma experiência inicial, que foi a inclusão desse resíduo como carga na fabricação de tijolos, a empresa partiu para um trabalho de reciclagem desses rejeitos, o que permitiu total reaproveitamento do material, ainda que na produção de uma tinta de qualidade inferior e aplicação restrita.
Segundo o diretor de desenvolvimento industrial da empresa, os resultados foram altamente satisfatórios, já que não só resolveram um problema de alocação dos resíduos, como também obtiveram vantagens econômicas. Os custos, para embarcar e queimar os resíduos, em fornos existentes em São Paulo, eram da ordem de R$ 400,00 a R$ 1 mil por tonelada. A alternativa encontrada foi a reciclagem. Foi firmado um acordo com uma empresa e, além de fornecer o rejeito, a Volvo pagava R$ 100,00 por tonelada para que fosse recolhido e reaproveitado o material. A mesma medida foi adotada para produtos como borra de óleos e outros líquidos usados em limpeza de peças. Todo o trabalho de produção e comercialização é da responsabilidade da empresa recicladora.[7]

Em muitos casos, na sua maioria, a redução da contaminação pode ocorrer sem necessidade de investimento, apenas com a melhoria da gestão e das práticas adotadas ao longo do processo de fabricação.

Há uma diferença significativa, em termos de competitividade, na implementação dos dois tipos de tecnologia ("final do processo produtivo" "ou prevenção da contaminação") para evitar a contaminação. A tecnologia que recorre à diminuição da contami-

---

[6] KINLAW, Dennis. *Empresa competitiva e ecológica*: desempenho sustentado na era ambiental. São Paulo: Makron Books, 1997.

[7] ALVES, Ubirajara. Volvo reaproveita resíduo industrial. *Gazeta Mercantil*, 15 fev. 1996, p. C-3.

nação no final do processo produtivo, retendo os resíduos, implica uma perda de competitividade. E a prevenção da contaminação ao longo do processo produtivo aumenta a competitividade. Ou seja, a empresa, quando se vê pressionada a adotar a "tecnologia de final do processo produtivo", deve procurar implantar ao mesmo tempo as "tecnologias de prevenção da contaminação" que não só evitam a repetição dos problemas, como também permitem o aumento da eficiência no processo de fabricação, melhorando a qualidade do produto, o que implicará um aumento da competitividade.

Assim, tornar-se uma empresa ambientalmente responsável significa engajar-se profundamente no novo modo de ver e fazer as coisas. A integração parcial na perspectiva ambiental não se converterá em vantagem competitiva a médio e longo prazo, quando muito a curto prazo poderá ocorrer melhoria na convivência social da organização com outros agentes sociais, que será dissipada com o passar do tempo, quando se tornar claro que as intenções foram somente de maquiar a realidade, e não transformá-la.

A regulação ambiental, coercitiva, pode afetar a decisão das empresas quanto a escolher entre as duas alternativas de controle da contaminação que vimos. As tecnologias de final de processo produtivo são mais fáceis de ser instaladas do que as tecnologias de prevenção da contaminação, e nesse caso uma legislação ambiental muito rígida nos prazos de cumprimento induziria à implementação de adoção de tecnologias de final do processo produtivo em detrimento daquelas de prevenção, o que implicaria uma redução ou estagnação da competitividade da empresa e do segmento do qual esta faz parte.

4.4 Gestão ambiental e competitividade

O nível de competitividade de uma empresa depende de um conjunto de fatores, variados e complexos, que se inter-relacionam e são mutuamente dependentes, tais como: custos, qualidade dos produtos e serviços, nível de controle de qualidade, capital humano, tecnologia e capacidade de inovação. Ocorre que nos últimos anos a gestão ambiental tem adquirido cada vez mais uma posição destacada, em termos de competitividade, devido aos benefícios que traz ao processo produtivo como um todo e a alguns fatores em particular que são potencializados. Entre as vantagens competitivas da gestão ambiental, podemos identificar as seguintes:

- com o cumprimento das exigências normativas, há melhora no desempenho ambiental de uma empresa, abrindo-se a possibilidade de maior inserção num mercado cada vez mais exigente em termos ecológicos, com a melhoria da imagem junto aos clientes e a comunidade;
- adotando um *design* do produto de acordo com as exigências ambientais, é possível torná-lo mais flexível do ponto de vista de instalação e operação, com um custo menor e uma vida útil maior;

- com a redução do consumo de recursos energéticos, ocorre a melhoria na gestão ambiental, com a consequente redução nos custos de produção;

- ao se reduzir ao mínimo a quantidade de material utilizado por produto, há redução dos custos de matéria-prima e do consumo de recursos;

- quando se utilizam materiais renováveis, empregando-se menos energia pela facilidade de reciclagem, melhora-se a imagem da organização;

- com a otimização das técnicas de produção, pode ocorrer melhoria na capacidade de inovação da empresa, redução das etapas de processo produtivo, acelerando o tempo de entrega do produto e minimizando o impacto ambiental do processo;

- com a otimização do uso do espaço nos meios de transporte, há redução nesse tipo de gasto com a consequente diminuição do consumo de gasolina, o que diminui a quantidade de gases no meio ambiente.

O grau de envolvimento da empresa com a questão ambiental variará em função da importância que a organização dá para a variável ecológica e sua decisão dependerá: do ambiente natural externo e próximo à unidade produtiva, dos recursos naturais de que necessita e do grau de contaminação ambiental que seu processo produtivo gera. Outros motivos que afetam o envolvimento da empresa com uma gestão ambiental mais efetiva são: a dificuldade de obtenção do investimento necessário para adaptação de seu processo produtivo, falta de conhecimento técnico-científico sobre a questão ambiental envolvida e o grau de compromisso do seu quadro de pessoal com a ética ambiental. Uma forma de classificar as diferentes estratégias adotadas pelas empresas diante da problemática ambiental e, principalmente, da legislação foi proposta por Roome e está sintetizada no Quadro 4.3.

O modelo de opções estratégicas das empresas apresentado no Quadro 4.3 evidencia que, embora o meio ambiente possa ser um fator de vantagem competitiva, a sua incorporação na gestão empresarial varia de empresa para empresa, e é condicionado por outros fatores internos (grau de envolvimento ambiental dos funcionários e dirigentes, por exemplo) e externos (pressões exercidas por agentes públicos, ambientalistas e comunidade de forma geral, por exemplo) à organização. As empresas que adotam estratégias proativas apresentam três possibilidades de inserção competitiva: a adoção de procedimentos além dos exigidos pela legislação; a busca pela excelência ambiental como componente do foco principal na qualidade; e tornar-se uma empresa líder no seu setor em termos ambientais, o que lhe garantirá melhor posicionamento no mercado em relação aos concorrentes.

De qualquer modo, assumindo-se a necessidade de adoção de estratégias de negócios de médio e longo prazo, deve-se levar em consideração que, em termos de competitividade, torna-se cada vez mais importante a previsão das tendências da sociedade e, particularmente, dos mercados onde atua a empresa. Nos últimos anos, uma necessidade estratégica emergente é levar em consideração no planejamento as motivações ambientais que estão numa fase ascendente devido ao aumento da conscientização ecológica, motivada pelo aumento de acesso à informação da maior parte da população, e ao incessante trabalho realizado por múltiplas organizações não governamentais e governos em todos os seus níveis. Essas motivações, quando não consideradas devidamente, podem afetar significativamente a posição competitiva de empresas e setores da indústria, pois influenciam o comportamento de diversos mercados.

Quadro 4.3 Opções estratégicas das empresas diante da legislação ambiental

Opções estratégicas	Descrição
Não cumprimento	É a opção adotada pelas empresas que não cumprem a legislação ambiental devido aos custos envolvidos, ou por terem baixa percepção da importância do fator ambiental.
Cumprimento	A organização escolhe uma estratégia reativa, limitando-se a cumprir a legislação vigente.
Cumprimento a mais	A empresa adota uma postura proativa em termos de gestão ambiental, adotando uma política ambiental que ultrapassa as exigências legais. As empresas que assumem esta estratégia são as que incorporam instrumentos voluntários de política ambiental, como os selos ecológicos e os certificados de gestão ambiental, como o ISO 14001.
Excelência comercial e ambiental	Estratégia baseada na premissa de que a "*gestão ambiental é boa administração*".[8] É adotada pelas empresas que buscam a excelência ambiental, com foco na qualidade, procurando projetar e desenvolver produtos e processos limpos. Sob esse ponto de vista, essas empresas consideram que a contaminação equivale à ineficiência.
Liderança ambiental	As empresas observam as práticas mais avançadas do seu setor econômico e incentivam a sua força de trabalho para "*trabalhar com base numa ética ambiental*".[9] De modo geral, são as primeiras a assumir novas medidas de cunho ambiental.

Fonte: Elaborado a partir de Roome (1992).

---

[8] ROOME, N. Developing environmental management strategies. *Business Strategy and Environment*, p. 19, 1992.
[9] ROOME, N. Op. cit., p. 22.

Um exemplo das vantagens obtidas por uma empresa ao adotar métodos de gestão que respeitam o meio ambiente é dado pela fabricante de produtos orgânicos Native, do grupo Balbo, de Sertãozinho (SP), que, em 1987, quebrou o paradigma vigente da queima da cana-de-açúcar antes da colheita. Sofreu diversos problemas, como a invasão de pragas diversas, até que, gradativamente, foram implantadas ações para restabelecer o equilíbrio ambiental nas fazendas da empresa.

Foram criadas "ilhas" de vegetação nativa, que trouxeram aumento da biodiversidade e possibilitaram a introdução de predadores naturais, de modo que as principais pragas foram mantidas em nível controlado. A opção pela colheita da cana crua reduziu o consumo de água, que era utilizada em demasia para lavar a cana queimada.

A recompensa para a empresa veio com a inserção em um nicho de mercado que paga 60% a mais pelo açúcar produzido de forma orgânica com o incremento das exportações. O foco da Native, num produto ambiental, gerou crescimento de receita, acesso a novos mercados e valorização da marca.[10]

Em termos de competitividade empresarial, há duas variáveis ambientais que são relevantes: a gestão ambiental de processos e a de produtos.

Na *gestão ambiental de processos*, as principais ferramentas com as quais se obtêm os melhores resultados são as tecnologias ambientais, com destaque para a Produção Mais Limpa, que traz melhores resultados competitivos, além da certificação de processos, que em alguns setores (como o florestal e o têxtil) é essencial. Em relação à *gestão ambiental de produtos*, as principais ferramentas são a análise do ciclo de vida, a certificação dos produtos (selos ecológicos) e o *ecodesign*.[11]

De modo geral, as empresas, após melhorarem a eficiência de seus processos de produção, passam a se ocupar com o projeto de seus produtos. E, neste sentido, a importância da avaliação do ciclo de vida dos produtos é inquestionável, constituindo-se numa análise dos impactos ambientais causados pelo produto, que se inicia com a matéria-prima utilizada, como é transportada, o modo de fabricação e o transporte do produto acabado, sua utilização e descarte. Em função do produto, outras fases do ciclo de vida podem ser incluídas na análise.

Outra ferramenta que vem ganhando destaque nos últimos anos, e relacionada com a gestão ambiental do produto, é o *ecodesign*, que pode ser definido como *"um conjunto específico de práticas de projeto, orientadas para a criação de produtos e processos*

---

[10] VIALLI, Andréa. Ferramenta mede ações sustentáveis. *Gazeta Mercantil*, 5 ago. 2004, p. A-12.
[11] EPELBAUM, Michel. *A influência da Gestão Ambiental na competitividade e no sucesso empresarial*. 2004. Dissertação (Mestrado) – São Paulo: Escola Politécnica/USP, 190 p.

ecoeficientes, respeitando-se os objetivos ambientais, de saúde e segurança durante todo o ciclo de vida destes produtos e processos".[12] Na realidade, o *ecodesign* foca prioritariamente o projeto e o desenvolvimento de produtos. E, através do *ecodesign*, por exemplo, pode-se reduzir a utilização de matéria-prima, de energia e de água necessários para a fabricação do produto.

4.5 Estímulos para a adoção de métodos de gestão

Há diversas razões que podem incentivar uma empresa a adotar métodos de gestão ambiental; além dos interesses econômicos, obviamente, podem surgir de estímulos internos ou externos.

A. Estímulos internos

Entre os estímulos internos que motivam uma organização a se envolver mais concretamente com a implementação de técnicas de gestão ambiental, como parte de seu processo de desenvolvimento e inovação de produtos, estão:

1. A necessidade de redução de custos

    Benefícios financeiros imediatos podem ser obtidos com a redução de aquisição de material por unidade produzida, utilizando-se mais eficientemente a energia, a água e os materiais auxiliares durante o processo produtivo. A médio prazo se obtêm outros benefícios com a redução do desperdício e dos resíduos mais perigosos, o que implica um investimento futuro nos custos de manejo desses dejetos.

2. Incremento na qualidade do produto

    Em consequência da obtenção de alto nível na qualidade ambiental, ocorre elevação na qualidade do produto, relacionada a fatores tais como: funcionalidade, confiabilidade, durabilidade e maior facilidade para sua manutenção.

3. Melhoria da imagem do produto e da empresa

    Um produto ambientalmente correto, desenvolvido por uma empresa de reconhecido mérito ambiental, tem uma imagem positiva junto aos consumidores. Essa imagem pode ser fortalecida, havendo possibilidades de associação com normas que agreguem um selo de qualidade ambiental ao produto. Por exemplo,

---

[12] FIKSEL, Joseph. *Design for environment*: creating eco-efficient products and processes. New York: McGraw-Hill, 1996.

empresas que adotam o selo ambiental "DOLPHIN SAFE" na comercialização do atum indicam ao consumidor que utilizam redes de pesca que não sacrificam os golfinhos, uma atitude considerada bastante positiva em muitos mercados consumidores.

4. A necessidade de inovação

Uma empresa tem necessidade de inovação por vários motivos, por exemplo: buscar diferenciação em relação aos seus concorrentes, ou para manter-se no mercado em condições de competitividade vantajosa. A modificação de um produto, através de sua embalagem, por exemplo, pode levar a modificações em todo o sistema, ou seja, na tecnologia empregada, no produto em si e no mercado. Pode chegar-se ao ponto em que, através do processo de inovação, o produto acesse mercados em que antes não teria nenhuma oportunidade. Em sua essência, portanto, a necessidade de adoção da inovação em processos e produtos implica a adoção de técnicas de gestão ambiental. Um aspecto importante é que o Sistema de Gestão Ambiental incorpora de forma sistemática a inovação como componente fundamental e permanente da estrutura organizacional.

5. Aumento da responsabilidade social

Com o aumento da conscientização ambiental na sociedade, as diferentes camadas da população são afetadas de diversos modos. Aqueles que possuem postos de direção nas empresas, nos seus diversos níveis, sentem-se cada vez mais responsáveis junto à comunidade, pois compreendem o papel das empresas na contaminação ambiental, o que reflete no seu cotidiano. O nível de responsabilidade social adquirido para a conservação do meio ambiente inclui a preocupação com a diversidade, com as necessidades das gerações futuras e com os efeitos do processo produtivo na comunidade local. Essa sensibilização do segmento gerencial tem levado a que cada vez mais essa camada social tome a iniciativa de implementar processos de implantação de Sistema de Gestão Ambiental.

Na pesquisa realizada pela CNI junto aos empresários brasileiros,[13] conforme indica a Figura 4.1, a responsabilidade social ocupa a segunda posição na preocupação dos empresários.

---

[13] Confederação Nacional da Indústria (CNI). A indústria e o meio ambiente. *Sondagem Especial da CNI*, ano 2, nº 1, maio 2004.

6. Sensibilização do pessoal interno

   A sensibilização não ocorre somente no grupo de gerentes de uma empresa. Afetado da mesma forma pelas campanhas de mídia, ou por influência de amigos e parentes, o pessoal interno das empresas muitas vezes constitui uma "opinião pública" que influencia o quadro dirigente a adotar medidas corretivas ou proativas em relação ao meio ambiente, não só interno, como também externo à organização.

B. Estímulos externos

1. Demanda do mercado

   Há um crescente aumento das exigências ambientais por parte de clientes e consumidores finais, o que obriga as empresas a melhorar sua forma de atuar, modificando seus processos e produtos. Um exemplo claro desta situação é que muitas corporações não querem assumir os problemas ambientais de seus fornecedores e exigem que estes demonstrem claramente que seus processos internos e produtos não afetam o meio ambiente. Nestes termos, muitas pequenas e médias empresas disputam em condições melhores com seus concorrentes contratos das grandes empresas, quando possuem, por exemplo, o certificado ISO 14000. De modo geral, quando um cliente é uma grande corporação, esta tem melhores condições de influenciar uma empresa do que um consumidor; o resultado é a formação de uma cadeia de fornecedores com orientação ambiental, constituindo uma cadeia produtiva ambientalmente correta.

2. A concorrência

   A introdução de métodos de gestão ambiental por parte das empresas também pode ser motivada pelos concorrentes. O posicionamento de uma empresa em relação aos seus concorrentes está cada vez mais relacionado com a adoção ou não de técnicas de gestão ambiental. O desempenho ambiental das empresas as posiciona melhor em relação aos concorrentes, ou ao menos não as impede de disputar mercado quando assumem maior peso em outros fatores. Não é só a pressão dos clientes que torna uma empresa ambientalmente responsável, como vimos, mas assume forte apelo o entendimento de que o meio ambiente pode se tornar importante ferramenta competitiva e de formação de imagem.

3. O Poder Público e a legislação ambiental

   Aumenta em todo o mundo o papel de controle exercido pelos governos em relação a questões ambientais. Assim, as empresas, além de conhecer a legislação atual, devem ser capazes de prever a legislação futura de seus próprios países e daqueles para os quais exportam. Há crescente aumento de políticas e normas ambientais em relação aos produtos.

   Em pesquisa realizada junto aos empresários brasileiros, a Confederação Nacional da Indústria (CNI) constatou que a regulação ambiental ainda é um dos fatores mais fortes para que as empresas adotem medidas gerenciais voltadas para a gestão ambiental. Conforme indica a Figura 4.1, atender ao regulamento ambiental (45,2%) e atender a exigências para licenciamento (37,8%) ocupam respectivamente o 1º e o 3º lugares nas preocupações dos empresários.

   A responsabilidade das empresas sobre seus produtos vai até o momento em que o consumidor descarta os produtos, como no caso das pilhas e baterias de celulares, ou seja, o produtor assume o compromisso de recuperação quando o material é descartado após o consumo.

   As políticas ambientais devem afetar consideravelmente os custos energéticos (combustíveis e eletricidade) que nos próximos anos deverão se elevar. Os métodos de produção com uso intensivo de energia deverão ser os mais afetados, e deverão sofrer forte impacto, que deverá afetar as decisões tomadas pelas empresas e as preferências dos consumidores.

   O princípio de "quem contamina paga" deverá incrementar os custos de manutenção de aterros sanitários e de incineração de resíduos de muitas empresas. Neste sentido, a prevenção das emissões e dos resíduos contaminantes assume uma importância cada vez maior. A possibilidade de reutilização e reciclagem de materiais deverá ser cada vez mais considerada como benéfica em termos econômicos.

4. O meio sociocultural

   A parte mais significativa da pressão exercida pelo meio social é efetuada pelos consumidores e a sociedade como um todo, colocando exigências sobre os produtos e os processos de produção. No entanto, as pessoas que integram as organizações são também questionadas, através de suas relações sociais, sobre as responsabilidades que assume a empresa com respeito ao meio ambiente.

Na pesquisa da CNI junto aos empresários brasileiros, melhorar a imagem perante a sociedade (16%) e atender ao consumidor com preocupações ambientais (15%) ocuparam, respectivamente, a 4ª e a 5ª posições na preocupação dos empresários.

Os processos produtivos antes conhecidos por alguns dentro das empresas, sob certos aspectos, popularizam-se através dos meios de comunicação de massa e do acesso à Internet, fazendo com que em pouco tempo percam a credibilidade as declarações superficiais que têm como objetivo somente um melhor posicionamento no mercado, sem alterações significativas nos processos e produtos.

Nas sociedades, de modo geral, cresce a cultura de que a qualidade de vida é um valor essencial do ser humano, e isto inclui um relacionamento harmonioso com a natureza. Em muitas regiões, recém-incorporadas ao mercado global, as populações têm uma relação com a natureza que a industrialização e o consumo de massa não modificaram. Estas são bastante sensíveis à propaganda enganosa, e devido à facilidade propiciada pelos meios de comunicação, podem transformar-se em focos de resistência a produtos, e se tornarão símbolos de resistência à irresponsabilidade ambiental, que marcará de forma profunda as corporações envolvidas.

5. As certificações ambientais

Em muitos casos, as certificações, que se evidenciam em selos de qualidade ambiental, têm se tornado um estímulo externo de peso para as empresas. Clientes dos países desenvolvidos exigem em muitos casos uma certificação reconhecida internacionalmente, como a norma ISO 14000, para alguns produtos.

Os Sistemas de Gestão Ambiental constituem processos sob os quais, de forma sistemática e planejada, se controlam e minimizam os impactos ambientais negativos de uma organização. Para se obter a certificação de um modelo de gestão ambiental, como, por exemplo, a série ISO 14000, a empresa deve implementar ferramentas para monitorar atividades, produtos ou serviços que podem interagir com o meio ambiente; e desenvolver programas ambientais que promovam redução ou eliminação do impacto eventualmente produzido.

Os chamados selos ecológicos se referem à identificação dos produtos por meio de um selo ou etiqueta, emitidos por entidades, organizações comerciais ou não governamentais, reconhecendo que o produto cumpriu determinados padrões ambientais previamente estabelecidos. A adesão aos selos verdes é voluntária;

eles estão mais estabelecidos nos países onde os consumidores têm maior consciência ecológica. Um dos primeiros foi o selo alemão Blue Angel, que foi introduzido em 1977. O selo canadense Ecologic Choice de 1988 é um dos mais rigorosos. O Japão criou um selo em 1989, o Eco-Mark, que é concedido pela Associação Japonesa do Meio Ambiente. Nos EUA, há os selos ecológicos Green Cross e Green Seal, que são apoiados por ONGs ambientais (veja Quadro 4.4).

Quadro 4.4 Principais selos ecológicos mundiais

País	Selo	Ano de início
Comunidade Europeia	Ecolabel	1992
Suécia	Environmental Choice	1990
Suécia	Nordic Swan	1986
Canadá	Ecological Choice	1988
Alemanha	Blue Angel	1977
EUA	Green Seal	1990
Japão	Eco-Mark	1989
França	NF Environment	1989

Fonte: Adaptado de EPELBAUM (2004), que se baseou em OECD (1997).

6. Os fornecedores

Estes influenciam a conduta das empresas de diversos modos, por exemplo, ao introduzirem novos materiais e processos, que contribuem para diminuir ameaças ao meio ambiente e que são adotados pelas grandes corporações. Os fornecedores que apresentam iniciativas deste tipo podem converter-se em aliados promotores da inovação dos produtos, provocando ao mesmo tempo a atualização tecnológica, que trará benefícios tanto financeiros como ambientais.

Em %

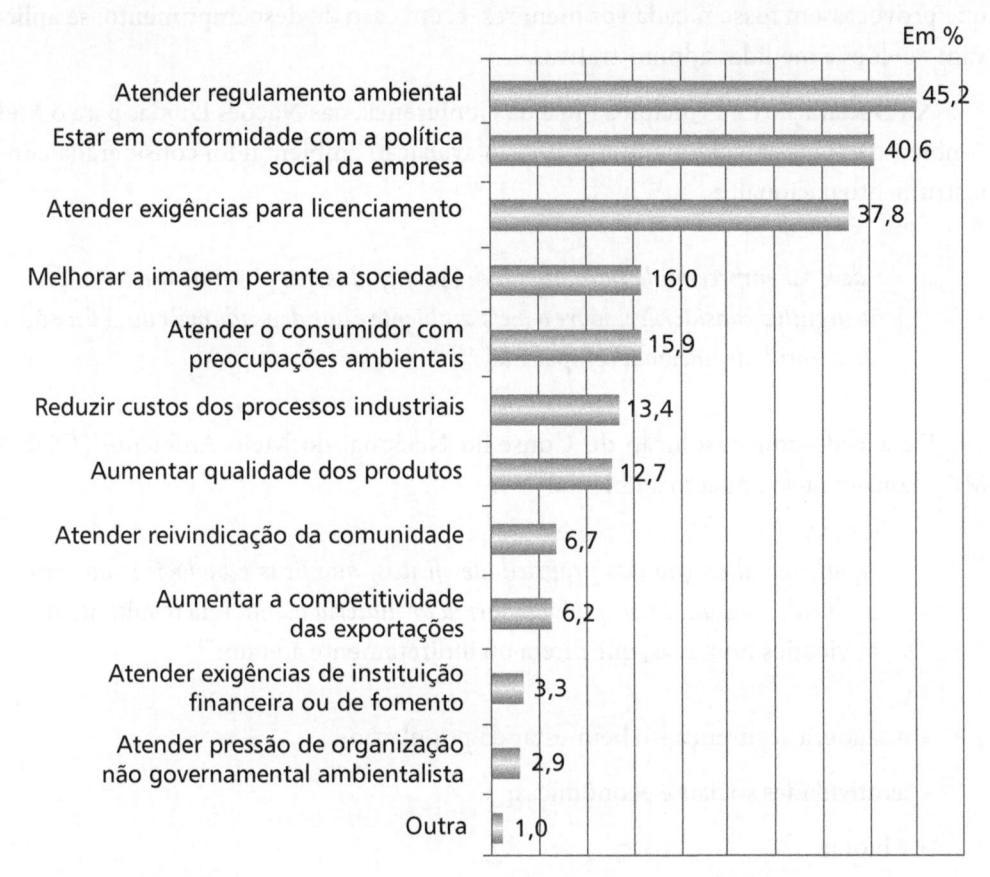

Razão	%
Atender regulamento ambiental	45,2
Estar em conformidade com a política social da empresa	40,6
Atender exigências para licenciamento	37,8
Melhorar a imagem perante a sociedade	16,0
Atender o consumidor com preocupações ambientais	15,9
Reduzir custos dos processos industriais	13,4
Aumentar qualidade dos produtos	12,7
Atender reivindicação da comunidade	6,7
Aumentar a competitividade das exportações	6,2
Atender exigências de instituição financeira ou de fomento	3,3
Atender pressão de organização não governamental ambientalista	2,9
Outra	1,0

Fonte: CNI (2004).

Figura 4.1 Principais razões para a adoção de medidas gerenciais associadas à gestão ambiental pelas indústrias.

4.6 A avaliação de impacto ambiental

O impacto ambiental pode ser definido como a modificação no meio ambiente causada pela ação do homem. Nesse sentido, há impactos ambientais de todo tipo, desde os menores, que não modificam substancialmente o meio ambiente natural, até aqueles que não só afetam profundamente a natureza, como também provocam diretamente problemas para o ser humano, como a poluição do ar, das águas e do solo.

A partir dos anos 1970 do século XX, foram feitos inúmeros esforços no sentido de coibir a deterioração ambiental, principalmente a contaminação provocada pelos resíduos industriais. A maioria dos esforços ocorreu no sentido de se estabelecer maior controle por parte das autoridades governamentais dos processos que ocorrem nas instalações empresariais através da adoção de normas reguladoras, para que os impactos que provocassem fossem cada vez menores, e, em caso de descumprimento, se aplicavam sanções e medidas administrativas.

Na Declaração de Princípios Final da Conferência das Nações Unidas para o Meio Ambiente e o Desenvolvimento de 1992, a avaliação ambiental foi considerada como instrumento nacional, e

> "deve ser empreendida para atividades planejadas que possam vir a ter impacto negativo considerável sobre o meio ambiente e que dependam de uma decisão de autoridade nacional competente".[14]

De acordo com resolução do Conselho Nacional do Meio Ambiente (CONAMA), considera-se impacto ambiental

> "qualquer alteração das propriedades físicas, químicas e biológicas do meio ambiente, causadas por qualquer forma de matéria ou energia resultante das atividades humanas, que direta ou indiretamente afetam:"[15]

- a saúde, a segurança e o bem-estar da população;
- as atividades sociais e econômicas;
- a biota;
- as condições estéticas e sanitárias do meio ambiente;
- a qualidade dos recursos ambientais.

Os impactos causados por grandes empreendimentos são mais perceptíveis e os efeitos que geram são, via de regra, mais significativos. Entre as atividades modificadoras do meio ambiente que dependem da elaboração de Estudos de Impacto Ambiental (EIA) e Relatório de Impacto Ambiental (RIMA) estão, entre outras: rodovias, ferrovias, portos, aeroportos, oleodutos, gasodutos, emissários de esgotos sanitários, barragens, aterros sanitários, complexos e unidades industriais, zonas e distritos industriais, projetos agropecuários etc.

Há uma variação nos impactos causados pelas empresas em função do tipo de atividade que executam e do setor econômico ao qual pertencem. Uma indústria química, por exemplo, poderá contaminar mais o ambiente do que uma fábrica de móveis, muito

---

[14] Princípio 17 da Declaração de Princípios.
[15] Resolução CONAMA 001, de 23 de janeiro de 1986, artigo 1º.

embora essa gradação do impacto seja bastante relativa, pois empreendimentos que aparentemente não causam modificações significativas no meio ambiente, a ponto de afetar o bem-estar da população local, podem causar danos irreparáveis a espécimes da flora e da fauna. Nesse caso, o interesse maior é dado pela necessidade de preservação da biodiversidade global.

A legislação brasileira prevê que[16]

> *"a localização, construção, instalação, ampliação, modificação e operação de empreendimento e atividades utilizadoras de recursos ambientais consideradas efetiva ou potencialmente poluidoras, bem como os empreendimentos capazes, sob qualquer forma, de causar degradação ambiental"*

dependerão de prévio licenciamento do órgão ambiental competente.

A Licença Ambiental, para ser obtida, dependerá de Estudo prévio de Impacto ambiental (EIA) e respectivo Relatório de Impacto ao Meio Ambiente (RIMA). O licenciamento ambiental está previsto nos vários níveis de competência pública (municipal, estadual e federal) em função do âmbito de abrangência do impacto ambiental. Assim, dependerá do porte ou do impacto produzido pelo empreendimento ou atividade o âmbito em que será emitido o licenciamento.

Na legislação, estão previstas as seguintes licenças ambientais, que poderão ser expedidas isolada ou separadamente: a Licença Prévia (LP), a Licença de Instalação (LI) e a Licença de Operação (LO), que são definidas em resolução do CONAMA de 1997 do seguinte modo:[17]

I – Licença Prévia (LP): concedida na fase preliminar do planejamento de empreendimento ou atividade, aprovando sua localização e concepção, atestando a viabilidade ambiental e estabelecendo os requisitos básicos e condicionantes a serem atendidos nas próximas fases de sua implementação;

II – Licença de Instalação (LI): autoriza a instalação de empreendimento ou atividade de acordo com as especificações constantes dos planos, programas e projetos aprovados, incluindo as medidas de controle ambiental e demais condicionantes, das quais constituem motivo determinante;

---

[16] Resolução CONAMA 237, de 19 de dezembro de 1997, artigo 2º.
[17] Resolução CONAMA 237, de 19 de dezembro de 1997, que "dispõe sobre a revisão de procedimentos e critérios utilizados pelo Sistema de Licenciamento Ambiental instituído pela Política Nacional de Meio Ambiente".

III – Licença de Operação (LO): autoriza a operação da atividade ou empreendimento, após a verificação do efetivo cumprimento do que consta das licenças anteriores, com as medidas de controle ambiental e condicionantes determinados para a operação.

A Avaliação de Impacto Ambiental (AIA) é considerada um instrumento de política ambiental preventivo, pois pretende identificar, quantificar e minimizar as consequências negativas sobre o meio ambiente, antes que o empreendimento inicie suas atividades. Deste modo, este instrumento permite a aplicação de medidas que evitem ou diminuam os impactos ambientais inaceitáveis ou fora dos limites previamente estabelecidos, levando em consideração os limites de assimilação, dispersão e regeneração dos ecossistemas e como afetarão a sociedade.

A avaliação de impacto ambiental constitui um instrumento que busca minimizar os custos ambientais e sociais de um projeto determinado e maximizar seus benefícios, através da adoção de condicionantes que o conduzam à maior eficiência possível em termos ambientais.

No Brasil, o estudo prévio de impacto ambiental é uma exigência constitucional a partir de 1988, e foi reproduzido nas Constituições Estaduais e em muitas Leis Orgânicas Municipais.

A Resolução CONAMA de dezembro de 1997 prevê que os municípios poderão licenciar ambientalmente atividades que possam causar degradação ambiental, caso os efeitos dos impactos sejam locais e desde que a localidade possua estrutura administrativa adequada, além de lei municipal onde conste a exigência do Estudo de Impacto Ambiental e os critérios do licenciamento respectivo.

O fato de os municípios poderem emitir licenças ambientais tem bastante relevância devido que a maioria das atividades empresariais causa impactos ambientais diretos no seu entorno imediato mais próximo, que é a localidade onde se situam, e que afetam os moradores vizinhos ao empreendimento, sendo portanto questionadas pelos agentes ambientalmente ativos locais (ONGs e indivíduos).

A necessidade de os municípios disporem de uma estrutura administrativa responsável pelo tratamento de questões ambientais é o maior empecilho para maior fiscalização de atividades potencialmente poluidoras, pois, de acordo com dados levantados pelo IBGE,[18] são poucos, cerca de 6%, aqueles que dispõem de uma Secretaria Municipal de Meio Ambiente.

---

[18] IBGE (2005).

O processo de Avaliação de Impacto Ambiental constitui-se ainda num meio de ampliar a participação popular no que diz respeito às questões ambientais, pois são previstas na legislação a divulgação e a publicidade do EIA/RIMA e a realização de uma audiência pública de avaliação e discussão do documento.

No entanto, há muitas reclamações dos empresários brasileiros em relação à obtenção da licença ambiental. Pesquisa realizada pela CNI, realizada entre março e abril de 2004, indica os principais problemas existentes no relacionamento entre as empresas e os órgãos públicos relacionados com a gestão ambiental. Foram ouvidas 1.007 pequenas e médias empresas e 221 grandes, em todo o Brasil.[19]

Na sondagem realizada pela CNI, a grande maioria das empresas consultadas que já requisitaram licenciamento ambiental (74,5% das grandes e 71,3% das pequenas e médias) enfrentou alguma dificuldade na sua obtenção, como fica demonstrado na Figura 4.2.

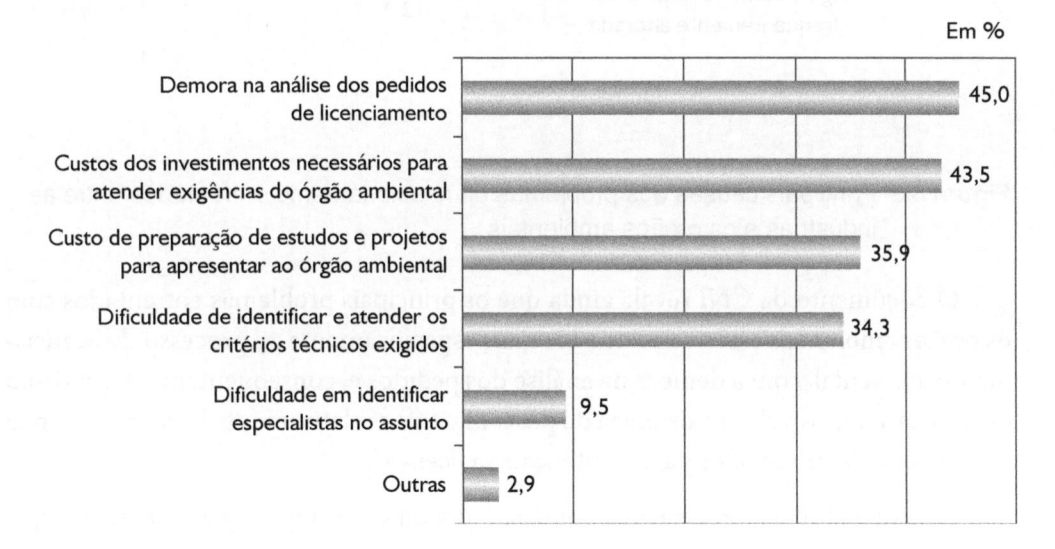

Em %

- Demora na análise dos pedidos de licenciamento — 45,0
- Custos dos investimentos necessários para atender exigências do órgão ambiental — 43,5
- Custo de preparação de estudos e projetos para apresentar ao órgão ambiental — 35,9
- Dificuldade de identificar e atender os critérios técnicos exigidos — 34,3
- Dificuldade em identificar especialistas no assunto — 9,5
- Outras — 2,9

Figura 4.2 Principais dificuldades enfrentadas pelas indústrias no processo de licenciamento ambiental.

No que diz respeito às causas dos problemas que apresenta a indústria no relacionamento com os órgãos públicos, as principais segundo empresários são: exigências exageradas da regulamentação ambiental, os custos de implantação elevados, alta complexidade da regulamentação, entre outros, conforme mostra a Figura 4.3.

---

[19] CNI. A indústria e o meio ambiente. *Sondagem Especial da CNI*, ano 2, nº 1, maio 2004.

Principais causas dos problemas de relacionamento

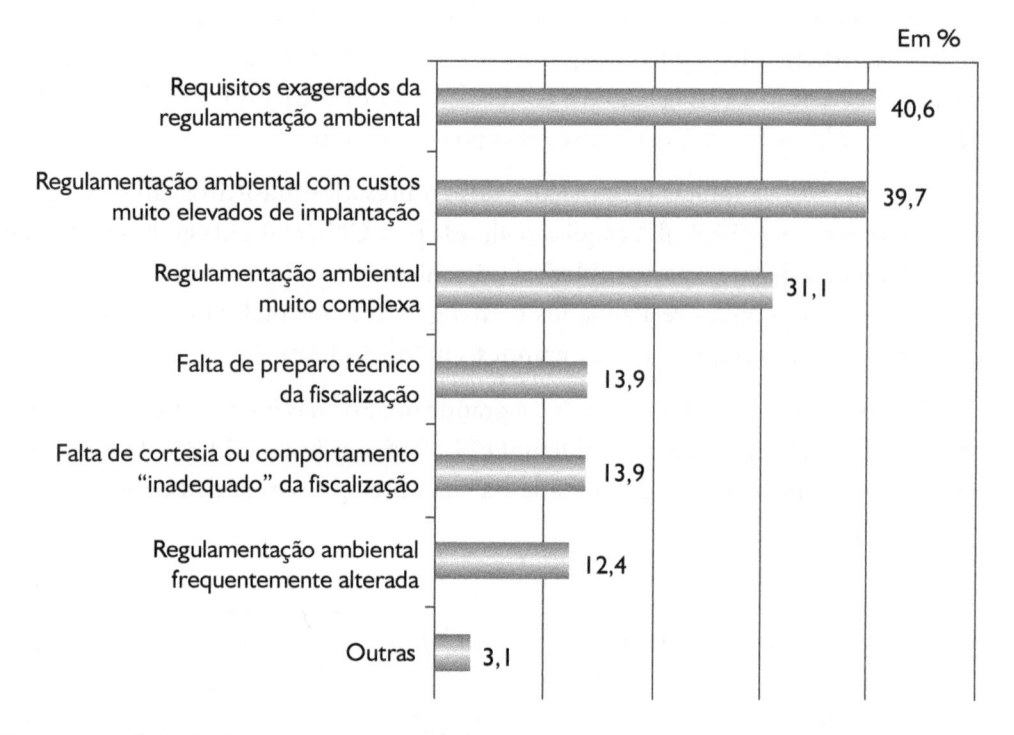

Causa	Em %
Requisitos exagerados da regulamentação ambiental	40,6
Regulamentação ambiental com custos muito elevados de implantação	39,7
Regulamentação ambiental muito complexa	31,1
Falta de preparo técnico da fiscalização	13,9
Falta de cortesia ou comportamento "inadequado" da fiscalização	13,9
Regulamentação ambiental frequentemente alterada	12,4
Outras	3,1

Figura 4.3 Principais causas dos problemas de relacionamento enfrentados entre as indústrias e os órgãos ambientais.

O documento da CNI revela ainda que os principais problemas enfrentados com os órgãos ambientais estão relacionados mais especificamente ao processo de licenciamento ambiental, com a demora na análise dos pedidos e, consequentemente, emissão de licença, o que revela "a existência de procedimentos relativamente burocráticos, não sistêmicos e desarticulados para a obtenção da licença".

Considerando as informações obtidas, o documento sugere quatro medidas que visam a um melhor equacionamento das questões apontadas, que são:

a) melhor definição quanto às competências dos órgãos que compõem o Sistema Nacional do Meio Ambiente (SISNAMA);

b) simplificação do processo de licenciamento ambiental;

c) implementação de uma política de informação/informatização dos órgãos ambientais, com vistas à maior transparência, automação e sistematização, sobretudo quanto aos processos de licenciamento; e

d) padronização das decisões.

4.7 O Estudo de Impacto Ambiental (EIA) e o Relatório de Impacto ao Meio Ambiente (RIMA)

A Avaliação de Impacto Ambiental (AIA) teve como parâmetro a experiência norte-americana, que aprovou, em 1965, o *"National Environmental Policy Act"* (NEPA), que corresponde, no Brasil, à "Política Nacional do Meio Ambiente".[20] O NEPA instituiu a Avaliação de Impacto Ambiental interdisciplinar para projetos, planos e programas de intervenção no meio ambiente.

A AIA revelou-se um mecanismo eficiente, sendo rapidamente institucionalizada como instrumento de gestão ambiental, consolidando-se na década de 1980 em todo o mundo e gerando discussões sobre a sua concepção, fases de execução e atores sociais envolvidos e a sua inserção no processo de decisão. Foi um importante avanço que teve como denominador comum a ampliação do *"caráter participativo da AIA, com a inserção do público em diferentes fases do processo de avaliação e uma maior transparência e efetividade da ação administrativa"*.[21]

No caso do Brasil, a AIA foi adotada, principalmente, por exigência dos organismos multilaterais de financiamento (Banco Interamericano de Desenvolvimento – BID e Banco Mundial – BIRD). Em razão dessas exigências internacionais, alguns projetos desenvolvidos em fins da década de 1970 e início dos anos 1980 (financiados pelo BID e pelo BIRD) foram submetidos a estudos ambientais realizados segundo normas das agências internacionais, pois o Brasil não dispunha de normas ambientais próprias. Entre estes projetos, podem ser citados: as usinas hidrelétricas de Sobradinho, na Bahia; e de Tucuruí, no Pará; e o terminal porto-ferroviário de Ponta Madeira, no Maranhão (construído para o escoamento do minério de ferro extraído pela CVRD, na Serra dos Carajás).[22]

O Estudo de Impacto Ambiental só foi introduzido na legislação brasileira em 1980 na lei sobre zoneamento industrial em área crítica de poluição[23] que tornou obrigatória a apresentação de *"estudos especiais de alternativas e de avaliações de impacto"* para a localização de polos petroquímicos, cloroquímicos, carboquímicos e instalações nucleares.

A exigência do EIA e do Relatório de Impacto ao Meio Ambiente (RIMA) foi estabelecida em 1986 pela resolução do CONAMA,[24] que estabeleceu diretrizes gerais para

---

[20] Lei nº 6.938, de 31 de agosto de 1981, que "dispõe sobre a Política Nacional de Meio Ambiente e dá outras providências".
[21] Absy, Mirian Laila (coord.). *Avaliação de impacto ambiental*: agentes sociais, procedimentos e ferramentas. Brasília: IBAMA, 1995.
[22] ABSY (1995), idem.
[23] Lei nº 7.803, de 2 de julho de 1980, que "dispõe sobre as diretrizes básicas para o zoneamento industrial em áreas críticas de poluição". Artigo 10, parágrafo 3º.
[24] Resolução CONAMA 001, de 23 de janeiro de 1986, que estabeleceu as definições, as responsabilidades, os critérios básicos e as diretrizes gerais para o uso e a implementação da Avaliação de Impacto Ambiental.

o uso e a implementação da Avaliação de Impacto Ambiental. Essa resolução estabelece que o EIA/RIMA deve ser realizado por equipe multidisciplinar habilitada que será responsável tecnicamente pelos resultados apresentados, e que não poderá depender direta ou indiretamente do proponente do projeto.

Com a exigência da Constituição Federal de 1988 de elaboração de Estudo Prévio de Impacto Ambiental, a Carta Magna brasileira foi a primeira do mundo a inscrever a obrigatoriedade do estudo de impacto no âmbito constitucional.[25]

Conclusão

A partir do envolvimento da humanidade com a questão ambiental, às empresas tem sido reputado o papel de vilãs da sociedade, como as grandes responsáveis do processo de degradação do ambiente natural. Considerando-as somente como unidades produtivas, isoladas do contexto social, pode até ser que haja alguma razão em se encontrar nessas organizações os principais agentes de poluição. No entanto, as empresas devem ser analisadas no contexto social em que se encontram, como unidades de fornecimento de produtos e serviços dos quais as pessoas necessitam e dependem para viver.

Vendo sob esse prisma, a responsabilidade social das empresas permanece, só que deve ser compartilhada pela sociedade como um todo que consome seus produtos e, mais, julga-os extremamente necessários para a sua sobrevivência. Deste modo, a responsabilidade pela poluição do planeta não poder estar localizada num só agente determinado; em consequência, a sociedade como um todo é que deve assumir o problema como seu, sendo que a cada um cumpre um papel para enfrentá-lo, maior ou menor, segundo cada caso.

Posto isto, não significa que a irresponsabilidade social de muitos empresários deva ser compartilhada pela sociedade; muito pelo contrário, a responsabilidade ambiental de cada um, do empresário em particular, é fundamental para a superação da crise ecológica, e deve assumi-la integralmente, seja de forma voluntária ou de forma coercitiva, pela aplicação rigorosa da legislação.

---

[25] ABSY (1995), idem.

As empresas e a comunidade local 5

Neste capítulo, abordaremos as relações das empresas com as comunidades mais próximas às suas unidades produtivas, que são as primeiras a serem afetadas pela geração de resíduos contaminantes. A atuação das comunidades locais tem respaldo nas administrações públicas municipais e legislação correspondente. Os municípios, principalmente a partir da Constituição de 1988, dispõem de vários instrumentos para enfrentar problemas ambientais, inclusive alguns identificados com o exercício da democracia direta, como o são o referendo, o plebiscito e a iniciativa popular, e é neste contexto que deve ser discutido o papel das empresas no que se refere às questões ambientais.

5.1 As empresas e as comunidades

O agravamento das condições ambientais provocou ao mesmo tempo aumento da consciência dos cidadãos sobre a importância do meio ambiente natural. Neste sentido, as sociedades estão aumentando suas exigências aos agentes mais diretamente envolvidos, particularmente administrações públicas e empresas. No caso do Poder Público, pelo seu papel de responsável pelo bem comum; e no caso das empresas, como os principais agentes visíveis de contaminação do ambiente.

As empresas, além disso, são as responsáveis indiretas pelo crescimento do interesse pelo meio ambiente, pois foram as causadoras dos principais desastres ambientais do século XX que despertaram, de algum modo, a consciência coletiva para esses problemas.

Esse quadro demonstra a importância de empresas assumirem maior responsabilidade ambiental, tanto no ambiente externo que envolve toda a comunidade e o espaço físico circundante às unidades produtivas, como no ambiente interno, junto aos processos e produtos resultantes.

A abordagem da problemática ambiental no espaço privado da economia traz à tona o papel de vilãs a que foram relegadas nos últimos anos as empresas. Há um leque de problemas, que vão da degradação das áreas naturais, passando por todos os tipos de poluição, destinação final de resíduos e muitos outros que remetem diretamente à responsabilidade empresarial.[1]

Sendo um dos principais responsáveis pelos problemas ambientais, o setor empresarial está sendo solicitado a assumir maiores responsabilidades quando se trata da manutenção da qualidade de vida.

Devido ao aumento crescente da importância das questões ambientais, o planejamento estratégico das empresas não pode mais ignorá-las, como vinha fazendo, pois, além de interferirem nos custos finais dos produtos, os problemas decorrentes de uma má gestão ambiental podem inclusive afetar a continuidade do processo produtivo. No Brasil, por exemplo, há todo um arcabouço jurídico-ambiental que pode vir a sustentar ações que impeçam o livre funcionamento de indústrias que poluem ou degradam de forma irreversível o meio ambiente, ou que desenvolvam ações que podem induzir outros a fazê-lo, como as do exemplo indicado no Quadro 5.1.

As Constituições Federal (1988), Estaduais (1989) e as Leis Orgânicas Municipais (1990) introduziram inovações importantes na legislação relativa ao Meio Ambiente que remetem a uma necessária mudança de comportamento das empresas em relação aos agentes ambientalmente ativos, sejam órgãos do Poder Público, sejam organizações não governamentais.

Muitas dessas inovações legislativas aconteceram em grande medida pela pressão exercida pelos militantes verdes – parlamentares e entidades ambientalistas –, e aos poucos foram e vão sendo incorporadas ao cotidiano das pessoas, que passam a assumir os direitos ambientais como componentes essenciais para uma melhor qualidade de vida.

Com o aumento da expectativa por melhor qualidade de vida, a ação dos agentes ambientalmente ativos torna-se cada vez mais importante, pois são portadores de um saber técnico-científico e conseguem traduzir para a comunidade a complexidade dos processos ecológicos que a envolvem, identificando deste modo as fontes possíveis de qualquer degradação ambiental.

---

[1] Neste livro, abordamos prioritariamente a responsabilidade ambiental das empresas. Na realidade, há responsabilidades que devem ser atribuídas a outros agentes, em particular ao Poder Público.

Quadro 5.1 Empresa retira anúncio contrário à preservação[2]

A empresa Volkswagen divulgou comercial em março de 2005 que mostrava um homem lavando carro e imaginando o mundo sem danos ambientais; no decorrer do filme, a pessoa imaginava que, se assim fosse, não haveria emprego, e sem este não haveria consumo, e sem consumo ele não teria o carro; em seguida, apareciam imagens mostrando fumaça gerada por chaminés, explosões em minas, ao mesmo tempo em que o personagem demonstrava alegria com a poluição.

O Ministério Público (MP) do Estado de Minas Gerais moveu um processo judicial contra a empresa, pois os promotores entenderam que o comercial estimulava o desrespeito às preocupações ambientais. O MP obteve uma liminar, com abrangência estadual, mas a direção da Volks decidiu suspender a exibição do comercial em todo o país.

Em maio de 2005, a empresa firmou com o MP um acordo para pôr fim ao processo judicial. Entre outras providências, o acordo prevê a inclusão de uma mensagem de preservação ambiental em comercial de um novo modelo de carro da Volks; inclusão, por sete meses, de ilustrações com motivos ecológicos nas capas de proteção do pneu sobressalente do novo veículo; e veiculação, em emissoras de TV de todo país, de filme com mensagem de preservação.[2]

Em função desse quadro é que aumenta a responsabilidade das empresas, não só para atender às exigências legais e de uma cidadania cada vez mais ativa, mas, principalmente, estabelecendo-se como unidades integradas numa perspectiva de sustentabilidade do desenvolvimento.

Ações de envergadura são realizadas em todo o mundo por organizações não governamentais ambientalistas contra empresas que poluem o meio ambiente. Esse tipo de ação é típico da atuação de qualquer entidade, especialmente a relacionada à militância ambientalista, seja de atuação global seja local. Sua característica particular advém do fato de existir predisposição positiva, em relação à defesa ambiental, de um grande número de pessoas que os analistas classificam, de modo geral, como *"maioria silenciosa"*.

Essa população apática, em condições normais, recebe, através da mídia, um volume importante de informações acerca dos problemas ambientais – camada de ozônio, efeito estufa, desaparecimento de espécies, excesso de poluição estão entre os mais frequentemente abordados –, desenvolvendo-se, assim, num primeiro momento uma forma de consciência conservacionista que, num segundo momento, transforma-se, rapidamente, em consciência protecionista.

Ao mesmo tempo, intensifica-se o entendimento de que a proteção à natureza torna o ambiente saudável, consequentemente melhorando a qualidade de vida.

---

[2] PEIXOTO, Paulo. Volks faz acordo judicial sobre anúncio. *Folha de S. Paulo*, 28 maio 2005, Caderno Dinheiro, p. B-4.

Esse fenômeno é relativamente recente e deve-se ao fato de que nos últimos anos abriu-se um espaço para um deslocamento de valores, em que uma certa quantidade de crescimento econômico, ou seja, a busca do progresso material, vem sendo substituída por qualidade de vida, um valor certamente bem mais complexo do que o progresso material.[3]

Na Europa e nos Estados Unidos, onde a militância ecológica desenvolveu-se a partir da década de 1960, há maior organização e as mobilizações conseguem com frequência amplo apoio da opinião pública.

Em nosso país, particularmente, nos Estados mais desenvolvidos do ponto de vista industrial, como, por exemplo, São Paulo, e respaldada por uma legislação ambiental considerada como uma das mais avançadas do mundo, a sociedade tem conseguido bloquear projetos que em outros tempos teriam pouca ou nenhuma resistência por serem considerados fonte de desenvolvimento e novos empregos.

A ação desenvolvida pelas comunidades só é possível pelo fato de as pessoas terem adquirido consciência da importância da manutenção da qualidade do meio ambiente como fundamental para a sua existência.

Essa consciência, embora latente e em muitos casos pouco perceptível, é suficiente para que entidades ambientalistas mobilizem amplos setores da comunidade, desequilibrando a correlação das forças envolvidas no processo.

Em qualquer análise de mobilizações motivadas por problemas ambientais, verificaremos que as entidades ou mesmo os cidadãos interessados no tema agem como indutores da ação, canalizando as energias de uma opinião pública aparentemente apática que age ao estabelecer a relação entre os direitos existentes e o seu efetivo exercício.

Desse modo, os cidadãos são levados a uma rápida compreensão desses direitos ambientais, como direitos fundamentais da pessoa humana, o que contribui para que o indivíduo passe da apatia à ação como forma de manter esse direito.

Importante destacar que essa mobilização, de modo geral, ocorre relacionada com a existência de canais institucionais de expressão, em particular a representação parlamentar – vereadores e deputados –, não podendo ser desprezada a importância do recurso aos canais institucionais não convencionais – de democracia direta –, recém-incorporados nas Constituições.[4]

---

[3] Fuks (1992).
[4] Como instrumentos de democracia direta nos referimos ao plebiscito, referendo e iniciativa popular na apresentação de projetos de lei.

O cidadão considerado *"apático"* em circunstâncias normais, além de engrossar uma opinião pública que se manifesta por melhoria da qualidade do meio ambiente, é capaz de realizar palestras e debates e participar deles, bem como assinar manifestações endereçadas às autoridades e integrar quaisquer processos políticos institucionalizados.

Uma característica desse cidadão, ativo nessas circunstâncias, é que, quando resolvido o problema que deu origem à ação coletiva, se recolhe ao seu cotidiano, não se integrando a nenhuma forma de organização nova, ao contrário, reconhecendo o papel central desempenhado pelas instituições políticas formais.

Sem dúvida, a rápida compreensão dos direitos ambientais como direitos fundamentais da pessoa humana contribui para que o indivíduo passe da apatia à ação como forma de resguardar esse direito. E, como o direito foi assegurado, retoma o cotidiano baseado numa confiança nas instituições que foi obtida pela própria característica do movimento ecológico, que de modo geral procura incorporar na legislação normas duradouras que permitam adequada proteção ao meio ambiente.

Na questão ambiental, muito mais que em outros temas, há uma grande necessidade de se levar em consideração essa opinião pública que permeia todas as classes e grupos sociais, não se identificando claramente os seus contornos no *"tecido social"*.

5.2 O governo municipal e as empresas

Nos últimos 20 anos, tem se desenhado um quadro em que se configura a constituição de uma nova ordem ambiental mundial. São inúmeros tratados e acordos multilaterais internacionais, além de outro tanto de medidas normatizadoras tomadas pelos organismos financeiros mundiais que constituem o arcabouço institucional ambiental que regulamenta as relações entre os Estados-nações e tornam-se indutores de modificações na legislação de diversos países.

No Brasil, particularmente após a promulgação da Constituição Federal (1988), das Constituições Estaduais (1989) e Leis Orgânicas Municipais (1990), há um número significativo de normas legais que abrangem os mais diversos aspectos da problemática ambiental. Pela primeira vez numa Constituição Brasileira foi incluído um capítulo específico sobre o meio ambiente (art. 225), tendo o fato se repetido nas Constituições Estaduais e na imensa maioria das Leis Orgânicas Municipais.

Devido a uma maior participação dos cidadãos e entidades ambientalistas na elaboração das Leis Orgânicas Municipais (LOM), foram introduzidas novas normas que se aplicam às questões ambientais e que constituem experiências que poderão influenciar maior controle da sociedade sobre as fontes de poluição e degradação do meio ambiente.

Em estudo realizado acerca da participação dos cidadãos de Mogi-Guaçu e região contra a implantação de uma usina termoelétrica, foi mostrado como uma lei local, proibindo a construção da obra, se tornou efetiva devido à participação ativa da população e suas organizações.[5]

Esse novo quadro normativo-institucional remete à necessidade de um aparato administrativo ambiental para atender tanto às exigências legais, quanto às demandas de uma cidadania ativa que aos poucos vai compreendendo que a qualidade de vida é um direito fundamental da pessoa humana.

A característica principal desse sistema administrativo ambiental é que ele tem de ser abordado sob um enfoque multidisciplinar devido à natureza e à diversidade dos desafios que tem de enfrentar. Todos eles apresentam características únicas em seu contexto, pois o que a administração ambiental permanentemente gerencia é uma grande diversidade de processos ecológicos localizados nos mais diversos ecossistemas.

Essa particularidade de não só administrar problemas gerados pela ação humana, mas também de se envolver permanentemente com os processos naturais, é que lhe dá uma característica peculiar, diferenciando-a de outros tipos de administração.

É o monitoramento permanente das condições ambientais, tanto dos processos naturais como das ações humanas, que interfere na natureza, que traz para o administrador ambiental a necessidade de uma capacitação técnico-científica básica que lhe permita tornar-se capaz de entender, minimamente, os processos ecológicos em que está envolvido direta ou indiretamente.

A expressão *administração ambiental* contém uma amplitude de aplicações, englobando ações que se referem à administração ou ao gerenciamento de diferentes tipos de gestão do meio ambiente. Utilizando como exemplo as administrações municipais, podemos identificar entre as mais significativas:

a) a atividade das burocracias públicas envolvidas nos mais diversos órgãos que enfrentam a questão ambiental. Secretarias municipais, departamentos, divisões etc.;

b) atividades ligadas ao gerenciamento, acompanhamento e monitoramento de atividades potencialmente poluidoras ou que interferem no ambiente natural;

---

[5] Ver Dias (1995a), A questão ambiental e o exercício da cidadania: o movimento contra a usina termoelétrica de Mogi-Guaçu (SP).

c) atividades ligadas à administração de praças, parques e jardins;

d) o monitoramento de áreas de proteção ambiental e espaços especialmente protegidos.

O que esse conjunto de atividades administrativas tem em comum que permite que se utilize a expressão *administração ambiental* é o fato de que envolvem diretamente ações humanas com processos ecológicos essenciais que ocorrem no ambiente natural.

A capacitação do profissional de *administração ambiental* deriva dessa necessidade de fazer interagir a atividade humana com processos ecológicos vitais que ocorrem muitas vezes há milhões de anos sem a interferência humana, e que a partir da necessidade de um monitoramento causado pela expansão do homem sobre o Planeta passam a integrar o espaço a ser administrado.

A necessidade cada vez maior de capacitação técnica do profissional que atua nessa área decorre desse fato aparentemente de constatação simples: de que não existe administração ambiental sem haver em contrapartida um processo ecológico envolvido, quer direta, quer indiretamente. E a manutenção das interações envolvidas nos diferentes ecossistemas dependerá muitas vezes de decisões que ocorrerão no âmbito administrativo, e que, se não forem tomadas levando-se em consideração a necessidade de certo saber científico, poderão tornar irreversível a destruição de processos existentes há muito tempo.

Ao examinar o papel a ser desempenhado pelos administradores ambientais, tem-se que levar em consideração este grau de responsabilidade não só em relação à organização a que está ligado, mas a todo um contexto social, ético e humanístico que deve permear as gerações atuais e futuras, como aponta o relatório da Comissão Brundtland, Nosso Futuro Comum.[6]

Da natureza dos desafios a serem enfrentados pelo administrador ambiental decorre a necessidade de maior eficiência e eficácia, fruto de um conhecimento administrativo e de uma compreensão clara a respeito do significado da questão ambiental e do contexto onde está inserida.

Essa capacitação, ou profissionalização, remete à necessidade de uma compreensão cada vez mais abrangente da complexidade das questões ambientais, assim como do entendimento sobre a impossibilidade de uma atuação individualizada ou isolada, o que nos traz a consideração de que esse novo tipo de administração deve ser feito sempre em íntima relação com as comunidades envolvidas e suas organizações, pois o acompanhamento dos processos ecológicos envolvidos só é possível desse modo.

---

[6] CMMAD (1991).

As organizações não governamentais ambientalistas e mesmo os agentes comunitários ambientalmente ativos especializam-se, de modo geral, em aspectos do problema – dedicam-se ao controle da poluição do ar, dos rios, da proteção a um ecossistema específico, aos animais, às árvores etc. Esse tipo de especialização pode ser articulado pela administração maximizando seu aproveitamento e aumentando a capacidade de gerenciamento de um maior número de processos ecológicos que ocorrem ao nível local.

Para as prefeituras, a capacitação dos funcionários envolvidos com a problemática ambiental torna-se ainda mais crucial pelos seguintes motivos, entre outros:

a) a gestão ambiental pode envolver ecossistemas que ultrapassam os limites do município. Neste caso, deve haver um preparo dos funcionários envolvidos na articulação e no convencimento das autoridades e dos técnicos de outros municípios na necessidade de conservação e monitoramento de determinada área. Não cabe aqui o argumento de que as áreas intermunicipais são responsabilidade do Estado administrar, pois na maior parte das vezes o que extrapola os limites territoriais do município não necessariamente tem importância para as autoridades estaduais;

b) uma boa parte dos ecossistemas que existem na maioria dos municípios, particularmente em regiões bastante urbanizadas, é de pequeno porte – várzeas, áreas de mata, remanescentes florestais etc. –; portanto, muito frágeis e devem ser permanentemente monitorados. É impossível a manutenção da biodiversidade em pequenas áreas sem um permanente monitoramento do ecossistema; o ambiente urbano introduz constantemente novos fatores que perturbam o equilíbrio natural – animais domésticos, gases, fogo, sementes de plantas exógenas, ruídos etc., e mesmo cataclismos naturais podem destruir por completo o ambiente protegido;

c) com o crescimento da consciência ecológica, aumenta a participação da população nas questões ambientais, crescendo em contrapartida a responsabilidade do setor público em esclarecer os diferentes aspectos dos processos ecológicos. No trato das questões ambientais, deve haver sempre uma dose mais significativa de profissionalismo do que em outros assuntos, pois os erros cometidos podem se tornar irreversíveis ou muito difíceis de reverter. Deste modo, pode-se às vezes contrariar posições que só aparentemente sejam corretas e que, após estudos criteriosos e respaldados cientificamente, se demonstre sua incorreção. Um exemplo bastante conhecido é a soltura indiscriminada de animais e o plantio de espécies exóticas em pequenas áreas de matas nos municípios, uma atitude aparentemente louvável que muitas vezes se transforma numa prática criminosa, causando danos irreparáveis e destruindo muito de uma biodiversidade pouco conhecida;

d) com a implantação da ISO 14000, cresceu a necessidade de articulação entre as empresas e o Poder Público Municipal, pois só obtêm o certificado as empresas que provarem que todo o seu processo produtivo é ambientalmente correto, envolvendo, deste modo, não só a parte interna das indústrias, mas toda a sua inter-relação com o meio ambiente externo, incluída aí a comunidade local, o ar, a água e o consumo energético. Deste modo, não basta a intermediação de órgãos especializados – como, no caso de São Paulo, a CETESB –, há toda uma gama de interferências das empresas com o meio ambiente que devem ser avaliadas, além do que passa a ser interessante para as empresas acompanharem os procedimentos da administração municipal em tudo o que se relacione com a problemática ambiental. Esta relação empresas-Poder Público municipal hoje ou não existe ou é carregada de preconceitos e desconfianças; há que se elevar o nível de articulação para um patamar em que se contemplem os diversos interesses envolvidos – Poder Público, comunidade, empresas –, mantendo-se a sustentabilidade do processo.

5.3 A legislação ambiental municipal e as empresas[7]

Particular destaque merece o trato da questão ambiental nas Leis Orgânicas municipais. Estas, promulgadas no ano de 1990, embora tenham semelhança básica entre si, o que aparentemente lhes tiraria a importância, na verdade, quando estudadas e comparadas umas às outras, mostram uma variedade de inserções de aspectos ambientais dos diversos Municípios brasileiros que dá bem uma medida da importância da disseminação do tema.

Em decorrência dessas especificidades introduzidas pelas Leis Orgânicas – além das derivadas das Constituições Federal e Estaduais –, as administrações municipais de modo geral estão diante de uma nova realidade legal que lhes aumenta as obrigações e que necessita, para a sua implementação, de novos órgãos e novas práticas de gerenciamento administrativo.

A título de exemplo, podemos verificar numa Lei Orgânica específica de um município paulista – Mogi-Guaçu – inúmeras atribuições que podem ser características de qualquer administração ambiental e que servem de ilustração quanto à necessidade de capacitação técnico-específica para os profissionais vinculados a esses setores.

---

[7] Este item em particular é uma adaptação do artigo "A administração ambiental e o poder público", publicado na *Revista de Administração Municipal*, ver Dias (1995c).

No caso do Município de Mogi-Guaçu, a questão ambiental é tratada na seção I do Capítulo IV – Do Meio Ambiente, dos Recursos Naturais e do Saneamento.

No que diz respeito à Administração Ambiental, o artigo 149 trata especificamente da criação de um "Sistema de Administração de Qualidade Ambiental e da Proteção dos Recursos Naturais", que terá por função explícita *"organizar, coordenar e integrar as ações de órgãos e entidades da administração pública, direta e indireta, assegurada a participação da coletividade"* e cujas atribuições e finalidades estão detalhadas no artigo 150, em 17 incisos (vide Anexo A), que estabelecem as responsabilidades e os limites da administração ambiental no âmbito municipal:

O artigo 155 proíbe a instalação de reatores nucleares, *"com exceção daqueles destinados à pesquisa científica e ao uso terapêutico [...]"*. Em seguida, em parágrafo único estabelece *"que o Município manterá cadastro atualizado de todas as fontes radioativas em seu território, exercendo sobre elas o controle da instalação, uso, manutenção e destino final, em colaboração com o Estado e a União"*.

Outra inovação é a propiciada pelo artigo 159, que diz que o

> *"Município deverá criar um banco de dados com informação sobre fontes e causas de poluição e degradação, bem como informação sistemática sobre os níveis de poluição no ar, na água e nos alimentos aos quais a coletividade deverá ter garantido o acesso gratuitamente".*

Outra medida, caracterizada como administrativa ambiental, comum a muitas leis orgânicas, estabelece sanções administrativas com aplicações de multas diárias e progressivas àqueles que tiverem condutas e exercerem atividades lesivas ao meio ambiente.

Ribeirão Pires, outro Município de São Paulo, também criou, através da Lei Orgânica, um "Sistema Municipal de Administração da Qualidade Ambiental", tendo como órgão superior o Conselho Municipal de Defesa do Meio Ambiente, *"composto paritariamente pelo Poder Público e por representantes de organizações não governamentais, especialmente dedicadas à defesa do meio ambiente"*, o qual tem, entre outras atribuições, a incumbência de formular a Política Municipal de Meio Ambiente e gerir um Fundo Municipal de Recuperação Ambiental.

Esse "Fundo Municipal de Recuperação Ambiental (FMRA)" foi criado pela própria Lei Orgânica e tem como objetivo financiar projetos de recuperação e proteção ambiental; seus recursos são constituídos, entre outros, por:

"I – recursos orçamentários do Município, a serem definidos em Lei;

II – o produto das multas administrativas por atos lesivos ao Meio Ambiente;

III – repasses, doações, subvenções, contribuições, legados e quaisquer outras transferências de recursos;

IV – rendimentos provenientes de aplicações financeiras, em entidades públicas, de seus recursos em caixa" (art. 139, LOM Ribeirão Pires).

A administração do FMRA caberá ao Conselho Municipal de Defesa do Meio Ambiente.

Algumas prefeituras têm criado guardas ambientais como uma especialização das guardas municipais, que podem se tornar uma *"referência positiva para a população, ao dar visibilidade às preocupações da Administração com o meio ambiente"*,[8] além de constituírem mecanismo importante para fazer cumprir a legislação ambiental municipal.

Certamente, se verificarmos outras Leis Orgânicas, encontraremos muitas atribuições que podem e devem ser remetidas a um sistema administrativo ambiental e que refletem a enorme complexidade desta questão tratada de certa forma como um tema secundário, mas que a crescente conscientização da comunidade obriga que os administradores públicos a tratem cada vez mais como uma questão cotidiana e de suma importância.

Há certa concordância de que os órgãos ambientais municipais, seja qual for o tamanho do Município – quer estejam estabelecidas divisões, departamentos ou secretarias de Meio Ambiente –, possuem uma capacidade limitada de atingir os objetivos para os quais foram criados.

Há muitos fatores que determinam esta situação, entre os quais podemos citar:

a) falta de qualificação dos recursos humanos;

b) falta de objetivo claramente definido de atuação dos órgãos ambientais, que muitas vezes são criados para dar satisfação à opinião pública, seja ela manifesta ou latente;

c) ausência de disponibilidade financeira para execução mínima das tarefas exigidas;

d) e finalmente, mas não menos importante, a inexistência de perspectiva de atuação conjunta tanto no nível da integração entre os diferentes níveis da estrutura

---

[8] Nogueira (1992).

municipal, como em relação a outros atores envolvidos com a problemática ambiental – ONGs e empresas privadas, por exemplo.

É claro que estes fatores não podem ser vistos de forma isolada, pois há profunda interdependência entre eles, no que diz respeito à organização e ao funcionamento de qualquer aparato burocrático ligado à gestão ambiental.

A precariedade do sistema municipal de administração ambiental que deveria dar sustentação a um sistema mais amplo de gestão ambiental que envolve o setor privado e o setor público pode ser constatada pela pesquisa realizada pelo IBGE e divulgada em maio de 2005, mas referente ao ano de 2002 (quando foram coletadas as informações); foi constatado que somente 6% dos municípios brasileiros têm secretarias dedicadas exclusivamente a questões ambientais e 32% não possuem nenhum tipo de órgão para cuidar do meio ambiente. No quadro de funcionários dos municípios, somente 1,1% atua na área ambiental.[9]

5.4 As empresas, a ética e a regulação ambiental

Como vimos anteriormente, a partir do início do movimento ecológico, cujo marco inicial pode ser identificado com a publicação livro *Primavera Silenciosa* de Rachel Carson em 1962, o mundo tem presenciado atitudes que vão ao encontro dos novos valores de preservação da natureza, manutenção da vida e preocupação com as futuras gerações. No livro, a autora denúncia a contaminação ambiental a partir da utilização de agrotóxicos na agricultura. A partir daí as empresas passaram a ser vistas como as grandes vilãs do meio ambiente, sendo que suas atividades foram vasculhadas por inúmeros ativistas ambientais na segunda metade do século XX.

Algumas empresas aprenderam a lição e se adaptaram aos novos tempos. Outras, no entanto, principalmente as grandes corporações, tendem a preservar valores antigos de busca desenfreada e egoísta pelo lucro a qualquer custo, sacrificando os recursos naturais e não valorizando a manutenção da vida, mesmo a humana.

Há uma tendência crescente no âmbito empresarial de uma abordagem mais altruísta do negócio, onde o lucro mantém-se como uma necessidade de sobrevivência das empresas, mas sem confrontar os direitos e necessidades mais gerais da sociedade como um todo. A preocupação com o bem comum passa a integrar os objetivos estratégicos das empresas, agregado ao seu negócio principal, como um importante componente valorativo de seu produto ou serviço.

---

[9] Instituto Brasileiro de Geografia e Estatística (IBGE). *Pesquisa de informações básicas municipais sobre meio ambiente*. Rio de Janeiro: IBGE, 2005.

Neste contexto é que deve ser considerada a atitude criminosa da empresa Volkswagen ao admitir em 2015 que utilizou um *software* para fraudar os testes das agências regulatórias que visavam medir a emissão de gases prejudiciais ao meio ambiente e causadores do efeito estufa. Ou seja, a empresa buscou de forma egoísta o lucro a qualquer custo, inclusive em vidas humanas que seriam perdidas (e o foram efetivamente) pelas doenças que surgiriam provocadas pelas substâncias ingeridas, pelas alterações climáticas provocadas, entre outros malefícios à população humana.

Devido à repercussão do episódio, representantes da Volkswagen, nos EUA e também na Europa, admitiram o esquema e informaram que o dispositivo eletrônico equipa mais de 11 milhões de automóveis movidos a diesel feitos pela marca e suas subsidiárias (como Audi e Seat, por exemplo) em todo o mundo.

O caso demonstra o que acontece quando o poder público reduz sua atividade regulatória e de acompanhamento do desempenho empresarial na área ambiental. A tendência é que as empresas deixem predominar em excesso as normas de competitividade e rentabilidade. Assim é inevitável que as grandes corporações sacrifiquem a qualidade de seus produtos, serviços, bem como a saúde e a segurança dos consumidores e o meio ambiente, objetivando maximizar seus benefícios.

No campo oposto onde o egoísmo dá lugar ao altruísmo existem hoje, em todo o mundo, organizações (entre elas inúmeras empresas) e indivíduos que se dedicam em campos específicos a lutarem para melhorar as condições de existência da humanidade e do meio ambiente em particular. Foi esse o caso da descoberta da fraude da Volks que se deve a dois ativistas ambientais, Peter Mock e John German, membros da organização não governamental (ONG) International Council on Clean Transportation (ICCT).

Esses ecologistas inicialmente buscavam provar que os controles ambientais eram mais exigentes nos Estados Unidos do que na Europa. Para sua surpresa, os carros da montadora alemã emitiam dezenas de vezes mais óxido de nitrogênio do que o permitido, quando o esperado era que fossem limpos. Surpreendidos com os resultados do trabalho, enviaram para a Agência de Proteção Ambiental (EPA) norte-americana a informação. Esta abriu uma investigação na qual ficou comprovada a fraude praticada pela Volkswagen, que instalou um *software* especialmente construído para enganar os dispositivos de teste e simular a emissão de menos gases contaminantes que o real.

Como resultado o presidente da montadora renunciou, as ações da empresa despencaram e haverá uma enorme quantidade de ações judiciais que poderão custar dezenas de bilhões de dólares. O custo da recuperação da imagem será altíssimo. A porta se abriu, e agora a organização se vê alçada a exemplo negativo de ética empresarial, sendo alvo de investigação em inúmeros países. Terá valido a pena? Creio que não.

5.5 A política ambiental municipal

Do ponto de vista político, a questão da política ambiental deve ser analisada de acordo com a sua perspectiva de atuação. A política ambiental desenvolvida por uma agência específica cada vez mais tem provado sua ineficácia, visto que a problemática ambiental envolve os mais variados setores, particularmente aqueles relacionados com a política econômica. Na realidade, quando se isola a questão ambiental, num departamento específico, numa secretaria ou num ministério, retira-se a responsabilidade de outras instâncias em relação ao meio ambiente. Por exemplo, do ponto de vista econômico os problemas ambientais entram em choque com vários postulados da economia de mercado, em particular com aquele relacionado à escassez de algum recurso. Do ponto de vista do mercado, a escassez corresponde a um incremento do valor e do preço, o que torna o recurso ainda mais desejável do ponto de vista de sua retirada da natureza. E, por outro lado, o Estado incentiva a máxima utilização do meio ambiente, como provedor de recursos baratos – quando em abundância –, o que, feito de forma descontrolada, eleva o valor de mercado do recurso – devido a sua escassez decorrente da atividade predatória. Este ciclo vicioso pode levar à extinção do recurso se não interrompido a tempo.

A execução de políticas ambientais isoladas, de modo geral, entra em choque com interesses econômicos, pois estes estão baseados na exploração de recursos naturais, considerados de baixo custo.

De qualquer modo, pressionados pela sociedade civil, cada vez mais conscientes em termos ambientais, os Estados nacionais vêm adotando políticas ambientais, restringindo a ação de determinados grupos econômicos que degradam o meio ambiente. No Brasil, o texto da Constituição de 1988 é bastante claro neste sentido, e abre espaço legal para atuação dos agentes públicos e órgãos da sociedade civil. Um exemplo deste fato pode ser observado quando da mobilização da população de um município – Mogi-Guaçu – contra a instalação de uma usina termoelétrica em 1992, que envolveu toda uma mobilização regional, culminando com a retirada do projeto por parte da CESP.[10]

Do ponto de vista das relações internacionais, efetivam-se tentativas de elaboração de políticas ambientais regionais, e mesmo inúmeras ações globais que estabelecem normas que devem ser seguidas pelas organizações em todos os níveis.

Está em curso uma mudança estrutural de cunho ecológico, que pretende superar uma visão mercantilista da economia baseada na concepção de que o meio ambiente é um recurso gratuito e inesgotável. Esta mudança só se materializará no momento em

---

[10] Dias (1995a). *A questão ambiental e o exercício da cidadania*.

que a política econômica incorporar a proteção ao meio ambiente como objetivo próprio, não segmentário e subordiná-lo ao crescimento econômico. Um passo importante neste sentido se dará quando deixarmos de considerar a natureza como provedora inesgotável de recursos naturais e como receptora permanente e invulnerável de detritos sólidos, líquidos e gasosos.

A tomada de consciência da realidade ambiental em que se encontra o Planeta ocorreu de forma diferenciada nos variados setores em que se organiza a moderna sociedade. Essa consciência levou inicialmente a medidas isoladas e a choques de interesses. Hoje, há em vários desses setores segmentos que possuem uma visão de sustentabilidade do desenvolvimento que procuram se integrar dentro de uma perspectiva holística, para melhorar a qualidade de vida global, a partir de realidades locais.

A participação crescente dos cidadãos, conscientizados por uma mídia ecológica cada vez mais influente, torna imperativa ao Poder Público a solução de problemas antes relegados a segundo plano. As ONGs, por sua vez, que atuam muitas vezes como indutores de um processo de conscientização, devem compreender o importante papel que desempenharão como auxiliares da administração pública por conhecerem a complexidade técnica dos problemas a serem enfrentados, além de poderem contribuir para a capacitação de agentes administrativos envolvidos com problemas do meio ambiente.

As Administrações Públicas Municipais, por estarem mais próximas do cidadão e de processos ecológicos mais frágeis, devem compreender a complexidade do problema ambiental e considerá-lo como um aspecto importante, tomando algumas medidas imediatas de gerenciamento do setor.

Considerando-se o fato já abordado de que os processos ecológicos envolvidos na questão ambiental não podem ser tomados isoladamente e necessitam de um acompanhamento o mais completo possível, é fundamental a integração entre os vários segmentos organizados da sociedade.

Mesmo aqueles que eram vistos somente como agressores do meio ambiente, "ponta de lança do capitalismo predador", as empresas, seja por necessidades de mercado, seja por imposição legal, podem e devem se tornar parceiros importantes no acompanhamento e na solução de muitos problemas ambientais. Se considerarmos o fato de que muitos dos problemas são gerados pelas próprias empresas, torna-se muito mais relevante a participação destas nos debates que envolvem a problemática ambiental.

As entidades ambientalistas, por sua vez, encerrada a etapa de "estilingues", se veem às voltas com a necessidade de assumir tarefas que em outras épocas eram de exclusiva responsabilidade do Poder Público.

O Poder Público, particularmente o Municipal, se vê cada vez mais às voltas com uma cidadania exigente em termos de qualidade de vida que aos poucos vai compreendendo que possui direitos incorporados à Constituição, exigindo o seu cumprimento.

Esses diferentes setores em que se organiza a sociedade formam do ponto de vista ambiental um sistema ainda mal articulado, mas que pode vir a se tornar o eixo de sustentação de uma política de governo que coloque num patamar superior o papel a ser desempenhado pela administração ambiental.

Uma vez caracterizada a importância da administração ambiental, podemos apontar algumas medidas básicas que podem ser tomadas pelos Municípios e que poderão melhorar o acompanhamento das condições ambientais locais. Em resumo são:

a) investir na capacitação técnica específica dos agentes administrativos da área ambiental;

b) integrar as entidades ambientalistas e divisões ambientais de empresas sediadas no Município num sistema de monitoramento permanente do meio ambiente;

c) efetuar um levantamento rigoroso das condições ambientais do Município, em todos os seus aspectos: fauna, flora, ecossistemas específicos, níveis e fontes de poluição, situação das nascentes etc., e manter banco de dados permanentemente atualizado;

d) iniciar um programa de Educação Ambiental em todas as escolas do Município.

Essas são algumas medidas que, se efetivadas num grande número de Municípios, tornarão possível qualquer política ambiental de âmbito nacional. Na prática, caracterizam uma maior responsabilidade do Município, não envolvendo na verdade muitos recursos, mas necessitando de um grande e eficiente trabalho de gerenciamento.

Está claro que os Municípios por si só não conseguirão transformar, de uma hora para outra, viciadas máquinas burocráticas em modernas administrações. Mas a realidade é que não há outra saída, e na verdade quando se trata da questão ambiental também não há muito tempo. Há que se integrar um número maior de instituições universitárias nesse processo, portadoras que são de um saber técnico-científico que pode ser absorvido pelas administrações públicas que apresentam parcela considerável de responsabilidade no trato do meio ambiente.

Outra iniciativa que pode ser tomada é a introdução de novas disciplinas nos currículos dos cursos de administração relacionadas com o meio ambiente que podem vir a dar uma ideia aos futuros administradores da complexidade de uma administração ambiental.

Conclusão

Neste capítulo, vimos que as empresas têm que levar em consideração, prioritariamente, a legislação municipal no local onde está instalada, pois há uma variação, embora pequena, entre as legislações municipais, fruto da maior ou menor mobilização de seus cidadãos e organizações.

Vimos, também, a importância da regulação ambiental governamental, em todos os níveis, para controlar a ganância de empresas que visam exclusivamente ao lucro em detrimento dos aspectos sociais e ambientais. Há uma forte tendência de que com o afrouxamento da legislação ambiental cresçam as ações lesivas ao meio ambiente.

As administrações, por outro lado, encontram dificuldade em formar quadros municipais voltados para a fiscalização ambiental. Isso se deve tanto ao desinteresse das autoridades, quanto à inexistência de quadros com formação ambiental no município.

Leve-se em consideração o papel cada vez maior que devem assumir os municípios no acompanhamento dos processos ambientais que ocorrem em seu território, pois a degradação do ambiente natural reflete de imediato na gestão municipal, que se vê envolvida e pressionada para solucionar o problema.

6 O sistema de gestão ambiental nas empresas

Das instituições existentes nas sociedades humanas, as empresas constituem, hoje, um dos principais agentes responsáveis pela obtenção de um desenvolvimento sustentável. A questão na realidade envolve primeiramente o ambiente interno das empresas, pois não há condições de atuação responsável de uma organização na sociedade mais geral, se internamente os seus quadros não estão convencidos da importância da adoção de práticas ambientalmente corretas. Daí decorre a importância da adoção de Sistemas de Gestão Ambiental integrados numa perspectiva mais ampla que envolva sempre a mudança da cultura organizacional da empresa, introduzindo o componente ambiental entre as preocupações da população interna.

Neste capítulo, abordamos a gestão ambiental das empresas de modo amplo, considerando os aspectos de seu envolvimento externo, sem descuidar da importância da modificação dos seus processos produtivos em direção a uma produção mais limpa associada à ecoeficiência.

6.1 Histórico

O Brasil, principalmente a partir de 1960, passou por um intenso ritmo de industrialização, com o consequente aumento da população nas áreas urbanas, o que provocou intensificação dos impactos no meio ambiente. Principalmente em áreas industrializadas, como Cubatão, Volta Redonda, ABC paulista, é que a questão ambiental começou a ser sentida com mais intensidade, entre outros motivos, em razão do fenômeno de concentração de atividades urbanas e industriais.[1]

---

[1] Andrade; Tachizawa; Carvalho (2000, p. 2).

Como reflexo da Conferência de Estocolmo (1972), o governo brasileiro criou, em 30 de outubro de 1973, a Secretaria do Meio Ambiente (SEMA). Nesse mesmo ano, já havia sido criada a Companhia de Tecnologia de Saneamento Ambiental (CETESB) em São Paulo (Lei nº 118, de 29 de junho de 1973), e, em 4 de outubro de 1973, foi criado o Conselho Estadual de Proteção Ambiental (CEPRAM) na Bahia. A partir daí, vários órgãos ambientais foram criados tendo como objetivo o controle ambiental, e como eixo central de sua atuação a poluição industrial.

Na década de 1980, foi criado no Canadá o Programa de Atuação Responsável, sob o nome de *Responsible Care Program*. É considerado um programa que traz grandes contribuições para a solução dos problemas ambientais, entre as quais:[2]

> *"enfoque proativo, busca de melhoria contínua, antecipando-se à própria legislação, e visão sistêmica que abarca, em um mesmo programa, as preocupações com segurança, saúde ocupacional e meio ambiente".*

No Brasil, o Programa de Atuação Responsável é promovido pela Associação Brasileira da Indústria Química (ABIQUIM), e conta com a adesão de uma centena de empresas brasileiras. O programa está baseado em seis áreas:[3] princípios diretivos; códigos de práticas gerenciais; comissões de lideranças executivas; conselhos comunitários consultivos; avaliação de progresso; e difusão na cadeia produtiva (veja Quadro 6.1).

Uma medida que contribuiu para o incremento de ações mais responsáveis em relação ao meio ambiente foi a obrigatoriedade, a partir de 1986, dos estudos de impacto ambiental[4] quando da instalação de novas unidades industriais e outros empreendimentos de vulto, como represas, construção de estradas etc.

O relatório da Comissão Brundtland, "Nosso Futuro Comum", destacou a responsabilidade e o impacto das atividades industriais no desenvolvimento sustentável. Ofereceu uma visão do crescimento econômico sustentável e da elevada qualidade ambiental que poderia ser alcançada através de boas práticas industriais e produzindo mais com menos.

---

[2] Valle (2002, p. 32).
[3] Barbieri (1997).
[4] Cf. Resolução CONAMA 1, de 23 jan. 1986, publicada no *Diário Oficial* em 28 fev. 1986.

Quadro 6.1 Atuação responsável/*responsible care*

Princípios diretivos
1. Assumir o gerenciamento ambiental como expressão de alta prioridade empresarial, através de um processo de melhoria contínua em busca da excelência.
2. Promover, em todos os níveis hierárquicos, o senso de responsabilidade individual com relação ao meio ambiente, segurança e saúde ocupacional, bem como o senso de prevenção de todas as fontes potenciais de risco associadas às suas operações, produtos e locais de trabalho.
3. Ouvir e responder às preocupações da comunidade sobre seus produtos e as suas operações.
4. Colaborar com órgãos governamentais e não governamentais na elaboração e aperfeiçoamento de legislação adequada à salvaguarda da comunidade, locais de trabalho e meio ambiente.
5. Promover a pesquisa e o desenvolvimento de novos processos e produtos ambientalmente compatíveis.
6. Avaliar previamente o impacto ambiental de novas atividades, processos e produtos e monitorar os efeitos ambientais de suas operações.
7. Buscar continuamente a redução de resíduos, efluentes e emissões para o ambiente oriundos das suas operações.
8. Cooperar para a solução dos impactos negativos ao meio ambiente decorrentes da disposição de produtos ocorrida no passado.
9. Transmitir às autoridades, aos funcionários, aos clientes e à comunidade informações adequadas quanto aos riscos à saúde, à segurança e ao meio ambiente de seus produtos e operações e recomendar medidas de proteção e de emergência.
10. Orientar fornecedores, transportadores, distribuidores, consumidores e o público que transportem, armazenem, usem, reciclem e descartem os seus produtos com segurança.
11. Exigir que os contratados que trabalham nas instalações da empresa obedeçam aos padrões adotados pela contratante em matéria de segurança, saúde ocupacional e meio ambiente.
12. Promover os princípios e as práticas da *atuação responsável*, compartilhando experiências e oferecendo assistência a outras empresas para produção, manuseio, transporte, uso e disposição de produtos.

Fonte: ABIQUIM, Termos de Adesão ao Programa de Atuação Responsável, citado em Barbieri (1997, p. 72).

Posteriormente, e baseada no relatório, uma ampla agenda para o desenvolvimento sustentável na indústria foi desenvolvida na Segunda Conferência Mundial da Indústria sobre a Gestão do Meio Ambiente (WICEM II), realizada em abril de 1991 em Roterdã (Holanda). Nesta conferência, um grande número de corporações assinou a Carta Empresarial para o Desenvolvimento Sustentável de 1991, elaborada pela Câmara de Comércio Internacional (ICC), que ficou conhecida também como Carta de

Roterdã,[5] e nela figura um conjunto de princípios voltados para a gestão ambiental no ambiente corporativo (veja Quadro 6.2).

Quadro 6.2 Carta empresarial para o desenvolvimento sustentável

Princípios
1. **Prioridade na empresa:** reconhecer a gestão do ambiente como uma das principais prioridades na empresa e como fator dominante do desenvolvimento sustentável; estabelecer políticas, programas e procedimentos para conduzir as atividades de modo ambientalmente seguro.
2. **Gestão integrada:** integrar plenamente em cada empresa essas políticas, seus programas e procedimentos, como elemento essencial de gestão em todos os seus domínios.
3. **Processo de aperfeiçoamento:** aperfeiçoar continuamente as políticas, os programas e o desempenho ambiental das empresas, levando em conta os desenvolvimentos técnicos, o conhecimento científico, os requisitos dos consumidores e as expectativas da comunidade, tendo como ponto de partida a regulamentação em vigor; e aplicar os mesmos critérios ambientais no plano internacional.
4. **Formação do pessoal:** formar, treinar e motivar o pessoal para desempenhar suas atividades de maneira responsável em face do ambiente.
5. **Avaliação prévia:** avaliar os impactos ambientais antes de iniciar nova atividade ou projeto e antes de desativar uma instalação ou abandonar um local.
6. **Produtos e serviços:** desenvolver e fornecer produtos ou serviços que não produzam impacto indevido sobre o ambiente e sejam seguros em sua utilização prevista, que apresentem o melhor rendimento em termos de consumo de energia e de recursos naturais, que possam ser reciclados, reutilizados ou cuja disposição final não seja perigosa.
7. **Conselhos de consumidores:** aconselhar e, em casos relevantes, propiciar a necessária informação aos consumidores, aos distribuidores e ao público, quanto aos aspectos de segurança a considerar na utilização, no transporte, na armazenagem e na disposição dos produtos fornecidos; e aplicar considerações análogas à prestação de serviços.
8. **Instalações e atividades:** desenvolver, projetar e operar instalações tendo em conta a eficiência no consumo da energia e dos materiais, a utilização sustentável dos recursos renováveis, a minimização dos impactos ambientais adversos e da produção de resíduos e o tratamento ou a disposição final desses resíduos de forma segura e responsável.
9. **Pesquisas:** realizar ou patrocinar pesquisas sobre impactos ambientais das matérias-primas, dos produtos, dos processos, das emissões e dos resíduos associados às atividades da empresa e sobre os meios de minimizar tais impactos adversos.

---

[5] Campos (1996).

10. **Medidas preventivas:** adequar a fabricação, a comercialização, a utilização de produtos ou de serviços, ou a condução de atividades, em harmonia com os conhecimentos científicos e técnicos, para evitar a degradação grave ou irreversível do ambiente.

11. **Empreiteiros e fornecedores:** promover a adoção destes princípios pelos empreiteiros contratados pela empresa, encorajando e, em casos apropriados, exigindo a melhoria de seus procedimentos de modo compatível com aqueles em vigor na empresa; e encorajar a mais ampla adoção deste princípios pelos fornecedores.

12. **Planos de emergência:** desenvolver e manter, nos casos em que exista risco significativo, planos de ação para situações de emergência, em coordenação com os serviços especializados, as principais autoridades e a comunidade local, tendo em conta os possíveis impactos transfronteiriços.

13. **Transferência de tecnologias:** contribuir para a transferência de tecnologia e métodos de gestão que respeitem o ambiente, tanto nos setores industriais como nos de administração pública.

14. **Contribuição para o esforço comum:** contribuir para o desenvolvimento de políticas públicas, de programas empresariais, governamentais e intergovernamentais, e de iniciativas educacionais que valorizem a consciência e a proteção ambiental.

15. **Abertura ao diálogo:** promover a abertura ao diálogo com o pessoal da empresa e com o público, em antecipação e em resposta às respectivas preocupações quanto ao risco e aos impactos potenciais das atividades, dos produtos, resíduos e serviços, incluindo os de significado transfronteiriço ou global.

16. **Cumprimento de regulamentos e informação:** aferir o desempenho das ações sobre o ambiente, proceder regularmente a auditorias ambientais e avaliar o cumprimento das exigências internas da empresa, dos requisitos legais e destes princípios; e periodicamente fornecer as informações pertinentes ao Conselho de Administração, aos acionistas, ao pessoal, às autoridades e ao público.

Fonte: Valle (2002, p. 153).

Com base nos princípios da Carta Empresarial da ICC e na necessidade de o meio empresarial se adaptar às novas exigências em relação às questões ambientais, o *British Standards Institute* (BSI) lançou em 1992 a norma BS 7750. Trata-se de uma norma de caráter voluntário, que propõe um Sistema de Gestão Ambiental (SGA) que procura não só ordenar e integrar os procedimentos existentes na empresa, mas também permitir que esta possa obter certificação.[6]

Em março de 1993, após dois anos de atividade, o *Strategic Advisory Group on Environment* (SAGE) da Organização Internacional para Padronização (ISO) propõe, através de um relatório final, a criação de um novo Comitê Técnico, ISO/TC-207, *"dentro do conceito de desenvolvimento industrial autossustentável, tendo o objetivo de desenvolver*

---
[6] Campos (1996).

normas e guias sobre 'Sistemas de Gestão Ambiental' e sobre ferramentas gerenciais para o meio ambiente". A partir dessas recomendações, em março de 1993, o Conselho da ISO aprovou a criação do TC 207, dando início aos trabalhos de elaboração da nova ISO Série 14000, baseados na norma BS 7750, inglesa.[7]

A implantação da norma ISO 14000 possibilita a padronização de procedimentos de avaliação e sistematização de processos ambientalmente corretos no âmbito interno das empresas, que tem validade universal, colocando

> *"a gestão ambiental no mesmo plano já alcançado pela gestão da qualidade. Cria-se, assim, mais um condicionante para o êxito da empresa que exporta e disputa sua posição em um mercado globalizado".*[8]

6.2 Gestão do risco ambiental

No início de 2015 o relatório anual de riscos globais do Fórum Econômico Mundial destacou as ameaças emergentes mais significativas que estarão presentes no mundo nos próximos dez anos, em um determinado número de áreas, com destaque para a ambiental, que superou pela primeira vez os riscos econômicos.

Entre os riscos vinculados a aspectos ambientais se encontram fenômenos meteorológicos extremos, catástrofes naturais, falta de adaptação às mudanças climáticas, crise da água, perda da biodiversidade e colapso dos ecossistemas.

Muitos desses desafios ambientais globais a serem enfrentados têm um denominador comum: as mudanças climáticas. E, para enfrentar esse problema, no final desse mesmo ano se conseguiu alcançar um acordo global no encontro da COP 21, que reuniu quase 200 países integrantes da Convenção do Clima da ONU e que se realizou em Paris visando conseguir um tratado que substituísse o Protocolo de Kyoto. A meta estabelecida é a de impedir um aumento da temperatura global de mais de 2 graus centígrados, o limite estimado a partir do qual, segundo o Painel Intergovernamental sobre Mudanças Climáticas (IPPC), as mudanças climáticas poderão ter várias consequências.

Para as empresas, neste contexto, além de fixar objetivos, é fundamental conhecer os riscos enfrentados em nível global, de tal modo que as decisões no âmbito empresarial possam ser tomadas com informações objetivas e confiáveis. Para as lideranças empresariais é importante a compreensão de que o papel das empresas é vital para que se possam enfrentar os riscos ambientais dos próximos anos, particularmente com a diminuição das emissões de carbono geradas pelos gases causadores do efeito estufa.

---

[7] Busato (1996).
[8] Valle (2002, p. 136).

As empresas integram uma ampla e complexa cadeia de valor, muitas vezes, difícil de ser dimensionada. Cada atividade poderá contribuir para a sustentabilidade global através do estabelecimento de estratégias empresariais alinhadas com a perspectiva do desenvolvimento sustentável, que em síntese busca atender às necessidades das atuais e das futuras gerações.

As organizações possuem diversos mecanismos e ferramentas que podem contribuir para enfrentar os desafios que virão, de tal modo que, além de controlar os riscos, sejam geradas oportunidades através da melhoria do desempenho organizacional, acesso a novas fontes de financiamento, diminuição do consumo de energia, melhoria da gestão de resíduos e maior eficiência na utilização de recursos.

Uma das ferramentas mais eficazes para as empresas no enfrentamento dos riscos ambientais é a norma de gestão ambiental ISO 14001, que foi revisada em 2015. Esta norma preenche os requisitos necessários para que as empresas enfrentem as ameaças ambientais previstas pelas agências internacionais e que afetarão os negócios nos próximos anos. Além disso, a certificação propicia que as empresas se posicionem em condições melhores que seus concorrentes em termos de competitividade, pois além de demonstrarem uma melhor gestão de seu próprio negócio, estarão contribuindo efetivamente para melhorar as condições de vida na sociedade como um todo.

Para as empresas não há muita opção, só podem adiar assumir um maior compromisso em termos de sustentabilidade, pois o que está em jogo é o futuro do planeta, não só de seu negócio. Acontece que em qualquer segmento empresarial há sempre aqueles que estão compreendendo o momento que estamos vivenciando, e as necessidades gerais da sociedade global em termos de superação da crise ambiental, sendo assim se anteciparão e liderarão o processo em seus respectivos nichos de mercado. Aqueles empresários que protelarem seu envolvimento estarão correndo o risco de perderem posições no mercado em curto prazo e ficarem com a mácula de vilões do meio ambiente.

6.3 Os sistemas de gestão ambiental

Do ponto de vista empresarial, *gestão ambiental* é a expressão utilizada para se denominar a gestão empresarial que se orienta para evitar, na medida do possível, problemas para o meio ambiente. Em outros termos, é a gestão cujo objetivo é conseguir que os efeitos ambientais não ultrapassem a capacidade de carga do meio onde se encontra a organização, ou seja, obter-se um desenvolvimento sustentável.

A gestão ambiental é o principal instrumento para se obter um desenvolvimento industrial sustentável. O processo de gestão ambiental nas empresas está profundamente vinculado a normas que são elaboradas pelas instituições públicas (prefeituras, governos estaduais e federal) sobre o meio ambiente. Estas normas fixam os limites aceitáveis de emissão de substâncias poluentes, definem em que condições serão despojados os resíduos, proíbem a utilização de substâncias tóxicas, definem a quantidade de água que pode ser utilizada, volume de esgoto que pode ser lançado etc.

As normas legais são referências obrigatórias para as empresas que pretendem implantar um Sistema de Gestão Ambiental (SGA). A violação das normas legais ou seu desconhecimento afetam de forma significativa os investimentos das empresas, além de afetar sua capacidade de intervenção no mercado.

A resposta das empresas ao grande número de normas legais que foram sendo implantadas ao longo dos últimos anos e às críticas que a sociedade lhes tem feito devido ao impacto negativo de suas atividades tem sido, tradicionalmente, de reagir aos problemas conforme vão surgindo. Deste modo predominaram, nos últimos anos, os *métodos corretivos* para a solução dos problemas ambientais causados pelas atividades das empresas, buscando-se eliminar ou reduzir os impactos que foram gerados. Esta política ambiental seguida pela maioria das empresas tem caráter reativo, e está ligada aos métodos corretivos.

Por outro lado, uma política proativa implica um planejamento prévio em cima dos possíveis efeitos ambientais e uma atuação antecipada para evitar esses impactos, reestruturando os produtos e os processos envolvidos. Uma política deste tipo está *ligada à aplicação de métodos preventivos* que estuda a eliminação dos impactos na origem, buscando as causas. E isto não somente para os impactos diretos da empresa, mas também para os que são produzidos ao longo de toda a vida do produto. Um exemplo importante são os efeitos produzidos no meio ambiente pelas baterias de celular; em muitos países, torna-se uma obrigação da empresa o seu recolhimento. Ou seja, no planejamento devem estar inseridos os custos relacionados com o recolhimento das baterias gastas.

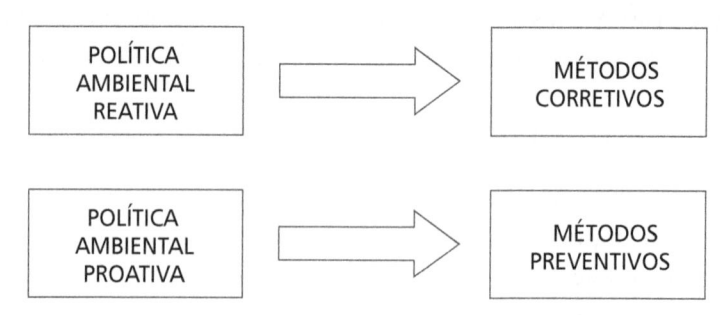

POLÍTICA AMBIENTAL REATIVA	⇒	MÉTODOS CORRETIVOS
POLÍTICA AMBIENTAL PROATIVA	⇒	MÉTODOS PREVENTIVOS

Em função da cultura ambiental predominante nas empresas, a maior parte dos esforços tecnológicos e financeiros que são aplicados nos SGA está ligada à aplicação de técnicas corretivas, como, por exemplo, reciclagem, armazenamento de resíduos, filtragem de emissões, depuração etc.

Para conseguir alcançar o desenvolvimento sustentável, é necessário que as medidas corretivas sejam substituídas por políticas preventivas que atuam sobre a origem dos problemas.

Há inúmeras vantagens e benefícios que as empresas poderão obter ao optarem por adotar políticas preventivas em relação à gestão ambiental, pois cada vez mais Administrações Públicas, comunidades, órgãos financiadores etc. vinculam ações condicionadas a melhoria da ação ambiental.

A gestão ambiental é aplicável em empresas de qualquer tamanho e setor.[9] Qualquer empresa pode reduzir o consumo de energia, de água, ou pode incentivar o uso de produtos recicláveis, adotando vasilhames adequados para seu recolhimento.

As pequenas empresas enfrentam problemas na implantação de um Sistema de Gestão Ambiental devido à necessidade de dedicar uma parte dos recursos humanos e financeiros à sua implantação de acordo com as normas da ISO 14000. As pequenas empresas não dispõem de pessoal técnico excedente que possa dedicar-se à manutenção de um Sistema de Gestão Ambiental, e a certificação do sistema supõe um custo apreciável em relação com o volume de negócios da empresa, o que não ocorre na média ou na grande empresa.

No entanto, quando pequenas empresas estão vinculadas a grandes clientes que exigem de seus fornecedores um SGA, ou são empresas voltadas para exportação em determinados setores, a implantação de um sistema de gestão sustentável pode ser necessária para a continuidade dos negócios, e aí a decisão de sua implantação deve se basear nas vantagens e desvantagens que advirão de sua adoção. Deve-se levar em conta que a cada dia torna-se cada vez maior a exigência da adoção de sistemas de gestão sustentáveis, por parte dos consumidores, das instituições públicas e do mercado internacional, em particular aquele vinculado aos países desenvolvidos.

O Sistema de Gestão Ambiental é o conjunto de responsabilidades organizacionais, procedimentos, processos e meios que se adotam para a implantação de uma política ambiental em determinada empresa ou unidade produtiva. Um SGA é a sistematização da gestão ambiental por uma organização determinada. É o método empregado para levar uma organização a atingir e manter-se em funcionamento de acordo com as normas estabelecidas, bem como para alcançar os objetivos definidos em sua política ambiental.

---

[9] Para pequenas e médias empresas, ver: REIS, Luis Felipe Sanches de Sousa Dias; QUEIROZ, Sandra Mara Pereira de. *Gestão ambiental em pequenas e médias empresas*. Rio de Janeiro: Qualitymark, 2002.

Uma das vantagens competitivas que uma empresa pode alcançar através da gestão ambiental é a de melhorar sua imagem no mercado, o que está se tornando a cada dia mais concreto devido ao aumento da consciência ambiental dos consumidores.

Uma das melhores maneiras de diferenciar os produtos que respeitam o meio ambiente é a adoção de um "selo verde", ou seja, um logotipo identificador dessa característica. Para que tenha credibilidade, o "selo verde" deve estar vinculado a algum sistema de certificação amplamente aceito.

6.4 As normas ISO 14000

As normas ISO são normas ou padrões desenvolvidos pela *International Organization for Standartization* (ISO), organismo internacional não governamental com sede em Genebra. No Brasil, a única representante da ISO e um dos seus fundadores é a ABNT (Associação Brasileira de Normas Técnicas),[10] também reconhecida pelo governo brasileiro como Fórum Nacional de Normalização.

As normas ISO 14000 são uma família de normas que buscam estabelecer ferramentas e sistemas para a administração ambiental de uma organização (Quadro 6.3). Buscam a padronização de algumas ferramentas-chave de análise, tais como a auditoria ambiental e a análise do ciclo de vida.

Quadro 6.3 Família de normas NBR ISO 14000

ISO 14001*	Sistema de Gestão Ambiental (SGA) – Especificações para implantação e guia
ISO 14004	Sistema de Gestão Ambiental – Diretrizes Gerais
ISO 14010	Guias para Auditoria Ambiental – Diretrizes Gerais
ISO 14011	Diretrizes para Auditoria Ambiental e Procedimentos para Auditorias
ISO 14012	Diretrizes para Auditoria Ambiental – Critérios de Qualificação
ISO 14020	Rotulagem Ambiental – Princípios Básicos
ISO 14021	Rotulagem Ambiental – Termos e Definições
ISO 14022	Rotulagem Ambiental – Simbologia para Rótulos
ISO 14023	Rotulagem Ambiental – Testes e Metodologias de Verificação
ISO 14024	Rotulagem Ambiental – Guia para Certificação com Base em Análise Multicriterial
ISO 14031	Avaliação da *Performance* Ambiental
ISO 14032	Avaliação da *Performance* Ambiental dos Sistemas de Operadores

Continua

---

[10] A ABNT é uma entidade privada, independente e sem fins lucrativos, fundada em 1940, que atua na área de certificação.

ISO 14040*	Análise do Ciclo de Vida – Princípios Gerais
ISO 14041	Análise do Ciclo de Vida – Inventário
ISO 14042	Análise do Ciclo de Vida – Análise dos Impactos
ISO 14043	Análise do Ciclo de Vida – Migração dos Impactos
* Normas passíveis de certificação.	

Fonte: Associação Brasileira de Normas Técnicas (ABNT).

A família de normas ambientais tem como eixo central a norma ISO 14001, que estabelece os requisitos necessários para a implantação de um Sistema de Gestão Ambiental (SGA). E tem como objetivo conduzir a organização dentro de um SGA certificável, estruturado e integrado à atividade geral de gestão, especificando os requisitos que deve apresentar e que sejam aplicáveis a qualquer tipo e tamanho de organização.

De modo bastante simplificado, o SGA proposto deve cumprir requisitos quanto a:[11]

a) política ambiental;

b) planejamento;

c) implementação e operação;

d) verificação e ação corretiva; e

e) revisão pela gerência.

Cada um desses requisitos contém especificações que de modo geral são os seguintes:[12]

Quanto à *política ambiental*, a alta administração deve definir a política ambiental da organização e assegurar que ela:

a) seja apropriada a natureza, escala e impactos ambientais de suas atividades, produtos ou serviços;

b) inclua o comprometimento com a melhoria contínua e com a prevenção de poluição;

c) inclua o comprometimento com o atendimento à legislação e às normas ambientais aplicáveis e aos demais requisitos subscritos pela organização;

---

[11] Associação Brasileira de Normas Técnicas (1996a).
[12] O detalhamento do conteúdo de cada um dos requisitos para implantação de um SGA está rigorosamente baseado na NBR ISO 14001; o resumo apresentado no texto, no entanto, é de nossa inteira responsabilidade.

d) forneça a estrutura para o estabelecimento e a revisão dos objetivos e das metas ambientais;

e) seja documentada, implementada, mantida e comunicada a todos os empregados;

f) esteja disponível para o público.

Quanto ao *planejamento*, a organização deve:

a) estabelecer e manter procedimento(s) para identificar os aspectos ambientais de suas atividades, produtos ou serviços que tenham impactos significativos no meio ambiente;

b) identificar e ter acesso à legislação e a outros requisitos, aplicáveis aos aspectos ambientais de suas atividades, produtos ou serviços;

c) estabelecer e manter objetivos e metas ambientais documentados, em cada nível ou função pertinentes à organização;

d) manter um programa de gestão ambiental para atingir seus objetivos e metas.

Quanto à *implementação e à operação*, deve-se atentar para os seguintes pontos:

a) estrutura e responsabilidade: as funções, as responsabilidades e as autoridades devem ser definidas, documentadas e comunicadas a fim de facilitar uma gestão ambiental eficaz;

b) treinamento, conscientização e competência: a organização deve identificar as necessidades de treinamento. Ela deve determinar que todo o pessoal cujas tarefas possam criar impacto significativo sobre o meio ambiente receba treinamento apropriado;

c) comunicação: com relação aos seus aspectos ambientais e sistema de gestão ambiental, a organização deve estabelecer e manter procedimentos para a comunicação interna entre vários níveis e funções da organização; e recebimento, documentação e resposta a comunicações pertinentes das partes interessadas externas;

d) documentação do sistema de gestão ambiental: a organização deve estabelecer e manter informações, em papel ou em meio eletrônico, para descrever os principais elementos do sistema de gestão e a interação entre eles; e fornecer orientação sobre a documentação relacionada;

e) controle operacional: a organização deve identificar aquelas operações e atividades associadas aos aspectos ambientais significativos identificados de acordo com a sua política, objetivos e metas. A organização deve planejar tais atividades, inclusive manutenção de forma a assegurar que sejam executadas sob condições específicas;

f) preparação e atendimento a emergências: a organização deve estabelecer e manter procedimentos para identificar o potencial e atender a acidentes e situações de emergência, bem como para prevenir e mitigar os impactos ambientais que possam estar associados a eles.

Quanto à *verificação e à ação corretiva*, é recomendada a abordagem baseada nos seguintes pontos:

a) monitoramento e medição: a organização deve estabelecer e manter procedimentos documentados para monitorar e medir, periodicamente, as características principais de suas operações e atividades que possam ter impacto significativo sobre o meio ambiente;

b) não conformidade e ações corretiva e preventiva: a organização deve estabelecer e manter procedimentos para definir responsabilidade e autoridade para tratar e investigar as não conformidades, adotando medidas para mitigar quaisquer impactos e para iniciar e concluir ações corretivas e preventivas;

c) registros: a organização deve estabelecer e manter procedimentos para identificação, manutenção e descarte de registros ambientais. Estes registros devem incluir registros de treinamento e resultados de auditorias e análises críticas;

d) auditoria do sistema de gestão ambiental: a organização deve estabelecer e manter programa(s) e procedimentos para auditorias periódicas do sistema de gestão ambiental.

Quanto à *revisão pela gerência*, a alta administração da organização, em intervalos por ela predeterminados, deve analisar criticamente o sistema de gestão ambiental, para assegurar sua conveniência, adequação e eficácia contínuas. A análise crítica deve abordar a eventual necessidade de alterações na política, objetivos e outros elementos do sistema de gestão ambiental, da mudança das circunstâncias e do comprometimento com a melhoria contínua.

Desse modo, a norma NBR ISO 14000, embora bastante detalhada na exigência dos procedimentos que devem ser adotados para a implantação de um SGA, não estabelece metas e pode ser adotada por empresas de qualquer tipo e tamanho.

Entre os benefícios que podem ser obtidos pelas empresas, ao adotarem um SGA, a NBR ISO 14004 destaca que pode ajudar uma organização a transmitir confiança às partes interessadas de que:[13]

- existe comprometimento da administração para atender às disposições de sua política, objetivos e metas;
- é dada maior ênfase à prevenção do que às ações corretivas;
- podem ser oferecidas evidências de atuação cuidadosa e de atendimento aos requisitos legais; e
- a concepção de sistemas incorpora o processo de melhoria contínua.

Além disso, podem existir benefícios potenciais associados a um SGA eficaz, que incluem:[14]

- assegurar aos clientes o comprometimento com uma gestão ambiental demonstrável;
- manter boas relações com o público/comunidade;
- satisfazer aos critérios dos investidores e melhorar o acesso ao capital;
- obter seguro a um custo razoável;
- fortalecer a imagem e a participação no mercado;
- atender aos critérios de certificação do vendedor;
- aprimorar o controle de custos;
- reduzir incidentes que impliquem responsabilidade civil;
- demonstrar atuação cuidadosa;
- conservar matérias-primas e energia;
- facilitar a obtenção de licenças e autorizações;
- estimular o desenvolvimento e compartilhar soluções ambientais;
- melhorar as relações indústria/governo.

---

[13] Associação Brasileira de Normas Técnicas (1996b).
[14] Associação Brasileira de Normas Técnicas (1996b).

6.5 A norma ISO 14001:2004

A norma que trata especificamente do Sistema de Gestão Ambiental sofreu uma revisão que foi publicada em 15 de novembro de 2004, embora as alterações tenham sido poucas e mais no sentido de clarear os textos dos requisitos (além de não terem sido acrescentados outros novos); algumas adaptações são necessárias para quem adotou a norma na versão anterior (ISO 14000:1996). Foi concedido um prazo para se efetuar a migração de uma versão para a outra, a encerrar-se em 15 de maio de 2006, quando somente seriam aceitos os requisitos adaptados à ISO 14001:2004.

Uma das vantagens mais destacadas da ISO 14000:2004 é a sua compatibilidade maior com a norma de qualidade ISO 9001:2000, o que facilita a implantação de programas de gestão integrada.

6.6 A nova norma ISO 14001:2015

Após 11 anos decorridos da última revisão, no segundo semestre de 2015 ocorreu o lançamento oficial da ISO 14001:1015, que estabelece normas para a implantação de um Sistema de Gestão Ambiental (SGS). As empresas que já possuíam a certificação tiveram a partir desse momento um período de transição de três anos para adaptar-se às novas exigências do padrão internacional.

A norma ISO 14001 é a ferramenta de gestão mais difundida no mundo, com mais de 250.000 organizações que a aplicam em 167 países. A certificação desta norma ajuda a prevenir os impactos ambientais, utilizando métodos adequados para evitá-los, reduzi-los ou controlá-los. Entre suas vantagens estão a de transmitir o compromisso assumido pela organização de forma direta e crível; viabilizar benefícios econômicos através da otimização do consumo de energia, matérias-primas e água e pela melhoria dos processos; além de reduzir os riscos legais de recebimento de multas.

A revisão da ISO 14001 teve início em 2012 com a criação de um grupo de trabalho internacional dentro da Organização Internacional para Padronização (ISO), formado por 90 especialistas de 70 países. O Brasil participou ativamente desse processo através da ABNT.

A norma revisada se tornou mais acessível para as pequenas e médias empresas e as organizações do setor de serviços. Novas exigências foram incorporadas, como a integração da gestão ambiental na estratégia da empresa; a necessidade de melhoria da comunicação com as partes interessadas; que as soluções ambientais devem ir além da prevenção da poluição; considerar todo o ciclo de vida e a melhoria da *performance* ambiental; e buscar o comprometimento do alto escalão das organizações com as políticas ambientais.

A nova certificação estabeleceu padrões mais elevados de sustentabilidade e desempenho organizacional. Estabeleceu um conjunto de exigências de gestão em toda cadeia de valor da organização, desde os fornecedores e ciclos de produção e de venda até a fase da distribuição final. Inclui uma diversidade de atividades como empacotamento, transporte, eliminação, aquisição de bens e serviços entre outras.

As novas mudanças estão sintonizadas com a urgente necessidade de adaptação das empresas às exigências para se engajarem mais firmemente na solução dos problemas ambientais que afligem o planeta, principalmente diminuindo as agressões ao meio ambiente e reduzindo as emissões de gás carbônico (CO_2). Além disso, visam a versatilidade com outros sistemas de gestão (em particular com a ISO 9001, de qualidade), mais clareza na redação para evitar más interpretações, e uma tecnologia global que atenda a necessidade de prevenção da contaminação. A norma enfatiza a necessidade de as organizações terem um compromisso maior com a solução dos problemas ambientais que afligem a humanidade e assumir com clareza a perspectiva do desenvolvimento sustentável.

6.7 A norma ISO 13065 para sustentabilidade da bioenergia

A Organização Internacional para Padronização (*International Standard Organization* – ISO) publicou no final de setembro de 2015 uma nova norma, a ISO 13065:2015 (critérios de sustentabilidade para a bioenergia) para ser utilizada na avaliação da sustentabilidade de produtos e processos relacionados com a bioenergia. Esta nova norma tem enorme potencial para ajudar no combate às mudanças climáticas, promovendo a segurança energética e contribuindo para o desenvolvimento sustentável.

O Brasil é um dos países mais promissores no que diz respeito ao aproveitamento da energia a partir de matéria orgânica, que origina a bioenergia. O país tem enorme potencial nas diversas formas da bioenergia, quer no estado líquido, quer no sólido ou gasoso. Em termos de combustíveis líquidos, tem o etanol e o biodiesel. A biomassa sólida é abundante e pouco utilizada, como restos de matéria orgânica e bagaço de cana, por exemplo. O biogás é obtido pela decomposição da matéria orgânica na ausência do oxigênio, gerando gás metano que pode ser utilizado para o aquecimento e produção de eletricidade.

A norma ISO 13065 estabelece limites práticos para que se considerem os aspectos ambientais, sociais e econômicos, o que facilita a avaliação e a comparação da produção de bioenergia, envolvendo a cadeia de abastecimento e as aplicações decorrentes.

A bioenergia tem um grande potencial de crescimento, podendo ser utilizada como uma ferramenta eficaz de luta contra as mudanças climáticas, desenvolvimento rural e transição para uma economia verde baseada em fontes de energia renováveis.

A expectativa é que o novo padrão possa ser útil tanto para produtores quanto compradores de bioenergia, facilitando a comparação de padrões de sustentabilidade e tornando-os mais transparentes. Provavelmente, a nova norma irá influenciar agências governamentais e provocará o surgimento de legislação e certificação específica, deste modo servindo como uma fonte de informação sobre sustentabilidade bioenergética e base para o aperfeiçoamento da regulação ambiental.

De acordo com a ISO, o novo padrão pode ser adotado por vários usuários de diferentes formas. No âmbito dos negócios, permitirá que as empresas tenham uma mesma linguagem, para descrever aspectos de sustentabilidade, facilitando deste modo a comunicação. O Poder Público, por sua vez, terá uma nova fonte de informação sobre a sustentabilidade energética, com transparência para todos os atores do mercado, visando o cumprimento das exigências legais.

As organizações não governamentais, por sua vez, terão uma ferramenta institucionalizada e aceita internacionalmente para fiscalizar todos os processos que envolvem a produção de bioenergia.

A nova norma é uma contribuição essencial para a construção e consolidação da perspectiva do desenvolvimento sustentável, particularmente no âmbito empresarial, somando-se a outros padrões já existentes que vão na mesma direção, como a ISO 14001, de gestão ambiental, e a ISO 26000, que estabelece diretrizes para responsabilidade social.

6.8 A necessidade de uma cultura ambiental nas organizações

A adoção de Sistemas de Gestão Ambiental nas empresas deve vir acompanhada de uma mudança cultural, em que as pessoas têm que estar mais envolvidas com a nova perspectiva. Nesse sentido, alguns hábitos e costumes arraigados que são consolidados no ambiente externo das empresas devem ser combatidos e outros positivos devem ser assimilados pelo conjunto da organização.

No Brasil, há uma disparidade muito grande de comportamento no âmbito empresarial no que diz respeito às questões ambientais. Enquanto algumas organizações demonstram grande preocupação com essa questão, outras não a veem como significativa para ser incluída no seu planejamento estratégico. Além disso, a preocupação revelada por muitas empresas pode ter várias origens, não se constituindo num aumento da consciência ecológica, ou em maior envolvimento quanto à sustentabilidade. O fato é que:[15]

> *"as organizações têm percorrido uma trajetória em direção à incorporação de algumas questões relativas ao meio ambiente e ao desenvolvimento sustentável. Contudo, a maior parte de suas ações têm-se configurado como resultado de pressões sociais, e se limitado a solucionar gargalos, problemas emergenciais. De forma geral há empresas que só estão preocupadas em cumprirem a legislação; outras preocupam-se com a qualidade do produto final; há aquelas que estão preocupadas com a exploração de um 'ecobusiness' [...]"*

As pressões sociais de todo tipo certamente são o fator mais importante na consideração por muitas empresas da questão ambiental. Ao mesmo tempo, devemos considerar a influência dos cidadãos dos países desenvolvidos, que provocam o surgimento de várias restrições legais às empresas ali sediadas, além de pressionarem no sentido do desenvolvimento de tecnologias e produtos ecologicamente aceitáveis. Deste modo, muitas destas empresas, quando instalam suas plantas industriais em países em desenvolvimento, levam esta cultura organizacional, influenciando a mudança de atitudes em relação à problemática ambiental.

Estas empresas, ao mesmo tempo, partem da premissa de que qualquer cenário futuro de investimento em nível global deve considerar o crescimento das preocupações ambientais. A produção de bens para o mercado mundial deve ser ambientalmente correta, pois existe uma mobilização ambiental ativa em todo o mundo que conecta os cidadãos dos mais diversos países, através das organizações não governamentais. Nesse contexto, uma empresa que insiste em atuar de forma negativa em termos ambientais, em determinado país, corre o risco de um boicote de seus produtos pelos consumidores de outras regiões do planeta.

Atualmente, muitos valores culturais relacionados com o meio ambiente, a infraestrutura e os conhecimentos técnicos são trazidos pelas empresas transnacionais. Dessa forma, a difusão de uma cultura ambiental, embutida na cultura organizacional, se dá através da troca de lideranças, técnicos e outros profissionais que incorporam novos hábitos e costumes e os repassam às demais empresas.

Podemos considerar, dentro deste contexto, que a cultura ambiental constitui, em primeiro lugar, um aspecto da cultura de uma empresa, ou seja, está contida na cultu-

---

[15] CARRIEIRI, Alexandre de Pádua. Organizações e meio ambiente: mudança cultural. In: RODRIGUES, Suzana Braga; CUNHA, Miguel P. (Org.). *Estudos organizacionais*: novas perspectivas na administração de empresas (uma coletânea luso-brasileira). São Paulo: Iglu, 2000. p. 493.

ra organizacional. A ela pertencem todos os hábitos e costumes, conhecimentos, e o grau de desenvolvimento científico e industrial relacionados com o meio ambiente. Ou seja, a cultura ambiental é um conjunto de comportamentos sociais, fundamentados no valor "meio ambiente", que se constitui em um sistema de significados e de símbolos coletivos segundo os quais os integrantes de determinada empresa interpretam suas experiências e orientam suas ações referentes ao meio ambiente. Em outras palavras, é um sistema de orientação coletivo em que se estabelece um acordo no qual se interpreta o valor do meio ambiente e que, em consequência, determina a atitude de cada um frente a ele. Deste modo, quanto maior a importância do valor "meio ambiente" para a empresa, mais forte será a sua cultura ambiental; e a cultura organizacional terá uma orientação ambiental mais enfatizada.

A integração da cultura ambiental localizada num departamento específico da empresa, formando uma subcultura departamental, é uma prática comum nas organizações brasileiras e, muitas vezes, visa atender às exigências de órgãos públicos ou à pressão da sociedade. Preocupa-se mais em exercer uma fiscalização das práticas da empresa no que diz respeito ao controle e à emissão de poluentes ou consumo de recursos naturais. Essa prática incorre no erro de desenvolver subculturas, dentro da cultura organizacional da empresa, com forte orientação ambiental, enquanto as demais subculturas organizacionais não apresentam este componente. O isolamento da ação ambiental num departamento específico não contribui para a formação de uma consciência ambiental coletiva, que só pode ser gerada através de ações sociais ambientalmente orientadas e desenvolvidas pelo conjunto dos membros da organização.

Há autores que consideram que a questão ambiental só vai ser incorporada pelas organizações quando passar a ser considerada como uma questão cultural, tanto no nível do chão de fábrica, quanto no nível das decisões da gerência. À medida que a proposta de desenvolvimento sustentável se apresenta como contraditória e confusa e não se instaura no plano da cultura da organização, pode-se observar a manutenção ou criação de um discurso "verde" que é ou vazio, ou incoerente, ou incongruente com as forças de poder que permeiam as organizações como um todo.[16]

Um primeiro passo no sentido de evitar a formação de um *gueto* ambiental é a área com denominação específica desenvolver junto ao setor de Recursos Humanos intenso programa de conscientização, visto que a atividade de meio ambiente inicia-se e concretiza-se alterando o comportamento das pessoas que a integram.

---

[16] GRAY, R.; BEBBINGTON, J.; WALTERS, D. *Accounting for the environment*. Londres: Paul Chapman, 1993. Apud CARRIERI, Alexandre de Pádua. Organizações e meio ambiente: mudança cultural. In: RODRIGUES, Suzana Braga; CUNHA, Miguel P. (Org.). *Estudos organizacionais*: novas perspectivas na administração de empresas (uma coletânea luso-brasileira). São Paulo: Iglu, 2000. p. 493.

> *"Se uma empresa pretende implantar a gestão ambiental em sua estrutura organizacional, deve ter em mente que seu pessoal pode transformar-se na maior ameaça ou no maior potencial para que os resultados esperados sejam alcançados."*[17]

Além da integração com a área de Recursos Humanos, seja qual for a orientação adotada, ela não deve se restringir a atividades formais. As visitas a ambientes específicos, a participação de diferentes setores da sociedade, das organizações não governamentais (ONGs) nos esquemas de treinamento são fundamentais para que as pessoas consigam compreender todas as variáveis que integram o contexto da questão ambiental na organização.[18]

A educação ambiental dos seus empregados deve ser política fundamental de recursos humanos de uma organização, desde o pessoal da alta administração até a base da pirâmide organizacional constituída pelos empregados mais simples da área de produção.[19] O processo na realidade deve se iniciar na fase de recrutamento, pois a existência de certa consciência ambiental deve integrar os critérios de seleção de uma organização voltada para a perspectiva do desenvolvimento sustentável.

De modo geral, a importância do crescimento de uma cultura ambiental, associada à cultura organizacional da empresa como um todo, pode ser analisada sob a luz de elementos culturais tangíveis e não tangíveis. Entre os elementos da cultura ambiental tangíveis estão: as instalações, os processos técnicos e os produtos ambientalmente aceitos. Por outro lado, os elementos culturais não tangíveis compreendem: os comportamentos, as atitudes do pessoal, os conhecimentos armazenados nas experiências de aprendizagem das pessoas envolvidas que foram acumuladas ao longo do tempo. O primeiro grupo, dos elementos tangíveis, por sua própria natureza, é relativamente fácil de identificar e de quantificar, mas não caracteriza uma cultura ambiental por si só, se não estiverem presentes os elementos intangíveis que se expressam de modo tão subjetivo como o compromisso pessoal, o entusiasmo e a convicção de que o esforço de cuidar do meio ambiente vale realmente a pena –, o que resulta, em última instância, em uma utilização consciente e mais eficaz das instalações.

É importante destacar que a cultura ambiental das empresas não deve ser unicamente um compromisso ético, mas deve ser motivada em sua maior parte pelo Estado, que em última instância tem a delegação de toda a sociedade para efetuar, através de uma série de políticas, a conservação do meio ambiente. É no Estado – em todos os seus níveis – que

---

[17] Donaire (1995, p. 102).
[18] Donaire (1995).
[19] Andrade, Tachizawa e Carvalho (2000, p. 76).

se elaboram as leis, os decretos, as normas, enfim, todo um contexto legal, dentro do qual se movimentam as empresas. Mas também não se deve relegar a um plano secundário o contexto sociocultural, em que a educação, a opinião pública e a intervenção dos meios de comunicação de massa tem importante papel de formação e vigilância.

O comportamento relacionado com o meio ambiente que exibem as empresas tem uma expressão tangível nas instalações e nos processos que adota cada empresa, os quais se regem pelas políticas e normas da organização. No entanto, existe uma série de elementos intangíveis que podem ser encontrados no comportamento do capital humano, e que, para caracterizarem uma cultura organizacional voltada para o meio ambiente, devem coexistir e interagir com os elementos tangíveis. A efetividade de uma política ambiental na empresa só é possível com a coexistência desses dois elementos da cultura. A combinação desses elementos permite maior eficácia tanto das máquinas, dos equipamentos e dos processos, como do fator humano.

O estudo da cultura ambiental, integrada na cultura organizacional, permite identificar o grau de interiorização das práticas ambientais da organização, fortalecendo por outro lado a identidade do quadro de pessoal com a empresa, a partir do momento em que os objetivos desta se identificam com os interesses individuais de melhoria da qualidade de vida, que se fortalecem a cada dia em função do aumento da consciência ambiental.

As empresas gradativamente devem entender que cada vez mais haverá indivíduos que, *"quer por meio do interesse próprio ou por meio do cultivo de uma consciência ecológica, modificarão as conceitualizações coletivas das organizações e seus ambientes [...]"*[20]

O desenvolvimento de uma cultura ambiental integrada com a cultura organizacional pode ser limitado pelas exigências do grupo empresarial que são, fundamentalmente, econômicas, exigindo-se rentabilidade. Por outro lado, os interesses da empresa podem se chocar com as aspirações dos consumidores, cada vez mais exigentes. Neste caso, a influência do fator externo no desenvolvimento de uma cultura ambiental é determinante. Em todo caso, mesmo que a produção não seja voltada para o mercado externo, as exigências ambientais de parte do Estado, motivadas por acordos internacionais e pressão da opinião pública, podem influenciar decisivamente na criação e no fortalecimento de uma cultura organizacional orientada para a preservação ambiental.

Estudos poderiam ser realizados, caracterizando a presença da cultura ambiental em diferentes ramos industriais. Provavelmente, alguns ramos industriais, pela sua própria natureza, desenvolvam uma cultura ambiental mais forte que outros. *"É o caso nas*

---

[20] EGRI, Carolyn P.; PINFIELD, Lawrence T. As organizações e a biosfera: ecologia e meio ambiente. In: CLEGG, Stewart R.; HARDY, Cynthia; NORD, Walter R. (Org.). *Handbook de estudos organizacionais*. São Paulo: Atlas, 1998. p. 389.

empresas químicas que, apesar de sempre serem identificadas com a poluição e percebidas como as maiores vilãs no embate ecológico, têm tratado de se adaptar às novas exigências de proteção ao meio ambiente."[21] Por outro lado, a migração de executivos de uma empresa com forte cultura ambiental, para outras, influencia a cultura organizacional, a ponto de fortalecer o desenvolvimento de atitudes ambientalmente corretas.

Conclusão

A atuação ambiental da maioria das empresas, salvo honrosas exceções, na maioria dos casos centra-se na diminuição de custos e riscos associados a sanções e na reparação econômica de danos ambientais. São poucas as que investem na adoção de sistemas de gestão ambiental, em sua maioria grandes empresas em função do custo associado à sua implantação.

A adoção de um Sistema de Gestão Ambiental implica uma mudança de mentalidade de toda a organização, desde os altos escalões até os níveis inferiores da organização. Implica uma mudança da cultura organizacional com a incorporação da variável ambiental no dia a dia das pessoas que integram a empresa. Por outro lado, a mudança de cultura organizacional também envolve mudança de atitude com respeito ao ambiente externo da organização.

O ambiente externo deve passar a ser um componente que influi diretamente na competitividade da empresa, e os quadros dirigentes da organização devem participar ativamente dos eventos realizados, em torno da questão ambiental, na comunidade local, influindo diretamente na tomada de decisões e fornecendo instrumental técnico (e pessoal) que contribua para a elucidação dos processos biológicos que envolvem o entorno da empresa.

---

[21] DIAS, R. As empresas e o padrão de qualidade ambiental. *Economia e Empresa*, v. 2, nº 3, 1995b, p. 39.

Comércio internacional e meio ambiente 7

Neste capítulo, fazemos uma abordagem introdutória da relação entre o comércio e o meio ambiente, focalizando prioritariamente o processo em curso no Mercosul, e destacando o papel desempenhado pelo Comitê de Meio Ambiente da Organização Mundial do Comércio (OMC). O leque de temas abordados oferece uma boa oportunidade para serem desenvolvidos por aqueles que desejam se dedicar a estudos pontuais, relacionando comércio exterior com o meio ambiente em diversos enfoques: competitividade, protecionismo, cooperação, entre outros.

7.1 A relação entre o comércio internacional e o meio ambiente

Com a construção de um sistema econômico mundial a partir das grandes navegações iniciadas no século XV, que resultaram na incorporação de novas regiões à economia europeia, como a América e o Sudeste Asiático, o homem acelerou seu processo de exploração da natureza para atender à demanda de novos produtos pelas populações europeias. Problemas ambientais relacionados com a intensa exploração colonial foram registrados na época.

A exploração, em terras brasileiras, do pau-brasil a partir do século XVI levou à quase extinção da espécie. Já em 1605, o aumento da demanda de pau-brasil na Europa tornou o abate de árvores cada vez mais predatório, chegando-se ao receio do desmatamento, o que obrigou a coroa a publicar um regulamento destinado a controlar o corte das árvores. Mesmo assim, a contínua exploração levou as autoridades a suspender em 1612, provisoriamente, o corte da árvore na região de Pernambuco,[1]

---

[1] DIAS, Reinaldo. Os primórdios da globalização e o Brasil nos séculos XVI e XVII, *Revista Administração & Sociedade*, v. 1, nº 1, p. 33-56, mar./jun. 2000.

onde, além da exploração predatória do pau-brasil, se praticava a derrubada das matas para o plantio da cana-de-açúcar, um importante produto de exportação da época.

A intensificação do comércio internacional a partir da Revolução Industrial no século XVIII gerou um incremento da exploração predatória do ambiente natural nos países colonizados, que tinham suas riquezas naturais extraídas sem nenhuma preocupação com a sua reposição ou destruídas pura e simplesmente para dar lugar a plantações de produtos consumidos nos países centrais em grande quantidade, como: algodão, cana-de-açúcar, tabaco, café, entre outros.

O quadro não se alterou até a segunda metade do século XX, quando cresceu a preocupação com as modificações geradas pelo comércio internacional, principalmente a difusão de espécies exógenas para lugares em que não havia predadores naturais e passaram a reproduzir-se em grande quantidade, constituindo-se em pragas e disseminando doenças, entre outros problemas. O controle sanitário é o antecedente do controle ambiental mais amplo adotado nos dias atuais e é formado por um conjunto expressivo de normas e regulamentos estabelecidos nos fóruns internacionais de comum acordo entre os Estados que possibilitam um controle maior em relação à exploração e à agressão aos recursos naturais.

No entanto, a preocupação com o vínculo comércio internacional e meio ambiente é relativamente recente, e pode ser identificada com as rodadas de discussões finais do GATT, particularmente a rodada Uruguai. A criação dos blocos econômicos também impulsionou o debate sobre a questão ambiental, primeiramente na União Europeia e, posteriormente, com a criação do NAFTA, na América do Norte.

O fato é que as relações comerciais entre os países sofreram uma radical transformação nos últimos anos; o crescimento do comércio internacional e a difusão de novos padrões de consumo e produção conduzem à perspectiva de uma globalização orientada para a obtenção de um desenvolvimento sustentável em escala global.

Há uma presença constante e marcante da temática ambiental nos fóruns internacionais de discussão, o que leva à criação e ao aparecimento de novas organizações e de atores internacionais que ganham legitimidade e adquirem respeitabilidade e liderança internacional à medida que assumem posturas cada vez mais identificadas com as causas ecológicas.

Os governos nacionais, por sua vez, são cada vez mais pressionados por diversos atores ambientalmente ativos tanto no plano interno como no externo, e respondem com ações administrativas e jurídicas no âmbito nacional, e iniciativas bilaterais ou multilaterais no plano internacional, incrementando sua participação na agenda diversificada, criada para debate dos múltiplos problemas relacionados com o meio ambiente natural.

Hoje, as discussões sobre meio ambiente e comércio internacional pela importância que o tema tem assumido no âmbito empresarial têm se pautado pela adoção de uma perspectiva centrada nos efeitos das medidas de controle ambiental sobre o comércio entre as nações, a utilização da legislação ambiental como forma de barreira não tarifária, perda ou não de competitividade das empresas diante das regulações ambientais cada vez mais rigorosas, e o chamado *"dumping* ecológico".

Merece destaque o problema do *dumping* ecológico ou ambiental no comércio mundial. Esse *dumping* verde ocorre quando os custos ambientais são internalizados em graus diferentes no interior de duas economias nacionais que têm relação comercial. O país com uma legislação e controle ambiental mais débeis contará com uma vantagem nos custos internalizados (que serão menores), que, transferidos aos preços, tornará os produtos mais competitivos, em relação aos valores praticados pelo país que tem legislação e controle ambiental avançados. Nestes países, com legislação e controle ambiental mais rigorosos, os agentes econômicos serão obrigados a investir mais para adequação de seus processos e produtos, custo este que, internalizado, eleva os preços, tornando o seu produto menos competitivo em relação ao outro.

Essa diferença de preços tem sido considerada eticamente condenável e provoca distorções no comércio mundial, pois um país (ou empresa) que pratica o *"dumping* ecológico" oferece um produto no mercado internacional cujo custo de produção não incorpora investimentos que deveriam ter sido feitos em melhoria da qualidade ambiental do processo de fabricação.

Os países mais desenvolvidos, onde, de modo geral, a legislação e os consumidores são mais rigorosos, é que formulam mais queixas nos fóruns internacionais, denunciando países em desenvolvimento por práticas de *"dumping* ecológico" por apresentarem legislação fraca e falta de fiscalização e controle.

7.2 A OMC e a questão ambiental

O crescimento das preocupações ecológicas que varriam o mundo, no início da década de 1990, envolveu o GATT nas discussões entre comércio e meio ambiente. Em sua reunião de 30 de maio de 1991, o GATT, em uma das disposições, apontava para a necessidade de serem aprofundadas as análises que determinassem as interferências do meio ambiente na expansão do comércio internacional, em particular – devido à pressão internacional –, que se realizassem estudos no sentido de proibir a importação de qualquer produto considerado nocivo à natureza.[2]

---

[2] Miyamoto (1991).

A vinculação do meio ambiente com as transações comerciais internacionais assumiu novas proporções a partir das decisões tomadas na Rodada Uruguai do GATT (1986-1993), onde se decidiu pela criação do Comitê de Comércio e Meio Ambiente (CCMA). A partir da constituição da OMC, em 1994, foi dado impulso decisivo para o CCMA na "Decisão Ministerial sobre Comércio e Meio Ambiente" no mesmo ano de 1994, onde se adotou uma temática preliminar. O Comitê está formado por todos os membros da OMC e por observadores de organizações intergovernamentais.

Em abril de 1994, os termos de referência do Comitê foram estabelecidos na Decisão Ministerial sobre Comércio e Meio Ambiente de Marrakech, em que foi reafirmado[3] *"o desejo de coordenar as políticas no campo do comércio e meio ambiente, sem exceder a competência do sistema multilateral do comércio, o qual é limitado a políticas comerciais e aos aspectos relacionados ao comércio das políticas ambientais que possam resultar em efeitos significativos ao comércio".*

A agenda inicial para a discussão pelo Comitê de Comércio e Meio Ambiente incluía alguns pontos que eram considerados na época como os mais representativos dentre aqueles que eram de sua competência:[4]

1. relação entre os dispositivos do sistema multilateral de comércio e as medidas comerciais com fins ambientais, incluindo aquelas relativas a acordos ambientais multilaterais;

2. relação entre políticas ambientais pertinentes ao comércio e medidas ambientais com efeitos comerciais significativos e os dispositivos do sistema multilateral de comércio;

3. relação entre o sistema multilateral de comércio e (a) impostos e taxas com fins ambientais e (b) requisitos com fins ambientais relacionados a produtos, inclusive regulamentações técnicas e normas, e embalagem, etiquetagem e reciclagem;

4. dispositivos do sistema multilateral de comércio com respeito à transparência de medidas comerciais utilizadas com fins ambientais e medidas e exigências ambientais com efeitos significativos sobre o comércio;

---

[3] THORSTENSEN, Vera (1999). *OMC (Organização Mundial do Comércio)*: as regras do comércio internacional e a rodada do milênio. São Paulo: Aduaneiras, 1999. p. 266.

[4] CORREA, Leonilda Beatriz Campos Gonçalves Alves. *Comércio e meio ambiente*: atuação diplomática brasileira em relação ao selo verde. Brasília: Instituto Rio Branco/Fundação Alexandre de Gusmão/Centro de Estudos Estratégicos, 1998.

5. relação entre os mecanismos de solução de controvérsias do sistema multilateral de comércio e os mecanismos equivalentes em acordos ambientais multilaterais;

6. efeitos de medidas ambientais sobre o acesso a mercados, especialmente em relação a países em desenvolvimento, em particular os menos desenvolvidos, e benefícios ambientais da remoção de restrições e distorções comerciais;

7. questão das exportações de bens proibidos nacionalmente;

8. relacionamento do acordo de TRIPS (Trade Related Aspects of Intellectual Property Rights – Acordo sobre aspectos dos direitos de propriedade intelectual relacionados ao comércio) com o acesso e a transferência de tecnologia e o desenvolvimento de tecnologias ambientalmente saudáveis;

9. comércio em serviços e meio ambiente.

Com o início das atividades da OMC (Organização Mundial do Comércio) em janeiro de 1995, o Comitê sobre Comércio e Meio Ambiente foi estabelecido pelo Conselho Geral da Organização.

Embora os resultados da atuação do Comitê possam ser considerados escassos, a sua criação representou a institucionalização do tema dentro da OMC, permitindo o fortalecimento de um foro adequado para a análise das medidas ambientais, particularmente daquelas que na realidade se transformam em medidas protecionistas.

Em informe apresentado na Conferência Interministerial de Singapura, de dezembro de 1996, o Comitê de Comércio e Meio Ambiente reconhece que maior transparência poderia satisfazer às preocupações relacionadas com os esquemas de rotulagem ambiental, envolvendo a preparação, a adoção e a aplicação dos programas.

De acordo com documento da UNCTAD de 1997, as exigências relacionadas com o comércio internacional e o meio ambiente adotam a forma de normas e regulamentações técnicas, exigências sobre o conteúdo dos produtos (como regulamentos que limitam a quantidade de substâncias perigosas que podem estar presentes em um produto determinado), requisitos relativos ao conteúdo dos componentes reciclados, sistema de etiquetagem e embalagem, impostos e normas voluntárias diversas como do selo ecológico.[5]

---

[5] UNCTAD. *Comercio y medio ambiente*: progresos concretos alcanzados y algunas cuestiones pendientes. Genebra: Secretaria da UNCTAD, 1997. p. 12.

A certificação e a rotulagem ambiental têm assumido um papel cada vez maior no comércio internacional. Muitas mercadorias ampliam seu acesso aos mercados mais importantes só pelo fato de terem um selo ambiental ou certificação reconhecidos internacionalmente (veja Quadro 7.1). Nesse sentido, a certificação ISO 14000 é uma condição necessária para as empresas que aspiram à exportação de seus produtos. Além disso, devem na medida do possível procurar obter um selo verde adequado ao produto comercializado. Por exemplo, as populações dos países mais desenvolvidos veem com simpatia a existência de selo que identifica um produto que não prejudica os golfinhos, como o *dolphin safe*; ou que certifiquem uma madeira que foi cortada de forma sustentável, não colocando em risco a existência da floresta da qual se originou.

Quadro 7.1 Selo verde para florestas[6]

A empresa Aracruz Celulose obteve o selo de qualidade do programa de Certificação Florestal (Cerflor), coordenado pelo Instituto Nacional de Metrologia (Inmetro), para suas florestas no sul da Bahia. O selo de qualidade de manejo da floresta baiana foi concedido pelo Bureau Veritas Quality International (BVQI), empresa subsidiária do Grupo Bureau Veritas, e credenciada pelo Immetro. O certificado está baseado na norma 14789, elaborada pela ABNT.
O programa exige a criação de um sistema de informação na área de saúde para as comunidades da região, o desenvolvimento de projetos de monitoramento das florestas, a realização de reuniões com a comunidade e a contratação de estudos arqueológicos, além da realização periódica de auditorias que serão realizadas pela BVQI. Segundo o diretor de meio ambiente da Aracruz, *"os clientes, principalmente, europeus, estão exigindo a certificação. Eles querem saber qual a origem da madeira e querem ter a garantia de que a empresa está fazendo o manejo correto da floresta"*. Além disso, revela, o selo de qualidade acaba reduzindo os custos de seguros e as taxas cobradas no mercado financeiro internacional nas operações de captação de recursos.

Por outro lado, muitas exigências ambientais escondem na realidade práticas protecionistas, como foi o caso da exigência dos EUA, em relação à gasolina brasileira e venezuelana, que se constituiu na primeira disputa julgada pela recém-criada Organização Mundial do Comércio (OMC).

O Brasil e a Venezuela denunciaram os Estados Unidos junto à OMC alegando que este país estaria adotando práticas discriminatórias ao dificultar a entrada de gasolina dos dois países, sob o argumento de que o produto não estaria de acordo com os padrões ambientais norte-americanos. Só para se ter uma ideia das repercussões da medida norte-americana, houve queda de 81,6% nas exportações brasileiras de gasolina para os EUA em 1995, contribuindo para uma retração de 1,5% nas vendas totais do Brasil para aquele país.[7]

---

[6] MAGNAVITA, Mônica. Selo verde para florestas da Aracruz. *Gazeta Mercantil*, 27 maio 2004, p. A-10.
[7] Cf. "Decisão favorável para o Brasil", *Gazeta Mercantil*, jan. 1996, p. A-4.

Como resultado, um grupo de peritos da OMC deu ganho de causa à queixa venezuelana e brasileira considerando que os EUA violaram acordos entre os três países.[8]

Tanto a Venezuela quanto o Brasil não questionavam as normas de controle da poluição estabelecidas por Washington, mas reivindicavam isonomia no tratamento, pois desde 1995 a lei norte-americana *"determina que o produto importado tenha um nível de poluição inferior ao exigido pelas refinarias locais"*.[9] A ação dos EUA demonstra de forma clara a instrumentalização de normas ambientais como forma de protecionismo econômico.

7.3 Blocos comerciais e meio ambiente: o caso do Mercosul[10]

Os blocos comerciais têm assumido um papel importante no estabelecimento de normas que assegurem a proteção ao meio ambiente no comércio internacional. O Tratado de Livre Comércio da América do Norte (*North American Free Trade Agreement* – NAFTA) do qual fazem parte o México, os EUA e o Canadá assinaram um acordo de Cooperação Ambiental[11] que prevê *"o convencimento das partes sobre a importância da conservação e da melhoria do meio ambiente em seus territórios, e o papel essencial da cooperação nessas áreas para alcançar um desenvolvimento sustentável para o bem-estar das gerações presentes e futuras"*.

É previsto, no acordo, um conjunto de obrigações gerais a serem seguidas pelos Estados-membros, que são:[12]

- preparar periodicamente informações sobre a situação do meio ambiente e sua colocação à disposição do público;
- desenvolver e revisar as medidas para a atuação em emergências ambientais;
- promover a educação ambiental;
- apoiar a pesquisa científica e o desenvolvimento tecnológico na área ambiental;
- avaliar de maneira apropriada os impactos ambientais;
- promover o uso de instrumentos econômicos para alcançar as metas ambientais de forma eficiente.

---

[8] Para maiores informações, consultar os jornais: *O Estado de S. Paulo*, 19 jan. 96: "Decisão da OMC pode trazer US$ 450 milhões à Venezuela", e 18 jan. 1996, "OMC julga queixa brasileira contra barreira americana." E o jornal *Folha de S. Paulo*, "Brasil diverge dos EUA na OMC."
[9] Sobre essa questão consultar os jornais *Gazeta Mercantil*, "Petrobras perde com restrições à exportação", 26 fev. 1996, e *O Estado de S. Paulo*, fev. 1996. "EUA apelam contra decisão da OMC", de 22 fev. 1996, e "País espera decisão favorável na OMC", de 23 fev. 1996.
[10] Baseado integralmente em Dias (2001). A política ambiental no Mercosul, Capítulo IV.
[11] Acuerdo de Cooperación Ambiental de NAFTA, disponível em: <www.sice.OAS.ORG>.
[12] Baseado em: BRAGA, Antonio Sérgio; MIRANDA, Luiz Camargo (Org.). *Comércio e meio ambiente*: uma agenda positiva para o desenvolvimento sustentável. Brasília: MMA/SDS, 2002.

Quando o Mercosul foi formalmente constituído pelo Tratado de Assunção (1991), o debate acerca dos problemas ambientais globais estava em ascensão, preparatório que era à Conferência das Nações Unidas para o Meio Ambiente e Desenvolvimento que se realizaria no ano seguinte (1992) no Rio de Janeiro. O clima de debates e encontros preparatórios certamente estimulou aqueles que redigiram o documento constitutivo do novo Bloco Econômico.

No Tratado de Assunção, a temática ambiental aparece em seu preâmbulo, no qual os Estados-partes que constituem o Mercosul consideram *"que a ampliação das atuais dimensões de seus mercados nacionais, através da integração, constitui condição fundamental para acelerar seus processos de desenvolvimento econômico com justiça social"*,[13] e que esse objetivo deve ser alcançado mediante, entre outros fatores, aproveitamento mais eficaz dos recursos disponíveis e preservação do meio ambiente.

Essa preocupação inicial foi confirmada numa Reunião de Cúpula Presidencial dos quatro países que formam o Mercosul, mais o presidente do Chile, realizada em Canela, no dia 12 de fevereiro de 1992. Embora não tenha sido uma reunião realizada dentro dos marcos da institucionalização do Mercosul, foi importante porque o documento foi produzido pelos quatro países do bloco, juntamente com o Chile, que hoje é país associado. A reunião foi especialmente convocada para discutir uma posição comum acerca do desenvolvimento econômico e a questão ambiental a ser levada para a Conferência das Nações Unidas sobre Meio Ambiente e Desenvolvimento.[14] O fruto dessa reunião foi a Declaração de Canela, documento que constitui um importante referencial do pensamento acerca de como deve ser encaminhada a questão ambiental no Cone Sul.

O documento aponta que o desenvolvimento deve estar no centro das atenções destinadas a reverter o processo de degradação do meio ambiente, e que tais *"ações devem enfrentar não apenas os sintomas, mas fundamentalmente as causas dos problemas"*. E, para que seus objetivos sejam amplamente alcançados,

> *"os programas ambientais multilaterais têm de definir adequadamente as responsabilidades, respeitar as soberanias nacionais no quadro do Direito Internacional e tornar realidade uma interdependência que garanta benefícios equitativos às partes"*.[15]

---

[13] MRE (1992, p. 186).
[14] Soares (1997).
[15] *Gazeta Mercantil*, 21 fev. 1992.

Nesse documento, são definidas pontualmente as posições conjuntas dos cinco países, nos seguintes temas: (a) proteção da atmosfera; (b) diversidade biológica; (c) degradação dos solos e desertificação; (d) florestas; (e) recursos hídricos; (f) meio marinho; (g) resíduos tóxicos e perigosos; (h) assentamentos humanos; (i) recursos financeiros e comércio internacional; e (j) fortalecimento institucional.

No item "recursos financeiros e comércio internacional", há veladas críticas aos países industrializados quando afirmam que *"as normas de proteção ambiental devem se orientar para sua finalidade específica, sem se transformar em barreiras discriminatórias ou barreiras comerciais dissimuladas"*. No que diz respeito à viabilidade do desenvolvimento sustentável, consideram que só será possível se houver um avanço em direção à equidade internacional, que inclua a cooperação com os países em desenvolvimento, particularmente fluxos de recursos financeiros novos, adicionais e em condições adequadas a esses países a fim de que possam cumprir a obrigação de proteger o meio ambiente e promover o desenvolvimento.

Ainda em relação aos recursos necessários, os países signatários do documento consideram que, para colocar em prática os programas da agenda 21, as fontes de financiamento existentes, inclusive o *Global Environment Facility* (GEF),[16] são inadequadas para fazer frente aos compromissos que serão assumidos na Conferência do Rio de Janeiro.

A preocupação com a temática ambiental esteve presente na segunda reunião de Cúpula Presidencial (Las Leñas, julho de 1992), quando foi criada, mediante a resolução nº 22/92, a Reunião Especializada em Meio Ambiente (REMA), com o objetivo de formular recomendações ao Grupo Mercado Comum que assegurem adequada proteção do meio ambiente nos marcos do processo de integração que implica o Mercosul.

Até dezembro de 1994, ocorreram cinco Reuniões Especializadas em Meio Ambiente (REMA), como são conhecidas. A REMA tem por objetivo a formulação de recomendações ao Grupo Mercado Comum, órgão executivo do Mercosul, *"que assegurem uma adequada proteção do meio ambiente no marco do processo de integração regional"*.

---

[16] Trata-se do Fundo para o Meio Ambiente Mundial (ou Fundo Mundial para o Meio Ambiente), que é um mecanismo de cooperação internacional que existe com o propósito de conceder recursos a países em desenvolvimento para financiarem projetos e atividades orientadas à proteção do ambiente global. O Fundo foi criado para dar assistência aos países em desenvolvimento no que diz respeito a quatro problemas ambientais globais: o aumento do aquecimento mundial (efeito estufa); a contaminação das águas internacionais; a destruição da biodiversidade e a diminuição da camada de ozônio (Fondo para el Medio Ambiente Mundial, Banco Mundial/PNUD/PNUMA, fev. 1992). Para conhecer melhor a estrutura, o funcionamento e a história do *GEF* e o Brasil, consultar VIOLA (1997).

7.4 A declaração de Taranco

No dia 25 de junho de 1995, reuniram-se em Montevidéu os Ministros e Secretários de Estado responsáveis pela área de meio ambiente nos Estados-parte, para examinar os problemas ambientais comuns do Mercosul, a partir da seguinte pauta:

1. avanços da Reunião Especializada em Meio Ambiente do Mercosul (REMA);
2. legislação e normas ambientais no Mercosul;
3. introdução à discussão das normas ISO 14000;
4. considerações sobre os impactos ambientais da Hidrovia Paraguai Paraná;
5. ações conjuntas em áreas de ecossistemas compartilhados;
6. coordenação de posições nos Acordos Internacionais do Meio Ambiente;
7. custos ambientais dos processos produtivos.

Após a reunião, foi divulgado um documento denominado "Declaração de Taranco", no qual se avaliou como "muito positiva" a atuação da REMA, destacando-se os principais avanços obtidos, que seriam: o estabelecimento de diretrizes básicas em matéria de Política Ambiental, o estudo comparativo das legislações ambientais nacionais, o acompanhamento e a priorização dos acordos internacionais relacionados com a temática ambiental e a elaboração de um plano de trabalho.

A reunião reforçou a necessidade de consolidar a institucionalização da temática ambiental no âmbito do Mercosul, incluindo-a nos mais altos níveis de discussão. Como consequência destas posições, houve concordância da conveniência de transformar a REMA em um Subgrupo de Trabalho, do Grupo Mercado Comum.

Esta reunião ministerial foi importante e se constituiu num marco no processo de construção de uma Política Ambiental no Mercosul, pois, em função de uma análise da atuação da REMA, estabeleceram-se os marcos em que se daria o debate sobre o meio ambiente nas próximas reuniões, de o que viria a se constituir no Subgrupo de Trabalho 6. A posição assumida pelos Ministros e Secretários do Meio Ambiente, de criação de um subgrupo específico para o tema, certamente contribuiu para que a reunião do Conselho do Mercado Comum, realizada em agosto de 1995, elevasse a REMA a um nível institucional superior.

Em agosto de 1995, na reunião do Conselho do Mercado Comum em Assunção, a Reunião Especializada em Meio Ambiente se transformou em Subgrupo de Trabalho-6

(SGT-6) do Meio ambiente, institucionalizando-se desse modo a temática ambiental na estrutura do Bloco.[17]

Em seus objetivos gerais, o Subgrupo de Trabalho 6 tem um papel que

> *"consiste em formular e propor estratégias e diretrizes que garantam a proteção e a integridade do meio ambiente dos Estados Parte em um contexto de livre comércio e consolidação da União Aduaneira, assegurando, paralelamente, condições equânimes de competitividade, tendo como premissas a excelência e a eficácia e considerando as diretrizes básicas de política ambiental aprovadas pela Resolução nº 10/94 e os princípios emanados da CNUMAD/92".*[18]

E, a partir deste objetivo geral, apresentam-se os seguintes objetivos específicos:

- promover o desenvolvimento sustentável a partir das ações combinadas que garantam a integração dos Estados-parte nas áreas de meio ambiente e relações econômico-comerciais;
- evitar a criação de distorções ou de novas restrições ao comércio;
- realizar estudos e propor ações e práticas para a prevenção da contaminação e da degradação do meio ambiente e para o melhoramento da qualidade ambiental no território dos Estados-parte;
- promover medidas ambientais efetivas e economicamente eficientes.[19]

Criada pela Resolução GMC nº 20/95, a institucionalização de um Subgrupo de Trabalho especificamente para tratar da problemática ambiental era uma reivindicação dos técnicos governamentais, ONGs ligadas ao tema, e foi recomendação explícita que constou da Declaração de Taranco, assinada durante a Primeira Reunião de Ministros do Meio Ambiente do Mercosul, ocorrida em junho de 1995.

A Resolução nº 20/95 do GMC instruiu os Subgrupos de Trabalho e Reuniões Especializadas para elaborarem propostas de pauta de negociação, indicando as tarefas prioritárias definidas à luz das necessidades da etapa do processo de integração, o prazo razoável para sua execução e os meios necessários para sua realização. O Subgrupo de

---

[17] Cf. *Gazeta Mercantil*, 15 dez. 1995, "Dificuldades econômicas atrapalharam a União", de Maria Helena Tachinardi, no Relatório da *Gazeta Mercantil*: "Um ano de Mercosul", p. 6.
[18] MERCOSUR/ SGT Nº 6/ ACTA 1/95 "Acta de la primera reunión del subgrupo de trabajo nº 6 – Anexo III".
[19] Idem.

Trabalho nº 6, acatando a resolução do GMC, apresenta o documento "Tarefas prioritárias e prazos", elencando sete prioridades relacionadas à área ambiental:[20]

a) barreiras não tarifárias: análise das restrições ambientais e sua relação com o comércio;

b) competitividade e meio ambiente: avaliação e estudos do processo produtivo para assegurar condições equivalentes de proteção ambiental e de competitividade entre os Estados partes, terceiros países e os blocos econômicos;

c) normas internacionais – ISO 14000: relacionadas com a gestão ambiental nas organizações empresariais, têm como objetivo o acompanhamento do processo de implementação da série e a análise dos impactos de sua aplicação na competitividade internacional de produtos do Bloco;

d) temas setoriais: acompanhamento do tratamento da questão ambiental pelos demais subgrupos e reuniões especializadas do Mercosul;

e) Projeto de Instrumento Jurídico de Meio Ambiente no Mercosul: elaboração de um documento base para estabelecer parâmetros para o tratamento da temática ambiental nos Estados-parte;

f) Sistema de Informação Ambiental: implantação gradativa de um sistema de informação relacionado com a temática ambiental entre os Estados-parte; e

g) Selo Verde Mercosul: criação e desenvolvimento de um sistema de certificação ambiental comum aos países-membros do Bloco.

Quanto à barreira não tarifária, justifica-se sua prioridade tendo em vista que a consolidação da União Aduaneira implica no processo de eliminação e/ou harmonização das restrições não tarifárias. Como parte dessas restrições advêm de instrumentos jurídicos ambientais, é fundamental que o SGT 6 conclua a tarefa de avaliação que foi iniciada pela REMA, a fim de completar sua análise e levar uma proposta completa ao GMC.

No que diz respeito a Competitividade e Meio Ambiente, justifica-se pela tendência mundial em matéria ambiental, cujos resultados em termos de medidas de proteção ambiental podem afetar as vantagens comparativas de alguns países, criando barreiras para o acesso em determinados mercados ou que alteram sua competitividade pela elevação dos custos de produção. O principal impacto socioeconômico resultante de um

---

[20] Documento do Subgrupo de Trabalho 6, anexo à Resolução 38/95 do GMC, que aprovou as "Pautas negociadoras dos Subgrupos de Trabalho, Reuniões Especializadas e Grupos *Ad Hoc*".

conjunto de restrições ambientais é a possibilidade de um incremento de preços relativos dos produtos. Assim, são necessárias mudanças estruturais nos processos produtivos dos Estados-partes que, ao mesmo tempo, atendam às necessidades de controle ambiental e assegurem a competitividade.

7.5 O Acordo-Quadro sobre Meio Ambiente do Mercosul

No mês de abril de 1997, em sua quinta reunião, o SGT-6 chegou a um texto comum sobre a questão ambiental no Mercosul, o "Protocolo Adicional Ambiental ao Tratado de Assunção", que foi encaminhado ao GMC, e nunca foi votado devido a divergências entre as delegações sobre a disposição do texto.

O Protocolo, em seu título III, tratava dos instrumentos de Gestão Ambiental dividido em seis capítulos, que abordavam especificamente os seguintes temas:

- Dos Padrões de Qualidade e dos níveis de Proteção Ambiental;
- Das Permissões, Licenças e Habilitações e da Avaliação do Impacto Ambiental;
- Do Monitoramento Ambiental;
- Do Custo Ambiental;
- Do Sistema de Informação Ambiental;
- Da Certificação Ambiental.

As discussões realizadas em torno do Protocolo Adicional Ambiental serviram de base para a elaboração de um novo Acordo Ambiental, que foi o resultado da IV Reunião Extraordinária do SGT-6, realizada, no mês de março de 2001, em Florianópolis. O "Acordo-Quadro sobre Meio Ambiente" procurou sintetizar as definições e os princípios sobre os quais havia determinado consenso entre as delegações, que deixavam para uma discussão futura temas setoriais específicos que, de qualquer forma, ficariam subordinados ao Acordo. O Congresso Nacional ratificou o Acordo em julho de 2003.[21]

O objetivo do Acordo é alcançar

> "o desenvolvimento sustentável e a proteção do meio ambiente mediante a articulação entre as dimensões econômicas, sociais e ambientais, contribuindo para uma melhor qualidade do meio ambiente e de vida das populações" (art. 4º).

---

[21] Decreto Legislativo nº 333/2003, "Acordo-Quadro sobre Meio Ambiente do Mercosul". *Diário Oficial da União*, 25 jul. 2003, p. 1.

E, para alcançar o objetivo do acordo, o documento estabelece que os Estados partes deverão orientar-se pelos seguintes princípios:[22]

a) promoção da proteção do meio ambiente e aproveitamento mais eficaz dos recursos disponíveis mediante a coordenação de políticas setoriais, com base nos princípios de gradualidade, flexibilidade e equilíbrio;

b) incorporação da componente ambiental nas políticas setoriais e inclusão das considerações ambientais na tomada de decisões que se adotem no âmbito do Mercosul para fortalecimento da integração;

c) promoção do desenvolvimento sustentável por meio do apoio recíproco entre os setores ambientais e econômicos, evitando a adoção de medidas que restrinjam ou distorçam de maneira arbitrária ou injustificável a livre circulação de bens e serviços no âmbito do Mercosul;

d) tratamento prioritário e integral às causas e fontes dos problemas ambientais;

e) promoção da efetiva participação da sociedade civil no tratamento das questões ambientais; e

f) fomento à internalização dos custos ambientais por meio do uso de instrumentos econômicos regulatórios de gestão.

Há alguns pontos do acordo que se destacam por terem relação direta com a atividade empresarial e que se encontram no terceiro capítulo, que trata da Cooperação em Matéria Ambiental. São ações que devem ser implementadas:

- promover a adoção de políticas, processos produtivos e serviços não degradantes do meio ambiente;
- incentivar a pesquisa científica e o desenvolvimento de tecnologias limpas;
- estimular a harmonização das diretrizes legais e institucionais com o objetivo de prevenir, controlar e mitigar os impactos ambientais nos Estados-partes, com especial atenção às áreas fronteiriças;
- prestar, de forma oportuna, informações sobre desastres e emergências ambientais que possam afetar os demais Estados-partes e, quando possível, apoio técnico e operacional.

---

[22] Artigo 3º do "Acordo-Quadro sobre Meio Ambiente do Mercosul".

Embora o acordo seja bastante genérico e sujeito a interpretações em cada Estado-parte que forma o Mercosul, é um avanço importante porque estabelece diretrizes que devem ser seguidas por todos, as quais em sua maioria já são adotadas pela legislação brasileira.

Conclusão

Os organismos que tratam de regular o Comércio Internacional incluíram o meio ambiente no âmbito de suas preocupações e procuram adotar mecanismos que impeçam que a atividade comercial global traga maiores prejuízos ao meio ambiente. Neste sentido, têm sido adotados procedimentos para reconhecer os processos e produtos que realmente adotam medidas que contribuem para o desenvolvimento sustentável. E aqui assumem importante papel a certificação e a rotulagem ambiental.

No entanto, muitos países utilizam a questão ambiental como forma de barreira para bloquear produtos que concorrem com produtos similares aos seus. Outras formas de utilização inaceitável do meio ambiente em matéria comercial são adotadas, como vimos no presente capítulo, e os diferentes países procuram aumentar a regulação em termos ambientais nas relações de comércio exterior.

Um exemplo concreto desse procedimento são os blocos comerciais que incluem em pautas privilegiadas a questão ambiental, tentando na medida do possível harmonizar sua legislação. O caso enfocado de forma privilegiada foi o Mercosul, que tem uma situação em que o Brasil é o país com a legislação mais avançada em termos ambientais, em relação com os demais países do bloco. Isso tem impedido maior avanço da questão, pois implicaria numa queima de etapas muito radical pelos demais países, o que poderia diminuir sua produtividade em muitos aspectos. Tal questão cultural, embora tenha prejudicado um maior avanço da discussão da problemática ambiental como um todo, não tem impedido um avanço em temas pontuais, que são discutidos nas reuniões específicas e complementadas pelo SGT-6.

De qualquer modo, a adoção de práticas ambientalmente corretas tende a ser cada vez mais um fator de competitividade no mercado global.

As mudanças climáticas globais 8

Nos anos 1980, foi dado um alerta por várias organizações e acadêmicos no mundo todo sobre o perigo representado ao planeta: a elevação da temperatura global devido ao efeito estufa. O problema desde então só tem se agravado, tanto pelo aumento das temperaturas médias, que provocam problemas em várias partes do mundo, como pelo avanço da tecnologia, que consegue demonstrar com mais precisão o que realmente está acontecendo com o clima global devido à atividade humana.

O problema representado pelas mudanças climáticas globais só terá solução com a participação ampla dos governos, empresas e cidadãos, que podem cada um cumprir a sua parte dentro de um processo monitorado mundialmente por diversas organizações. Há inúmeras iniciativas apontando para esse caminho de aumento da colaboração, e as empresas têm papel fundamental a cumprir, não só em termos de responsabilidade social, mas também oferecendo meios para o cumprimento dos acordos globais, incluindo o Mecanismo de Desenvolvimento Limpo, que implica em alternativas envolvendo a comercialização de créditos de carbono por empresas dos países em desenvolvimento, que os venderiam a organizações dos países desenvolvidos que necessitam desses créditos para continuarem suas atividades.

Neste capítulo, introduzimos a questão das mudanças climáticas e os mecanismos que podem ser utilizados dentro de uma perspectiva de responsabilidade social empresarial e como oportunidade de novos negócios.

8.1 Efeito estufa e a mudança climática

O efeito estufa é um fenômeno que ocorre a partir da concentração excessiva, na atmosfera, de gases, tais como o dióxido de carbono (CO_2), o ozônio (O_3), o óxido nitroso (N_2O) e o metano (CH_4), entre outros, que absorvem uma quantidade maior de radiação infravermelha, provocando o aumento da temperatura da Terra. Esse é um fenômeno natural, e um dos responsáveis pela manutenção da vida na Terra. O problema é que a queima de carvão natural, petróleo e derivados (combustíveis fósseis) lança quantidades excessivas desses gases na atmosfera, provocando um aquecimento anormal do planeta. Em decorrência desse fenômeno é que ocorre a mudança climática global. No Quadro 8.1 estão relacionados os principais gases causadores do efeito estufa e o tempo em que permanecem na atmosfera.

Quadro 8.1 Principais gases responsáveis pelo efeito estufa

Gás	Duração	Origem
Dióxido de Carbono (CO_2)	120 anos	**Natural:** oceanos, decomposição vegetal e respiração animal **Humana:** combustíveis fósseis (carvão, petróleo e gás)
Metano (CH_4)	10 anos	**Natural:** decomposição animal ou vegetal. **Humana:** resíduos gasosos, gado e produção de petróleo
Óxido Nitroso (N_2O)	150 anos	**Natural:** decomposição sob a terra **Humana:** fabricação de fertilizantes e combustão de petróleo

Fonte: Departamento de Energia dos EUA (US Dept. of Energy).

Está ocorrendo aumento da concentração, principalmente de CO_2, que se deve sobretudo às emissões produzidas pela queima de combustíveis fósseis, que não estão sendo absorvidos em quantidade suficiente pela vegetação existente.

O aumento de CO_2 na atmosfera é consequência da atividade industrial dos países, principalmente dos desenvolvidos, que começaram mais cedo o seu processo de industrialização. O acelerado consumo energético, a partir da Revolução Industrial, baseado fundamentalmente em combustíveis fósseis (carvão, gasolina e óleos minerais), acumulou quantidade significativa de gases na atmosfera nos últimos 250 anos, que afeta a temperatura e o clima do planeta como um todo.

A Convenção da Mudança Climática e o Protocolo de Kyoto são dois exemplos dos esforços empreendidos para desenvolver formas globais de controle das emissões e regular a utilização da atmosfera como um bem público global, de livre acesso. A estrutura obtida através destes esforços busca reduzir a emissão dos gases do efeito estufa em diferentes setores e países, começando por aqueles que mais contribuem para o agravamento do problema.

No entanto, como os custos econômicos, sociais e as dificuldades de operacionalização das reduções variam entre os países, entendeu-se que seria necessário criar e operar mecanismos de intercâmbio voluntário pelos quais pudessem ser comercializados direitos ou permissão de emissão, que seriam automaticamente compensados. Ocorre que a mudança climática é um fenômeno que apresenta grau muito alto de incerteza, envolvendo eventos bastante diferentes, aos quais não se podem incorporar cálculos de racionalidade econômica, havendo na realidade grau alto de subjetividade envolvido.

Outro aspecto a ser considerado é o papel relevante a ser exercido pelos Estados-nação, pois a responsabilidade histórica de acumulação dos gases do efeito estufa está claramente determinada e concentra-se nos países mais desenvolvidos. Os países menos desenvolvidos, onde se concentra a maior parte da vegetação responsável pela absorção dos gases, por sua vez, devem ser compensados, de algum modo, para manterem esse papel de garantidores do desenvolvimento global, e ao mesmo tempo auferirem as vantagens de sua atual posição incluindo a perspectiva de enveredarem-se por um tipo de crescimento econômico diferente daquele seguido pelos países mais industrializados.

Assim, a operacionalização de medidas que amenizem o efeito estufa, pelo seu caráter macro, deve ser assumida de forma completa pelos Estados-nação através de medidas de controle internas, e sendo o intermediário garantidor das operações de compensação que deverão realizar as empresas dos países desenvolvidos e as dos países em desenvolvimento.

8.2 Convenção-Quadro das Nações Unidas sobre Mudança Climática

Um marco na tomada de consciência sobre o aquecimento global foi o depoimento do físico James Edward Hansen, da NASA, em 1988, ao Congresso Norte-Americano, no qual apontava evidências científicas de que os humanos estavam interferindo perigosamente no clima. Suas denúncias contribuíram para o estabelecimento, em novembro de 1998, do Painel Intergovernamental sobre Mudança Climática (IPPC) pela Organização Meteorológica Mundial (OMM) e pelo PNUMA, com o objetivo de reunir todas as evidências científicas sobre o assunto.

O IPPC é constituído por cientistas de diversos países e áreas de conhecimento e, dois anos após ter sido estabelecido, publicou seu primeiro relatório de avaliação, no qual afirmava que a mudança climática representava de fato uma ameaça à humanidade e conclamava pela adoção de um tratado internacional sobre o problema.

Durante a Conferência das Nações Unidas sobre o Meio Ambiente e Desenvolvimento (CNUMAD), em junho de 1992, foi assinada a Convenção-Quadro das Nações Unidas sobre Mudança Climática por 155 países. O objetivo maior da Convenção e de todos os documentos derivados, gerados pelo seu órgão máximo, a Conferência das partes, é obter a estabilização das concentrações de gases que provocam o efeito estufa na atmosfera a níveis que não interfiram no sistema climático que sustenta a vida na Terra.

A Convenção estabeleceu que os países, primeiramente, deveriam fazer inventários nacionais de suas emissões, estabelecer metas e programas nacionais e proceder a transferências tecnológicas. Além disso, para um grupo de países incluídos no Anexo I (países desenvolvidos ou com economias em transição para economia de mercado), estabeleceu-se a obrigação já para o ano de 2000 de reduzir suas emissões de gases que provocam o efeito estufa nos níveis que tinham sido observados em 1990.

No entanto, como se avançou muito pouco rumo à meta estabelecida, em 1995 a Conferência das Partes, órgão supremo encarregado de revisar regularmente a implementação da Convenção, aprovou uma fase em que as atividades seriam realizadas de maneira voluntária e conjunta entre os países desenvolvidos. Este mecanismo é conhecido como de *Implementação Conjunta.*

8.3 O Protocolo de Kyoto

A terceira Conferência das Partes, realizada em Kyoto, em 1997, foi um marco no entendimento de uma relação maior entre os temas ambientais e econômicos, na medida em que os resultados obtidos no encontro assumem que é necessário revisar as tendências de desenvolvimento no mundo, bem como reconhecer que qualquer esforço em direção à sustentabilidade requer maior profundidade dos estudos, envolvendo a determinação de capacidades de carga dos ecossistemas e a criação de um arcabouço institucional global que permita regular o acesso ao bem público, como recurso comum, com critérios de eficiência econômica que levem em consideração a necessidade de diminuição das desigualdades sociais.

O principal resultado do encontro de Kyoto foi o Protocolo, segundo o qual os países industrializados deveriam cortar suas emissões para baixo dos níveis de 1990. O acordo é assinado por 84 países, mas sua entrada em vigor depende da ratificação por 55 países, que respondem por 55% das emissões de gases que provocam o efeito estufa.

Embora os EUA, principal emissor de gases que provocam o efeito estufa, tenham assinado o Protocolo de Kyoto (sob o governo de Bill Clinton, do Partido Democrata), o Senado, dominado pelo Partido Republicano, não o ratificou, alegando que os países em desenvolvimento deveriam também ter meta de redução.

Com a eleição de George W. Bush, do Partido Republicano, é confirmado que os EUA não ratificarão o acordo, sob a alegação de que seria prejudicial à economia norte-americana, com a consequente diminuição de empregos.

Em maio de 2001, o IPPC divulga seu terceiro relatório, confirmando os efeitos devastadores da atividade humana sobre o planeta. No mês de julho, a União Europeia e o Japão decidem dar continuidade ao Protocolo, mesmo sem a presença dos EUA, tornando-se daí então de fundamental importância a participação da Rússia, que detém 17% das emissões dos países industrializados (que constam do Anexo I), o que poderia completar as exigências mínimas que tornariam viável o acordo.

No dia 5 de novembro de 2004, a Rússia assina o acordo e em 16 de fevereiro de 2005 o Protocolo entra em vigor.

Um aspecto importante a ser considerado é a elevação do grau de conscientização mundial em relação à necessidade de implementar o Protocolo de Kyoto e reduzir o perigo representado pelo aquecimento global. Um exemplo significativo são as posições assumidas por numerosos prefeitos dos EUA, contrariando a posição assumida por seu governo, e comprometendo-se a cumprir as metas do Protocolo (vide Quadro 8.2).

Quadro 8.2 Prefeitos nos EUA irão cumprir Protocolo de Kyoto[1]

Um grupo de mais de 130 prefeitos de várias cidades dos EUA, incluindo cidades como New York, Los Angeles e Seattle, reuniu-se no mês de maio de 2005 e assumiu o compromisso de cumprir o Protocolo de Kyoto. A ideia é fazer com que seus municípios atinjam a meta estabelecida pelo Protocolo: reduzir as emissões de gases-estufa em 7% (em relação aos níveis de 1990) até 2012.
Para atingir a meta, irão adotar algumas medidas básicas, como convencer os navios a desligar seus motores quando estiverem ancorados nos portos, promover campanhas de informação pública, adquirir energia eólica e reduzir emissões da frota municipal, comprando veículos híbridos, movidos a gasolina e energia elétrica.

8.4 O conteúdo do Protocolo de Kyoto

Os principais pontos do Protocolo são os seguintes:

- Os países desenvolvidos (do Anexo I) se comprometem a reduzir entre os anos de 2008 e 2012 suas emissões abaixo do registrado no ano de 1990. De maneira conjunta e não diferenciada, devem reduzir suas emissões em 5,2% (artigo 3.1 e Anexo B).

---

[1] *Gazeta Mercantil*, 18 maio 2005, p. C-4, e Prefeitos americanos montam liga para enfrentar aquecimento global, *Folha de S. Paulo*, 17 maio 2005, p. A-12.

- Os países do Anexo I poderão participar de sistemas de intercâmbio de direitos de emissão (artigo 3.10 e artigo 6).

- Os países que não estão incluídos no Anexo I deverão, na medida do possível, formular programas para melhorar seus sistemas de informação e de inventários de emissões (artigo 10).

- Os países que não fazem parte do Anexo I deverão formular, na medida do possível, programas para mitigar a mudança climática que contemplem a remoção de obstáculos para limitar ou abater as emissões ou incrementar a capacidade de captação de carbono, através de eficiência energética, preços de mercado, reforma no setor energético, regimes regulatórios, uso de energia renovável, melhoramento de tecnologias no setor de transporte e industrial, acordos voluntários com a indústria (artigo 10).

- Estabelece-se um Mecanismo para o Desenvolvimento Limpo, no qual os países em vias de desenvolvimento poderão receber investimentos dos países do Anexo I (Desenvolvidos) destinados a abater emissões que aqueles realizem em seu território, através de um mecanismo de compensação baseado no aumento da captação de gases que provocam o efeito estufa no país em desenvolvimento favorecido. Os procedimentos que assegurem a transparência e eficiência serão estabelecidos pela Reunião das Partes, através de sistemas independentes de auditoria (artigo 12).

- O Protocolo entrará em vigor 90 dias depois de que haja sido ratificado pelo menos por 55 países, incluindo um conjunto de países do Anexo I que representem pelo menos 55% de suas emissões totais (artigo 24).

- Reduções obrigatórias de gases que provocam o efeito estufa entre os anos de 2008-2012 para os países do Anexo I da Convenção (porcentagem do total de emissões registradas no ano-base de 1990).

No Japão, uma das iniciativas mais curiosas para a diminuição do consumo de energia para atingir as metas de Kyoto é a campanha para a redução do uso do paletó e gravata nos ambientes de trabalho. Numa tentativa de poupar energia e reduzir a produção dos gases do efeito estufa, todos os escritórios públicos e privados têm que regular, no verão, a temperatura de seus aparelhos de ar-condicionado para 28º C. Os executivos japoneses procuram dar o exemplo, vestindo-se mais informalmente, procurando quebrar as resistências para a manutenção do hábito profundamente arraigado na cultura de utilização de camisa branca, gravata e terno preto, mesmo com temperaturas elevadas, o que provoca uso intenso de ar-condicionado nos escritórios para os homens suportarem o calor, sem tirarem suas indumentárias.[2]

---

[2] Cf. BROOKE, James. Japão tenta banir terno para poupar energia. *Folha de S. Paulo*, 27 maio 2005.

Quadro 8.3 Reduções Obrigatórias de Gases que provocam o efeito estufa entre os anos 2008-2012 para os países do Anexo I da Convenção

(porcentagem do total de emissões registradas no ano-base de 1990)

País	%	País	%
Austrália	108	Liechtenstein	92
Áustria	92	Lituânia	92
Bélgica	92	Luxemburgo	92
Bulgária*	92	Mônaco	92
Canadá	94	Holanda	92
Croácia	95	Nova Zelândia	100
República Checa	92	Noruega	101
Dinamarca	92	Polônia*	94
Estônia*	92	Portugal	92
União Europeia**	92	Romênia*	92
Finlândia	92	Rússia*	100
França	92	Eslováquia	92
Alemanha	92	Eslovênia	92
Grécia	92	Espanha	92
Hungria	94	Suécia	92
Islândia	110	Suíça	92
Irlanda	92	Ucrânia	100
Itália	92	Inglaterra	92
Japão	94	EUA	93
Letônia*	92		

* Países que sofreram uma transição para economia de mercado.

** A União Europeia aqui é considerada, no seu todo, como uma entidade única, mesmo integrada por vários países.

Fonte: ONU, Convenção Marco de Mudança Climática, terceira Conferência das Partes, 1997.

8.5 O Acordo de Cancun na COP 16

A 16ª Conferência das Partes das Nações Unidas sobre Mudança Climática (COP-16), que ocorreu em novembro de 2010 em Cancun, México, contou com a participação de mais de 190 países. Os resultados embora modestos constituíram um avanço, pois foi assinado um documento denominado Acordo de Cancun, onde se estabelece um série de medidas para proteção do meio ambiente.

O acordo estabelece um adiamento do segundo período de vigência do Protocolo de Kyoto e elevam a perspectiva para a redução de emissões de gases poluentes. Apenas a Bolívia não concordou. No documento foi incluída a perspectiva de manutenção da elevação da temperatura global a 2° C, com previsões de revisão deste objetivo entre 2013 e 2015 para 1,5° C – como recomendado pela comunidade científica internacional.

O texto também estabelece a operação de um Fundo Verde que até 2020 deverá liberar US$ 100 bilhões por ano, administrado pelas Nações Unidas, com a participação do Banco Mundial. Este fundo visa o desenvolvimento de ações de mitigação e adaptação em países em desenvolvimento. Um primeiro pacote, de US$ 30 bilhões, deverá ser liberado para ações imediatas até 2012.

Em matéria de desenvolvimento e transferência de tecnologia se obteve a criação de um mecanismo que facilitará o acesso a tecnologia verde e permitirá o trânsito a uma economia de reduzido uso de carbono.

Foi incluído no acordo a criação de centros de pesquisa e tecnologia em países em desenvolvimento.

Foram adotados mecanismos para reduzir as emissões por desmatamento e degradação dos solos e a instrumentação do mecanismo REDD (Redução de Emissões por Desmatamento e Degradação). Esse princípio prevê que países com florestas recebam incentivos financeiros pela redução de emissões florestais. Os incentivos viriam de nações desenvolvidas, que poderiam ou não utilizar o REDD para compensar as próprias emissões, constituindo aí um mercado de créditos.

Como o desmatamento responde por aproximadamente 20% das emissões mundiais de CO_2 a aprovação do REDD é uma das decisões tomadas na COP 16 que pode beneficiar diretamente o Brasil.

8.6 Acordo climático de Paris na COP 21

O acordo alcançado em Paris em dezembro de 2015 durante a COP 21 com a participação de 195 países é considerado o primeiro acordo climático global da história. Foi o primeiro acordo em que tanto as nações desenvolvidas como os países em desenvolvimento se comprometeram a administrar a transição para uma economia de baixo carbono. O acordo de Paris passa a vigorar a partir de 2016 em substituição ao Protocolo de Kyoto.

Estabelece o objetivo de conseguir que o aumento das temperaturas se mantenha abaixo de dois graus centígrados e o compromisso de realizar esforços para limitar o aumento das temperaturas a 1,5 graus em comparação com a era pré-industrial. Para alcançar estes objetivos os países se comprometeram a fixar a cada cinco anos seus objetivos nacionais para reduzir a emissão dos gases do efeito estufa (GEE)

Algo para que o Acordo de Paris aponta é o fim da utilização dos combustíveis fósseis como meta alcançável ainda neste século, assim como a expectativa de haver um esforço global para sua viabilização no mais curto prazo possível, em vista das evidências da progressão de altas temperaturas no planeta, devido ao efeito estufa. Este ponto foi consensual no encontro e traz um enorme significado para nossa civilização industrial.

Nossa atual civilização se baseia em um modelo que busca o crescimento econômico por meio da utilização ótima de insumos e fatores de produção (capital físico e trabalho). Esse modelo, ao longo das últimas décadas, conseguiu elevado crescimento da economia mundial, permitindo a milhões de pessoas um desfrute em altos níveis de qualidade de vida. No entanto, esse crescimento foi alcançado com o esgotamento de recursos naturais e, consequentemente, a degradação e perda de ecossistemas.

Privilegiando a vertente econômica em detrimento das variáveis ambiental e social, o modelo se caracteriza pelo uso intensivo de combustíveis fósseis, pela exploração abusiva dos ecossistemas e a não utilização de métodos eficazes na administração de recursos naturais – como a água e o sol.

O Acordo de Paris possibilita o surgimento de um modelo de produção integral e inclusivo que leva em consideração as variáveis ambiental e social, se pautando por baixas emissões de carbono com a utilização predominante de energias renováveis e uso racional e sustentável dos recursos naturais.

Ocorre que para ser possível o gradativo abandono dos combustíveis fósseis é necessário que as sociedades avancem no desenvolvimento de inovações verdes que permitam a obtenção de energia de fontes alternativas a um custo mais baixo.

Neste aspecto, o Acordo do Paris abre uma ampla possibilidade de renovação industrial que provocará mudanças significativas em processos, produtos e serviços nos próximos anos. Muitos investimentos que priorizaram os combustíveis fósseis nos últimos tempos deverão ser repensados e provavelmente abandonados.

Outro aspecto a ser considerado é a necessidade de inovações, a qual permitirá o desenvolvimento sem precedentes do empreendedorismo. Isso acontece uma vez que a iniciativa empreendedora consiste em adaptar o avanço científico e tecnológico à atividade produtiva, desenvolvendo novidades que desequilibrarão a estrutura do mercado.

Este processo foi denominado por Joseph Schumpeter como "destruição criativa", que é quando as tecnologias existentes são superadas por inovações radicais, adotadas por empreendedores dinâmicos, provocando uma ruptura no mercado. Nesse movimento, aqueles que não se adaptam são excluídos e substituídos por aqueles que se identificam com o novo paradigma.

Países que avançarem neste processo de inovação terão a vantagem de contribuir como indutores de um desenvolvimento mais sustentável. Algumas medidas que podem ser tomadas de imediato são: o aumento de investimentos em pesquisa de fontes renováveis, incentivos fiscais para adoção de mecanismos que utilizem a energia limpa, favorecimento da concessão de serviços públicos para empresas que apresentarem frota de veículos que utilizem combustível verde e estímulo à pesquisa nas universidades.

A inovação é o verdadeiro motor da economia, e nesse sentido as decisões tomadas em Paris na COP 21 contribuirão para provocar o surgimento de um novo tipo de desenvolvimento. A tendência de utilização predominante de fontes renováveis é irreversível, as organizações que se prepararem sobreviverão, as demais serão "criativamente" destruídas.

8.7 O Acordo de Kigali e o aquecimento global

Os países signatários do Protocolo de Montreal sobre as substâncias que destroem a camada de ozônio encerraram reunião em outubro de 2016 em Kigali, Uganda, com um acordo histórico para a redução gradual, até a eliminação dos gases hidrofluorcarbonetos (HFCs), que são os principais gases de efeito estufa (GEE) usados nas geladeiras e nos sistemas de refrigeração.

O Protocolo de Montreal foi assinado em 1987, visando a eliminação dos gases que destroem a camada de ozônio que protege o planeta da ação de raios solares mais nocivos, entre os quais a radiação ultravioleta (UV), que pode provocar o câncer de pele. As ações colocadas em prática conseguiram eliminar diversas substâncias químicas, entre os quais os clorofuorcarbonetos (CFCs), que deixaram de ser produzidos nas últimas três décadas. Nesse período a camada de ozônio vem se recuperando e, segundo estimativas recentes, pode se recompor até o ano de 2065, o que poderia economizar bilhões de dólares em atenção à saúde e custos agrícolas em todo o mundo.

No Brasil, país signatário do Protocolo de Montreal, a maior parte da indústria é livre de CFC e o consumo e uso remanescentes desses gases estão praticamente limitados à manutenção de equipamentos domésticos e comerciais de refrigeração, condicionadores de ar automotivos e resfriadores centrífugos, por exemplo.

Em todo o mundo os gases CFCs foram substituídos nas geladeiras e aparelhos de ar-condicionado pelos HFCs, menos agressivos à camada de ozônio, mas que provocam forte impacto no aquecimento global do planeta por aprisionarem milhares de vezes mais calor do que, por exemplo, o CO_2, embora existam em quantidade menor na atmosfera.

A medida adotada pode ser considerada uma das maiores contribuições ao acordo sobre o clima firmado em Paris no final do ano 2015 (COP 21). O objetivo é reduzir o consumo desses gases em até 85% em relação aos valores atuais. A eliminação dos HFCs poderá evitar a emissão de bilhões de toneladas desses gases até 2050, o suficiente para um significativo avanço sobre a meta de se alcançar um aquecimento de no máximo 2ºC na temperatura do planeta.

Durante os últimos anos aumentou significativamente a emissão de HFC devido à crescente demanda de aparelhos de refrigeração, principalmente nos países em desenvolvimento, devido ao rápido crescimento da classe média, e pela elevação das temperaturas nos períodos de verão.

Diferentemente do Acordo de Paris, o pacto acertado em Kigali é mais efetivo, pois é juridicamente vinculante, ou seja, deve ser seguido obrigatoriamente pelos países signatários, tem prazos específicos e o compromisso dos países ricos de ajudar os países mais pobres na adaptação de suas tecnologias.

8.8 O Mecanismo para o Desenvolvimento Limpo (MDL)

Como alguns países não conseguem atingir as metas estabelecidas pelo Protocolo de Kyoto, criou-se um sistema de compensação, através do qual países que não precisam reduzir as emissões e têm práticas de preservação ao meio ambiente atuam como voluntários, vendendo seus créditos para países investidores. Este mecanismo representa uma forma de cooperação, através de implementação conjunta e comércio de emissões, permitindo que países desenvolvidos cumpram suas metas através de financiamento de projetos em países em vias de desenvolvimento, tais como: conservação de áreas naturais protegidas, reflorestamento, iluminação eficiente, eficiência energética nos processos industriais etc.

O Brasil apresenta um grande potencial para participar em condições vantajosas desse mercado mundial de carbono, pois possui grandes extensões territoriais propícias ao aumento da taxa de crescimento vegetal, através de reflorestamento ou conservação das áreas naturais, o que propicia níveis elevados de captação de carbono. Neste contexto, o mecanismo para o desenvolvimento limpo pode oferecer financiamento, transferência tecnológica, cooperação técnica e capacitação para projetos ambientais.

O primeiro projeto certificado de MDL do mundo é o programa NovaGerar do aterro sanitário Nova Iguaçu (RJ). Baseado no Protocolo, foi firmado um contrato em 2004 pela construtora S.A. Paulista e a financiadora Ecosecurities com o Banco Mundial, com investimentos do governo da Holanda. O crédito recebido até agora (2005) é para reduzir 2.000 toneladas de metano (uma tonelada de metano equivale a aproximadamente 21 toneladas de carbono). Até 2012, a meta da empresa é obter R$ 35 milhões.[3]

Há diversos projetos que podem ser implantados através do MDL, entre os quais estão:

- O incentivo à utilização de combustíveis renováveis, como álcool e biodiesel (vide Quadro 8.4).
- A substituição de práticas agrícolas inaceitáveis, como a queimada de florestas para a abertura de pastos, ou a queima de cana-de-açúcar para facilitar sua colheita.
- Desenvolvimento de projetos de geração de energia eólica e solar.
- Desenvolvimento de normas que promovam a utilização de combustíveis mais limpos e a eficiência energética.
- Melhora da infraestrutura de transportes.
- Programas nacionais de reflorestamento.
- Autorregulação industrial.
- Desenvolvimento de programas de redução da poluição em regiões metropolitanas.
- Projetos de geração hidrelétrica.
- Melhoria do sistema de iluminação, tornando-o mais eficiente.
- Incremento das plantações florestais comerciais.

---

[3] CHAVES, Adriana; TATSCH, Constança; ALVES, Adriana. Brasil começa a mover mercado de carbono. *Folha de S. Paulo*, 16 fev. 2005, p. A-16.

Quadro 8.4 Usinas de álcool e créditos de carbono[4]

As usinas paulistas que produzem energia limpa a partir do bagaço de cana-de-açúcar estão comercializando créditos de carbono via MDL. Está em negociação a venda de cerca de 40 mil toneladas anuais de créditos de carbono pela Usina São Francisco de Sertãozinho, que deverá receber por ano US$ 195 mil. Outras usinas da mesma região, como Santa Elisa, Moema e Vale do Rosário, assinaram contrato em 2004 para a venda de 1 milhão de toneladas de crédito de carbono por sete anos para a Suécia, o que lhes daria retorno de cerca de US$ 700 mil por ano.

Quadro 8.5 Resumo das principais características do Mecanismo de Desenvolvimento Limpo (MDL)

Atores que intervêm
– Entidade operacional designada (EOD): organismo indicado para validar propostas de projetos MDL bem como verificar e certificar reduções de emissão conseguidas pelos mesmos. – Autoridade Nacional designada (AND): organismo público de cada país que assinou o protocolo de Kyoto encarregado de aprovar nacionalmente as propostas de projetos MDL, seja como país investidor (desenvolvido) ou receptor (em desenvolvimento) do projeto. No segundo caso, a AND deve confirmar que o projeto contribui para o desenvolvimento sustentável do país. – Promotor do projeto: entidade pública ou privada que elabora uma proposta de projeto MDL. – Comitê Executivo do MDL (ou Junta Executiva): Órgão das Nações Unidas sob a autoridade da Conferência das Partes do Protocolo de Kyoto encarregado da supervisão do funcionamento do MDL.
Aspectos gerais
– Âmbito geográfico de recepção dos projetos: países em desenvolvimento. – Gases de efeito estufa envolvidos: dióxido de carbono (CO_2), metano (CH_4), óxido nitroso (N_2O), Hidrofluorcarbonetos (HFC), Perfluorcarbonetos (PFC), Hexafluoreto de enxofre (SF_6). – Objetivos: facilitar a redução de emissões de países desenvolvidos e contribuir para o desenvolvimento do país receptor. – Participação de uma entidade de um país desenvolvido (investidor) e de outra de um país em desenvolvimento (receptor). – Cada projeto deve ser aprovado pela AND do país investidor e do país receptor. – Aprovação final dos projetos pelo Comitê Executivo do MDL. – Uma vez que é dado andamento ao projeto, anualmente uma EOD deve verificar e certificar as reduções de emissão que se conseguiram.

---

[4] CHAVES, Adriana; TATSCH, Constança; ALVES, Adriana. Brasil começa a mover mercado de carbono. *Folha de S. Paulo*, 16 fev. 2005, p. A-16.

- As reduções de emissão conseguidas pelos projetos dão lugar a Reduções Certificadas de Emissão (RCE ou, em inglês, *Certified Emission Reductions* – CER) após a aprovação final do Comitê Executivo do MDL. Uma RCE equivale à redução de 1 tonelada de CO_2 ou equivalente.
- As RCE possuem um valor monetário, acertado entre o investidor e o receptor do projeto através de um acordo de compra e venda de RCE. Nesse acordo se estabelece também que entidade ou entidades serão as titulares das RCE obtidas.

Requisitos

- Mecanismo suplementar a medidas internas de redução em países desenvolvidos.
- Assegura-se a integridade ambiental da zona receptora.
- Benefícios mensuráveis e a longo prazo.
- Adicionalidade de um projeto MDL: justifica-se quando este não se levaria a cabo sem a existência dos incentivos do MDL e as reduções de emissão conseguidas são maiores que as que as que se produziriam na ausência do projeto.
- Não desvio de fundos da Ajuda Oficial ao Desenvolvimento.
- Período de acreditação limitado e fixado de antemão.
- Não se admitem projetos que envolvam energia nuclear.
- Projeto de florestamento e reflorestamento: máximo de 1% das emissões do ano base do país desenvolvido.

Outras características de interesse

- Importância da transferência de tecnologia e conhecimento.
- Interesse do Comitê Executivo do MDL em uma distribuição geográfica regional e sub-regional equitativo dos projetos, com o objetivo de ampliar o alcance do efeito do MDL como instrumento de promoção do desenvolvimento sustentável.
- Simplificação do procedimento de tramitação dos projetos de pequena escala.

Fonte: Oxfam Intermón (2008, p. 17).

Conclusão

Como vimos, o aumento do aquecimento global fruto da atividade humana sobre o planeta aumentou consideravelmente nos últimos anos do século XX, levando autoridades governamentais, organismos internacionais, acadêmicos, empresários e outros agentes a se mobilizarem intensamente e conseguirem obter um compromisso mundial de redução dos poluentes atmosféricos que contribuem para o efeito estufa. Para a sua concretização, 195 países firmaram compromisso na COP 21 para que se obtenha redução significativa do perigo climático.

O Acordo climático de Paris e outros decorrentes, como o de Kigali, oferecem para as empresas e aos países em desenvolvimento, de modo geral, uma oportunidade de novos negócios que podem ser realizados tendo como base o Mecanismo de Desenvolvimento Limpo, os quais, na realidade, contribuem efetivamente para o sucesso dos compromissos firmados pelos países.

A produção mais limpa e a ecoeficiência 9

Um dos aspectos mais importantes da gestão ambiental empresarial nos últimos anos do século XX foi a gradativa compreensão de que a adoção de medidas que visam a maior eficiência na prevenção da contaminação é muito mais vantajosa não só do ponto de vista de se evitarem problemas ambientais, mas também porque resultam em aumento da competitividade.

Entre os conceitos mais discutidos pelas organizações empresariais internacionais e nacionais estão os de ecoeficiência e produção mais limpa que se inter-relacionam e constituem mecanismos que complementam e fortalecem os Sistemas de Gestão Ambiental nas empresas. Tanto a ecoeficiência como a Produção Mais Limpa têm como objetivo sustentável conseguir que os recursos naturais transformem-se efetivamente em produtos e não gerem resíduos. Neste capítulo, abordaremos estes dois conceitos, procurando contextualizá-los dentro do processo de gestão ambiental mais geral.

9.1 Conceito de Produção Mais Limpa (PML)

Durante o ano de 1989, o Programa das Nações Unidas para o Meio Ambiente, PNUMA (em inglês, *United Nations Environmental Program* – UNEP), introduziu o conceito de produção mais limpa para definir a aplicação contínua de uma estratégia ambiental preventiva e integral que envolve processos, produtos e serviços, de maneira que se previnam ou reduzam os riscos de curto ou longo prazo para o ser humano e o meio ambiente. A PML, em resumo, adota os seguintes procedimentos:

- *Quanto aos processos de produção*: conservando as matérias-primas e a energia, eliminando aquelas que são tóxicas e reduzindo a quantidade e a toxicidade de todas as emissões e resíduos.

- *Quanto aos produtos*: reduzindo os impactos negativos ao longo do ciclo de vida do produto, desde a extração das matérias-primas até sua disposição final, através de um *design* adequado aos produtos.

- *Quanto aos serviços*: incorporando as preocupações ambientais no projeto e fornecimento dos serviços.

Pode ser definido também como uma estratégia ambiental, de caráter preventivo, aplicada a processos, produtos e serviços empresariais, que tem como objetivo a utilização eficiente dos recursos e a diminuição de seu impacto negativo no meio ambiente.

O conceito de produção mais limpa é diferente dos processos industriais que possuem controle apenas na etapa final, conhecidos como "fim de tubo" (*end-of-pipe*, em inglês). Este último inclui a utilização de uma variedade de tecnologias e produtos para tratamento dos resíduos, em geral, todo tipo de contaminação gerada. Estas tecnologias, de um modo geral, não reduzem a contaminação, mas diminuem sua toxicidade transferindo-a de um meio a outro. A instalação de filtros para retenção de poluentes em processos industriais é um exemplo dessa tecnologia *end-of-pipe*, pois embora continuem a ser gerados poluentes, eles serão tratados no final do processo (no fim do tubo).

A P+L, pelo contrário, é uma estratégia que busca prevenir a geração da contaminação na fonte, em vez de controlá-la no fim do processo.

As estratégias de produção mais limpa são o resultado da mudança de enfoque na abordagem da questão ambiental no âmbito das empresas, antes focado no controle da contaminação, passando-se a privilegiar a prevenção.

De acordo com o PNUMA, o programa para a Produção Mais Limpa busca:

- Aumentar o consenso mundial para uma visão de produção mais limpa.
- Apoiar a rede de organizações dedicadas à promoção de estratégias de produção mais limpa e à ecoeficiência.
- Ampliar as possibilidades de melhoria ambiental das empresas mediante a capacitação e a educação.
- Apoiar projetos que sirvam de modelo de referência.
- Fornecer assistência técnica.

Para alcançar seus objetivos, o Programa para a Produção Mais Limpa concentra-se em duas vertentes: difusão da informação e capacitação. Um dos mais importantes instrumentos de apoio a esses objetivos são os Centros Nacionais para a Produção

Mais Limpa, que existem nos mais diversos países em desenvolvimento e que atuam em conjunto com a Organização das Nações Unidas para o Desenvolvimento Industrial (*United Nations Industrial Development Organization*, UNIDO).

No Brasil, o Centro Nacional de Tecnologia Limpa constitui um desses centros de excelência e está localizado, desde 1995, na Federação das Indústrias do Rio Grande do Sul, junto ao SENAI-RS.[1] O Centro atua fundamentalmente com quatro produtos: disseminação de informações, implantação de programas de Produção Mais Limpa nos setores produtivos, capacitação de profissionais e atuação em políticas ambientais.

Em 1998, entre os dias 17 e 19 de agosto, foi realizada em São Paulo, Brasil, a "Conferência das Américas sobre Produção Mais Limpa", organizada e patrocinada por inúmeras organizações, entre as quais: CETESB (Companhia de Tecnologia e Saneamento Básico do Estado de São Paulo), USEPA (Agência de Proteção Ambiental dos Estados Unidos), PNUMA (Programa das Nações Unidas para o Meio Ambiente), OEA (Organização dos Estados Americanos), BIRD (Banco Mundial). A conferência foi uma iniciativa destinada a apoiar o processo de consolidação da Produção Mais Limpa (P+L) e da Prevenção à Poluição (P2) no continente americano.

Os participantes divulgaram ao final do encontro a "Carta de São Paulo sobre Produção Mais Limpa/Prevenção da Poluição",[2] onde definem a PML como *"a aplicação contínua de uma estratégia ambiental preventiva integrada aos processos, produtos e serviços para aumentar a ecoeficiência e reduzir os riscos ao homem e ao meio ambiente"*. Consideram, ainda, que a produção mais limpa requer mudanças de atitude, garantia de gerenciamento ambiental responsável, criação de políticas nacionais direcionadas e avaliação de alternativas tecnológicas. A PML aplica-se tanto a processos produtivos, quanto a produtos e serviços.

O documento contém 17 recomendações, estabelecendo os parâmetros para uma atuação voltada para a Produção Mais Limpa (veja Anexo B).

No ano seguinte, com o objetivo de incentivar a adoção da PML em termos mundiais, o PNUMA lançou, em 10 de setembro, a "Declaração Internacional sobre a Produção Mais Limpa",[3] com um total de 159 signatários entre países, empresas, ONGs, associações profissionais e agências internacionais.

Nesse documento, reconhece-se a necessidade de adotar práticas de produção e consumo mais sustentáveis para melhorar o ambiente global, as quais, entre as opções

---

[1] O *site* do Centro Nacional de Tecnologia Limpa (CNTL) é: <www.rs.senai.br/cntl>.
[2] "Carta de São Paulo", Cetesb: <www.cetesb.sp.gov.br>.
[3] "Declaração Internacional sobre a Produção Mais Limpa". Disponível em: <www.uneptie.org/cp/declaration>.

preferenciais, estão a Produção Mais Limpa e outras estratégias preventivas, como a ecoeficiência, a produtividade ambiental e a prevenção da poluição. Na Declaração, a PML é entendida como a

> *"aplicação continuada de uma estratégia preventiva integrada aplicada a processos, produtos e serviços com vista a reduzir os riscos para a saúde humana e o ambiente e a conseguir benefícios econômicos às empresas".*

O documento em seguida enumera seis compromissos (vide Anexo C) assumidos pelos primeiros signatários, aos quais se incorporaram muitos outros no decorrer dos anos.

A estratégia de Produção Mais Limpa se completa com a adoção da filosofia da ecoeficiência, que abrange e incorpora os conceitos fundamentais daquela.

Estudos realizados nos EUA e divulgados pelo PNUMA apontam várias razões políticas, financeiras e técnicas pelas quais não se adota a Produção Mais Limpa (PML), vide Quadro 9.1.

Quadro 9.1 Razões pelas quais não se adota a PML

	Razões	%
POLÍTICAS (60%)	Resistência burocrática	20
	Tendências conservadoras	10
	Legislação descoordenada	10
	Sensacionalismo dos meios de comunicação de massa	10
	Ignorância do público/falta de informação	10
FINANCEIRAS (30%)	Subsídios para disposição	10
	Escassez de fundos	10
	Vinculada à indústria de resíduos	10
TÉCNICAS (10%)	Falta de informações centralizadas confiáveis	05
	Falta de apoio ao aplicar minimização dos resíduos às necessidades individuais	05
TOTAL		100

Fonte: PNUMA. Disponível em: <www.unep.org>.

Em virtude da existência de demanda por parte das empresas por linhas de crédito para a adoção da PML, alguns bancos disponibilizam essa modalidade. Um exemplo é a linha de crédito CDC Socioambiental colocada em operação em agosto de 2004 pelo ABN Amro Real, voltada para as pequenas e médias empresas que queiram adquirir equipamentos para adequar-se à legislação ambiental. Para a nova modalidade de crédito, o banco selecionou dez áreas preferenciais ao financiamento socioambiental, destacando quatro focos: água, ar e gases, lixo e resíduos. Assim, equipamentos para reciclagem, para redução de emissão de resíduos, estações para tratamento de efluentes e equipamentos voltados para uma produção mais limpa estão entre os preferidos, além dos projetos que envolvam eficiência energética.[4]

9.2 Definição de ecoeficiência

No ano de 1992, o Conselho Empresarial para o Desenvolvimento Sustentável, em seu informe denominado "Mudando o Curso", afirmava que seriam chamadas empresas ecoeficientes

> *"aquelas empresas que alcancem de forma contínua maiores níveis de eficiência, evitando a contaminação mediante a substituição de materiais, tecnologias e produtos mais limpos e a busca do uso mais eficiente e a recuperação dos recursos através de uma boa gestão".*[5]

A partir de então, o conceito de ecoeficiência vem sendo moldado e desenvolvido pelo WBCSD e outras organizações. Em 1993, no primeiro *workshop* ampliado sobre ecoeficiência, os participantes elaboraram a seguinte definição:

> *"A ecoeficiência atinge-se através da oferta de bens e serviços a preços competitivos, que, por um lado, satisfaçam as necessidades humanas e contribuam para a qualidade de vida e, por outro, reduzam progressivamente o impacto ecológico e a intensidade de utilização de recursos ao longo do ciclo de vida, até atingirem um nível, que, pelo menos, respeite a capacidade de sustentação estimada para o planeta Terra."*[6]

Esse conceito tem três objetivos centrais:[7]

1. *Redução do consumo de recursos*: inclui minimizar a utilização de energia, materiais, água e solo, favorecendo a reciclabilidade e a durabilidade do produto e fechando o ciclo dos materiais.

---

[4] JULIANI, Denise. ABN Real lança linha socioambiental. *Gazeta Mercantil*, 31 ago. 2004, p. B-3.
[5] SCHMIDHEINY, Stephan. *Cambiando el rumbo*: una perspectiva global del empresariado para el desarrollo y el medio ambiente. México: Fondo de Cultura Económica, 1992, p. 12 [do original: Changing course: a global business perspective on development and the environment, MIT Press, 1992].
[6] WBCSD. *A eco-eficiência*: criar mais valor com menos impacto. Lisboa: WBCSD, 2000 [do original: Ecoefficiency: creating more value with less impact]. Disponível em: <www.wbcsd.org>.
[7] WBCSD (2000).

2. *Redução do impacto na natureza*: inclui a minimização das emissões gasosas, descargas líquidas, eliminação de desperdícios e a dispersão de substâncias tóxicas, assim como impulsiona a utilização sustentável de recursos renováveis.

3. *Melhoria do valor do produto ou serviços*: o que significa fornecer mais benefícios aos clientes, através da funcionalidade, flexibilidade e modularidade do produto, oferecendo serviços adicionais e concentrando-se em vender as necessidades funcionais de que, de fato, os clientes necessitam, o que levanta a possibilidade de o cliente receber a mesma necessidade funcional com menos materiais e menor utilização de recursos.

O WBCSD identifica sete fatores para se alcançar com êxito a ecoeficiência:[8]

1. Reduzir a intensidade de uso de materiais.
2. Diminuir a demanda intensa de energia.
3. Reduzir a dispersão de substâncias tóxicas.
4. Incentivar a reciclagem dos materiais.
5. Maximizar o uso sustentável dos recursos renováveis.
6. Prolongar a vida útil dos produtos.
7. Incrementar a intensidade de serviços.

Ainda de acordo com o WBCSD, existem quatro áreas que proporcionam possibilidades para melhorar a ecoeficiência, que envolvem todo o ciclo de vida do produto ou serviço:[9]

- *A reorientação dos processos*: os processos industriais podem ser reorientados para reduzir o consumo de recursos, diminuir as correntes de contaminação, aumentar o uso de materiais reciclados, assegurar a correta disposição dos resíduos, evitar qualquer tipo de riscos e, assim, reduzir custos.

- *A revalorização dos subprodutos*: através da cooperação com outras empresas, pode-se incentivar a revalorização de diferentes produtos. O que pode ser um subproduto para uma empresa pode ser matéria-prima para outra; este procedimento tem como objetivo alcançar o resíduo zero.

---

[8] World Business Council for Sustainable Development – WBCSD (1996). Eco-efficient leadership for improved economic and environmental performance. WBCSD, Jan. 1996. Disponível em: <www.wbcsd.org>.

[9] WBCSD (2000). Eco-efficiency: creating more value with less impact. WBCSD, Oct. 2000. Disponível em: <www. wbcsd.org>.

- *O redesenho dos produtos*: o *design* dos produtos segundo critérios ecológicos e a compra ambientalmente correta têm muita importância porque definem a funcionalidade do produto; também é importante saber que materiais serão utilizados em sua produção, como será o uso e a manutenção e a etapa final como resíduo, com o seu consequente reaproveitamento ou não.

- *A recolocação dos mercados*: as empresas inovadoras vão além da alteração no *design* do produto e buscam novas maneiras de satisfazer as necessidades dos clientes e se recolocar em novos mercados, idealizando produtos menos intensivos no uso de materiais e energia, ou inclusive substituindo o produto por serviço.

O Conselho considera, também, que a transição para a ecoeficiência deve ocorrer gradativamente e recomenda iniciar o processo considerando os seguintes aspectos que contribuirão para melhorar a visão empresarial:

- *Cultura empresarial*: desde o mais alto nível gerencial, deve-se adotar a visão da ecoeficiência nos negócios para convertê-la em ação, o que implica envolver de forma corresponsável os funcionários de todos os níveis em cada organização, os quais, por sua vez, devem dar conhecimento deste conceito aos fornecedores e clientes.

- *Capacitação*: as empresas têm papel importante a jogar ao oferecer capacitação aos seus funcionários, assim como ao público em geral sobre o significado e a forma de aplicar este conceito.

- *Reconhecimento*: os gerentes devem compreender que o planeta é finito e sua capacidade para recuperar-se da exploração excessiva de seus recursos naturais é limitada, e em função disto as pressões para mudar as formas de produção crescerão; isto torna necessário que estejam alertas para identificar qualquer ameaça em seus negócios e qualquer oportunidade que os beneficie.

- *Ferramentas gerenciais*: os empresários devem identificar os sistemas disponíveis para obter a meta da ecoeficiência que melhor se adapte às suas circunstâncias, tais como a Avaliação de Impacto Ambiental, o Inventário do Ciclo de Vida de Produto, entre outros.

- *Pesquisa e desenvolvimento para a ecoeficiência*: para identificar oportunidades de redução na intensidade de consumo de materiais e energia, as empresas devem promover pesquisas e desenvolvimentos tecnológicos que lhes revertam em benefício.

- *Design para a ecoeficiência*: o *design* dos detalhes pode fazer uma grande diferença em termos de utilização de materiais e energia para a manufatura, assim como para seu uso primário e secundário.

- *Compra e comercialização para a ecoeficiência*: com o foco no incremento de valor, as empresas podem influenciar tanto as atitudes de seus consumidores como de seus fornecedores; sobretudo ao se estabelecerem políticas específicas a esse respeito em suas áreas de vendas e compras.

- *Serviço pós-venda*: as empresas devem reconhecer sua responsabilidade, a qual não termina com a venda de seus produtos e serviços, e o oferecimento de serviços pós-venda pode inclusive representar um valor agregado.

- *Fechar o círculo*: ampliando a responsabilidade ao longo do ciclo de vida integral de seus produtos e serviços para assegurar seu adequado desempenho.

9.3 O papel do Poder Público

O Poder Público também tem um papel dos mais importantes para se obter a produção mais limpa e a ecoeficiência. O PNUMA recomenda aos governos a aplicação dos seguintes instrumentos de política para obter a produção mais limpa e a ecoeficiência:

9.3.1 Introduzir reformas regulatórias

Através de um processo de melhoria contínua das medidas regulatórias existentes com o objetivo de:

- incentivar um cumprimento negociado por parte da indústria, utilizando manuais gerais e flexíveis, assim como o diálogo aberto entre reguladores (governo) e regulados (empresas);

- dar prioridade à produção mais limpa em relação ao controle da contaminação, evitando regulações que focalizam tecnologias específicas;

- estabelecer novas regulações que premiem as empresas que adotem processos mais limpos.

9.3.2 Utilizar instrumentos econômicos

- incluir a produção mais limpa no desenvolvimento de novos instrumentos, tais como impostos ambientais, subsídios e programas de assistência;

- eliminar subsídios a água, energia e outros materiais naturais;

- oferecer assistência a pesquisa e desenvolvimento tecnológico orientados para obter processos, produtos e serviços mais limpos.

9.3.3 Proporcionar medidas de apoio

Ao se identificarem obstáculos à adoção de processos, produtos e serviços mais limpos, devido à ignorância das opções existentes para sua obtenção ou dos benefícios econômicos resultantes, propõem-se os seguintes objetivos para a sua superação:

- proporcionar informação às empresas sobre os aspectos técnicos e gerenciais para aplicar processos mais limpos;
- apoiar os programas para a produção mais limpa que ajudem a criar consciência, para a investigação e o desenvolvimento tecnológico, assim como para melhorar o entendimento do assunto dentro do governo e das empresas;
- oferecer assistência à adequação de programas educativos dirigidos às empresas para que adotem enfoques preventivos;
- estabelecer esquemas de assistência para a transferência de tecnologia.

9.3.4 Obter assistência externa

Quando os países não têm ou possuem escassa experiência em matéria de produção mais limpa, podem recorrer à assistência técnica e/ou financeira externa para acelerar seus processos de mudança tecnológica e gerencial, para a qual devem:

- identificar e recorrer à assistência ou cooperação internacional para que apoiem suas iniciativas a esse respeito;
- comprometer recursos próprios (financeiros ou em espécie) para empatar com os que lhes sejam oferecidos através da assistência ou cooperação externa.

9.4 A ecoeficiência e a produção mais limpa

O traço específico da ecoeficiência em relação à produção mais limpa é buscar ir mais além do aproveitamento sustentável dos recursos e da redução da contaminação, destacando a criação de valor agregado tanto para os negócios como para a sociedade em geral, mantendo os padrões de competitividade. De acordo com WBCSD/PNUMA:

> *"Ao aumentar o valor dos bens e serviços que criam, as empresas maximizarão a produtividade dos recursos, ganharão benefícios profundos, com o qual gratificarão aos seus acionistas, e não somente minimizarão a quantidade de resíduos ou contaminantes."*[10]

---

[10] WBCSD/PNUMA. *Eco-efficiency and cleaner production*: charting the course to sustainability. Paris: WBCSD, 1998.

De maneira simplificada, pode dizer-se que a ecoeficiência consiste em produzir mais com menos, reduzindo o consumo de materiais e energia, a geração de resíduos e a liberação de poluição no ambiente, assim como os custos de operação e as possíveis responsabilidades por danos a terceiros.

Os dois conceitos são partes integrantes de uma macrovisão da Produção e Consumo Sustentáveis (SP&C – *Sustainable Production and Consumption*), que engloba todo o sistema comercial e suas inter-relações. Essa ideia de produção e consumo sustentáveis foi definida na reunião ministerial da União Europeia, em Oslo, em fevereiro de 1995, como a

> *"produção e uso de bens e serviços que atendem às necessidades básicas do homem, melhorando a qualidade de vida, e ao mesmo tempo minimizando o uso dos recursos naturais, os materiais tóxicos e as emissões de resíduos por todo o ciclo de vida, sem comprometer as necessidades das gerações futuras"*.[11]

Do ponto de vista das empresas, a aquisição de tecnologia significa inovação, pois para a sua adoção são exigidos muitos trabalhos de assimilação e adaptação. Assim, ter uma Produção Mais Limpa ou Ecoeficiência é um diferencial competitivo em relação às empresas que não procuram inovar. Uma empresa inovadora transforma o que é visto tradicionalmente como "constrangimento ambiental" em novas "oportunidades de negócios".[12]

9.5 Fatores que afetam a adoção de tecnologias mais limpas

O Programa sobre Tecnologia e Meio Ambiente da Organização para a Cooperação e o Desenvolvimento Econômico (OCDE) identificou vários fatores que afetam a adoção do conceito de tecnologia mais limpa que permanecem atuais:[13]

a) Fatores que afetam a adoção do conceito de PML

- estruturais: como exemplo, a necessidade de modificar a equipe já instalada;
- cíclicos: como exemplo, as tendências dos mercados e a situação financeira das empresas;

---

[11] COELHO, Arlinda Conceição Dias. *Avaliação da aplicação da metodologia de produção mais limpa UNIDO/UNEP no setor de saneamento*: estudo de caso. 2009. Dissertação (mestrado) – EMBASEA. Departamento de Engenharia Ambiental, Universidade Federal da Bahia, Salvador.

[12] SAENZ, Tirso W.; GARCIA, Emilio Capote. *Ciência, inovação e gestão tecnológica*. Brasília: CNI/IEL/SENAI/ABIPTI, mar. 2002. Apud: COELHO, 2004.

[13] OECD. *Technologies for cleaner production and products*: towards technological transformation for sustainable development, 1995.

- comerciais: por exemplo, a dificuldade de vender os novos processos ou produtos;
- institucionais: podem ser fatores psicológicos, como a inércia gerencial;
- falta de comunicação entre os diversos grupos existentes no interior das empresas;
- inércia em relação à mudança;
- atraso dos programas educativos que, por exemplo, não preveem mudanças tecnológicas;
- temor pela diminuição do tempo da produtividade: por exemplo, como consequência da aprendizagem de novos processos tecnológicos;
- normas internas que não incentivam a mudança;
- falta de incentivos financeiros: por exemplo, o não reconhecimento das vantagens obtidas com o investimento em inovação tecnológica.

b) Fatores que incentivam a mudança

- o temor da responsabilidade civil e penal diante do dano ambiental, que resulta das emissões poluidoras derivadas dos processos de produção ou dos riscos inerentes aos produtos de consumo que contêm materiais perigosos;
- as vantagens que podem ser obtidas no mercado, proporcionadas tanto pela imagem de empresas limpas, como por produtos mais amigáveis para o meio ambiente;
- os investimentos e os benefícios econômicos que podem derivar da adoção dos processos mais limpos de produção, eficientes em consumo de energia, água e materiais;
- o poder que têm os governos como clientes e grandes consumidores, ao imporem aos seus fornecedores, com suas políticas de compra, que lhes forneçam produtos que respeitem o meio ambiente ou serviços de recolhimento dos produtos usados para seu envio à reciclagem, tratamento e disposição final.

De acordo com o WBCSD, a busca pela ecoeficiência não deve ser objetivo somente dos empresários, mas deve ser compartilhada pelos governos e por toda a sociedade, que deve assumir sua quota-parte de responsabilidade. Em função disso propõe a cada grupo da sociedade vários procedimentos específicos, os quais denomina "12 ações--chave para um futuro ecoeficiente" (vide Quadro 9.2).

Quadro 9.2 12 ações-chave para um futuro ecoeficiente

Líderes governamentais e funcionários públicos

1. Estabelecer metas macroeconômicas da ecoeficiência e critérios de conversão para o desenvolvimento sustentável.
2. Integrar medidas políticas para reforçar a ecoeficiência (por exemplo, através da eliminação de subsídios, interiorizando questões externas e efetuando mudanças na política tributária).
3. Trabalhar para mudar as regras e os sistemas das políticas internacionais para o comércio, transações financeiras, etc. como forma de apoiar uma maior produtividade de recursos e redução de emissões, assim como melhorias das condições dos que não têm privilégios.

Líderes da sociedade civil e consumidores

4. Encorajar os consumidores a preferirem produtos e serviços ecoeficientes e mais sustentáveis.
5. Apoiar as medidas políticas para a criação das condições que recompensam a ecoeficiência.

Docentes

6. Incluir a ecoeficiência e a sustentabilidade nos currículos dos ensinos secundário e superior e utilizá-las em programas de pesquisa e desenvolvimento.

Analistas financeiros e investidores

7. Reconhecer e recompensar a ecoeficiência e a sustentabilidade como critérios de investimento.
8. Ajudar as empresas ecoeficientes e líderes da sustentabilidade a comunicar ao mercado financeiro o progresso e os benefícios relacionados com o negócio.
9. Promover e utilizar instrumentos de avaliação e índices de sustentabilidade para apoiar os mercados e ajudar a ampliar o conhecimento sobre os benefícios da ecoeficiência.

Líderes de negócio

10. Integrar a ecoeficiência na estratégia de negócio, incluindo-a nas estratégias operacionais, de inovação do produto e marketing.
11. Liberar os relatórios de ecoeficiência e de *performance* de sustentabilidade para os *stakeholders*.[14]
12. Apoiar as medidas políticas que recompensam a ecoeficiência.

Fonte: WBCSD (2000).

---

[14] O termo inglês *stakeholders* é comumente utilizado para designar todas as pessoas ou organizações que têm algum tipo de interesse ou influência nas atividades da empresa, como, por exemplo, organizações não governamentais, investidores, agências do governo, empregados, consumidores etc.

Conclusão

Como vimos, os conceitos de produção mais limpa e ecoeficiência são complementares, embora tenham se constituído e sejam monitorados de forma diferente, por organizações distintas. O fundamental é que são conceitos-chave para a adoção de procedimentos de transformação dos recursos naturais em produtos limpos, ou seja, que não gerem resíduos. E, ao mesmo tempo, é utilizado um mínimo de recursos naturais, maximizando sua utilização e minimizando perdas no processo produtivo.

Embora a busca pela ecoeficiência não deva ser responsabilidade somente dos empresários, remete a um conjunto de ações que são fundamentalmente de iniciativa das organizações empresariais, constituindo-se, em termos de conscientização ambiental, num dos estágios superiores da responsabilidade social do empreendedor.

Marketing verde ou ecológico 10

Com o aumento da consciência ambiental em todo o mundo, está consolidando-se um novo tipo de consumidores, chamados de "verdes", que faz com que a preocupação com o meio ambiente não seja somente um importante novo fato social, mas seja considerada também como um fenômeno de marketing novo.

Esse novo consumidor ecológico manifesta suas preocupações ambientais no seu comportamento de compra, buscando produtos que considera que causam menos impactos negativos ao meio ambiente e valorizando aqueles que são produzidos por empresas ambientalmente responsáveis. Estes consumidores, de modo geral, assumem que podem pagar um preço maior pelo produto ecologicamente correto, pois compreendem que o valor agregado e traduzido como um aumento no seu preço na realidade significa aumento do seu valor social. Por outro lado, este consumidor manifestará seu repúdio em relação àqueles produtos que contaminam o meio ambiente, formando correntes de opinião na sociedade desfavoráveis a determinadas empresas.

É este comportamento do consumidor ambientalmente consciente, preocupado com o ambiente natural, que se torna gradativamente um modelo novo de paradigma de consumo que obriga as empresas a adotar uma nova forma de abordar o marketing, de um ponto de vista ecológico.

10.1 O conceito de marketing ecológico

As preocupações ambientais vêm assumindo gradativamente maior importância junto aos consumidores que passam a procurar produtos e serviços que incorporam a variável ecológica. Nesse sentido, as empresas têm procurado manter um posicionamento favorável junto aos consumidores, em relação aos seus concorrentes, e para tanto utilizam de estratégias de marketing voltadas para a utilização do meio ambiente como variável competitiva.

Essa vertente do marketing, envolvida com as necessidades recentes do cliente-cidadão consciente da importância da preservação da natureza, tem assumido várias denominações, entre as quais: marketing ecológico, verde ou ambiental; todas elas têm como preocupação fundamental as implicações mercadológicas dos produtos que atendem às especificações da legislação ambiental e que contemplam as expectativas de uma boa parcela de consumidores, no que diz respeito a não serem agressivos ao meio ambiente.

Do ponto de vista do marketing ambiental, o cliente não é o único público-alvo a ser atingido por estratégias de marketing, embora continue sendo o mais importante. Outros públicos que direta ou indiretamente se relacionam com a empresa devem merecer atenção, pois podem se constituir em obstáculos ao desenvolvimento organizacional e impedir sua permanência no mercado, cada vez mais competitivo. Outros públicos que devem ser considerados quando se trata da questão ambiental, visto que podem limitar a liberdade de atuação de uma organização, são: os grupos ambientalistas, os fornecedores, os distribuidores, o governo, a comunidade mais próxima da unidade de produção etc.

O conceito de marketing está diretamente relacionado com a premissa de que qualquer empresa que desempenhe uma atividade na sociedade é responsável diante dela pelos produtos ou serviços que presta. Caso os produtos ou serviços sejam, de alguma forma, prejudiciais às pessoas, devem ser eliminados ou ter reduzidos ao mínimo tolerável os danos causados. Neste sentido, deve-se ter sempre um equilíbrio entre as necessidades dos seus clientes e aquelas da sociedade mais geral, que nem sempre são as mesmas, tanto no presente como no futuro. Um produto pode interessar muito a determinado segmento da sociedade, mas, se a sua produção envolve a contaminação do local onde se situa a unidade produtiva, nesse momento há que se ter uma preocupação prioritária em relação à sociedade mais geral. A empresa tem condições de aproveitar-se vantajosamente desta situação, ao explicar aos seus clientes que pesaram em primeiro lugar as questões ambientais em relação ao atendimento imediato, que voltará a atendê-los como sempre o fez assim que os seus produtos atingirem patamares ecológicos aceitáveis. O marketing ecológico pode acabar contribuindo para que um aumento do custo do produto, em virtude do custo das ações que a empresa teve que adotar, não influa significativamente no consumo.

O marketing ecológico assim pode ter origem numa necessidade da empresa, que se vê obrigada a adaptar-se às demandas ambientais dos seus mercados e das organizações que regulam as suas atividades em termos de contaminação do ambiente.

Quanto ao conceito de marketing ambiental, Coddington entende que este abrange as atividades de marketing que assumem a gestão ambiental como o desenvolvimento da responsabilidade da empresa e uma oportunidade de crescimento para ela. Considera esse mesmo autor que o marketing ambiental é uma mudança de perspectiva na forma de fazer negócios, pois exige uma responsabilidade e um compromisso ambiental global da empresa. Por isso, antes de lançar-se em um programa de marketing ambiental, a empresa deverá ter começado o processo de incorporar as considerações ambientais nas suas operações de gestão, adquirindo um compromisso de gestão da qualidade total.[1]

Numa outra abordagem, Welford refere-se ao marketing verde como sendo o fornecimento de informações sobre o produto e o produtor ao consumidor, proporcionando-lhe conselhos sobre como utilizar o produto mais eficientemente, e conselhos sobre a reutilização, reparação, reciclagem e rejeição desse produto. Considera que o marketing verde deveria constituir uma mudança no enfoque tradicional centrado em certos aspectos do produto, *"face a um enfoque ético que tenha uma visão holística do produto desde o berço à tumba e considere o contexto no qual é produzido"*.[2]

Uma definição mais objetiva é dada por Peattie, que considera o marketing ambiental *"um processo de gestão integral, responsável pela identificação, antecipação e satisfação das demandas dos clientes e da sociedade, de uma forma rentável e sustentável"*.[3]

Com uma abrangência maior, podemos definir o marketing verde como um conjunto de políticas e estratégias de comunicação (promoção, publicidade e relações públicas, entre outras) destinadas a obter uma vantagem comparativa de diferenciação para os produtos ou serviços que a empresa oferece em relação às marcas concorrentes, conseguindo desse modo incrementar sua participação no mercado, consolidando seu posicionamento competitivo.

Dessas definições se depreende que o marketing ecológico:

a) baseia-se num processo de gestão integral;

b) é o responsável pela identificação, antecipação e satisfação das demandas dos clientes;

c) é o responsável perante a sociedade, à medida que garante que o processo produtivo seja rentável e sustentável.

---

[1] CODDINGTON, W. *Environmental marketing.* New York: McGraw-Hill, 1993. p. 1-3.
[2] WELFORD, R. *Environmental strategy and sustainable development.* Londres: Routledge, 1995. p. 153-154.
[3] PEATTIE, K. *Environmental marketing management.* Londres: Pitman, 1995. p. 28.

De qualquer modo, é necessário sempre ter em conta que o marketing ecológico não se reduz unicamente à promoção do produto, há necessidade de uma mudança qualitativa da organização na abordagem da questão ambiental. Como afirmado por Ottman:[4]

> *"não é suficiente falar a linguagem verde; as companhias devem ser verdes. Longe da questão de apenas fazer publicidade que muitos comerciantes perceberam originalmente, a abordagem satisfatória de preocupação ambiental requer um esverdeamento completo que vai fundo na cultura corporativa. Somente por intermédio da criação e implementação de políticas ambientais fortes e profundamente valorizadas é que a maioria dos produtos e serviços saudáveis podem ser desenvolvidos. É só por meio da criação de uma ética ambiental que abranja toda a empresa que estratégias de marketing podem ser executadas".*

10.2 Gestão ambiental e marketing verde

O marketing verde não pode ser considerado somente um conjunto de técnicas voltadas para projetar e comercializar produtos que não prejudiquem o meio ambiente; é também uma forma de articular as relações entre o consumidor, a empresa e o meio ambiente. Assim, ao se adotar uma filosofia de marketing ecológico, deve-se ter em mente essa concepção macro do processo, onde a compreensão da importância da preservação do meio ambiente esteja impregnada em toda a organização, incluindo o comportamento cotidiano das pessoas que a integram.

O risco assumido pelas empresas que promovem campanhas associadas aos benefícios do produto ao meio ambiente, descuidando-se dos processos de fabricação, são enormes e podem resultar numa perda de confiança do consumidor, que pode ser irreparável. Um produto não prejudicial ao meio ambiente pode adotar em sua fase inicial de produção processos que contaminam o solo, ou a água, por exemplo, e que, quando descobertos, desqualificarão toda e qualquer campanha ambiental em torno do produto.

É essencial que se desenvolvam ações de promoção ecológica interna às organizações, procurando alcançar uma cultura baseada em valores ambientalmente saudáveis. Os processos de gestão que envolvem questões ambientais devem ser sempre integrais, para incorporar todos os ângulos que envolvem o problema.

O processo de gestão ambiental é bastante complexo e não pode ser considerado de forma fragmentada. Embora as informações possam ter diferentes origens, tanto na parte externa como na interna da organização, a tomada de decisões deve levar em con-

---

[4] OTTMAN, Jacquelin A. *Marketing verde*: desafios e oportunidades para uma Nova Era do Marketing. São Paulo: Makron Books, 1994. p. 56.

sideração o todo ao qual elas se referem, e que na sua essência é a organização. Deve-se levar em consideração tanto o ambiente interno da empresa, incluindo todos os seus setores e as diversas interações que ocorrem entre os diferentes departamentos, quanto o ambiente externo, constituído pela sociedade-referência, que influencia e é influenciada pelos processos internos de gestão da empresa. O objetivo do Sistema de Gestão Ambiental será sempre uma gestão mais eficiente dos recursos e uma maior satisfação do segmento de mercado em que atua.

Considerando esse aspecto de gestão integral que caracteriza a gestão ambiental, o marketing ecológico deve ser assumido como uma ferramenta de gestão importante, principalmente porque *"os elementos que são levados em consideração para a decisão de consumo de um produto nem sempre estão ligados às suas características intrínsecas"*.[5] Assim assume um papel destacado a estruturação de uma proposta organizacional que seja adequada às necessidades dos clientes e da própria organização, e que será estruturada tendo por base o composto de marketing ou *marketing mix*, mais conhecido pelas suas variáveis: Produção, Preço, Distribuição e Promoção, os 4 Ps do marketing (em inglês: *product, price, place, promotion*).

10.3 *Marketing mix* ecológico

As estratégias específicas que serão desenvolvidas em cada uma das variáveis do *marketing mix* deverão estar vinculadas aos segmentos-alvo conhecidos, e aos atributos ou serviços que lhes serão oferecidos. As estratégias para cada variável, em linhas gerais, são:

a) O produto "verde"

O conceito de produto é fundamental para o marketing, pois ele é constituído pelos bens e serviços oferecidos ao mercado para satisfazer às necessidades e aos desejos dos clientes. Uma definição dada por Kotler caracteriza o produto como *"algo que pode ser oferecido a um mercado para sua apreciação, aquisição, uso ou consumo para satisfazer a um desejo ou necessidade "*.[6]

De acordo com a definição anterior, os produtos que são levados ao mercado incluem *bens físicos* (por exemplo: automóveis, livros, computadores, geladeiras), *serviços* (por exemplo: corte de cabelo, fornecimento de energia elétrica ou água), *pessoas* (como Ivete Sangalo, Fagner, Roberto Carlos), *locais* (por exemplo: Porto Seguro, Salvador, Rio de

---

[5] DIAS, R.; CASSAR, M. *Fundamentos de marketing turístico*. São Paulo: Pearson Prentice Hall, 2005. p. 173.
[6] KOTLER, Philip. *Administração de Marketing*. 4. ed. São Paulo: Atlas, 1996. p. 376.

Janeiro, Bonito), *organizações* (Associação dos Pais e Amigos dos Excepcionais [APAE], Greenpeace) e *ideias* (planejamento familiar, segurança na direção de automóveis).

A essa ampla gama de produtos pode-se agregar o adjetivo *ecológico* a muitos deles, e ao se fazer isso, sempre se estará fazendo referência ao ciclo de vida do produto. E, deste modo, um produto será ecológico quando cumprir as mesmas funções dos produtos equivalentes, mas causando um prejuízo perceptivelmente menor ao longo de todo o seu ciclo de vida, tanto na produção, como no consumo, quanto na eliminação final.

Um produto verde (ou ecológico) é, portanto, aquele que cumpre as mesmas funções dos produtos equivalentes e causa um dano ao meio ambiente inferior, durante todo o seu ciclo de vida. E, quanto ao produto em si, deve ser analisada sua composição, se é reciclável, se agride ou não o meio ambiente, e quanto à embalagem, se o material também pode ser reciclado.[7]

Deve-se destacar que o conceito de produto ecológico envolve todo o processo de sua fabricação, e não somente o produto em si. Deste modo, os atributos ecológicos do produto constituem a soma dos atributos específicos do produto (duração, facilidade de reciclagem etc.) com os atributos específicos do processo de fabricação (consumo de energia, da água ou geração de resíduos etc.).

ATRIBUTOS DO PRODUTO ECOLÓGICO	→	ATRIBUTOS ESPECÍFICOS DO PRODUTO	+	ATRIBUTOS ESPECÍFICOS DO PROCESSO DE FABRICAÇÃO

As decisões a serem tomadas acerca do produto devem ser direcionadas a projetar um bem ou serviço de forma tal que haja redução do consumo dos recursos empregados e da geração de resíduos ao longo de todo o seu ciclo de vida, isto sem comprometer aquelas características que satisfazem às necessidades atuais dos clientes.

A gestão de produtos deve se preocupar não só com as características gerais do produto que satisfazem ao consumidor, mas também com a incorporação de variáveis ambientais que poderão alterar o produto em sua forma original. De modo geral, a ação poderá se dar nas seguintes direções:

- introdução de novos produtos que poderão ser direcionados a novos mercados;

---

[7] JOHR, Hans. *O verde é negócio*. 2. ed. São Paulo: Saraiva, 1994.

- melhoria dos produtos existentes: modificação dos produtos tornando-os menos prejudiciais ao meio ambiente; nesse caso, terá como vantagem o oferecimento ao mercado de uma alternativa ecológica em relação aos produtos semelhantes existentes;

- eliminação dos produtos existentes: pode ocorrer que uma análise detalhada chegue à conclusão de que o produto não mais será rentável a curto prazo, em função das exigências ecológicas por parte dos consumidores ou dos órgãos governamentais, e decida-se pela sua eliminação do mercado.

Um produto, do ponto de vista ambiental, pode ser avaliado através de várias ferramentas de análise, entre as quais:

- as normas ISO 14001, que constituem ações coordenadas dentro das empresas e auditadas externamente, envolvendo uma análise da atuação do conjunto da organização, e não só do produto;

- a análise do ciclo de vida do produto, que está centrada no impacto ambiental do produto ao longo das diferentes etapas do seu ciclo de vida – produção, venda, utilização e consumo, e eliminação.

Um aspecto importante a ser considerado do ponto de vista do marketing são as certificações e as rotulagens ambientais (selos verdes), que constituem elementos tangíveis que acompanham o produto e que constituem fonte de informação objetiva aos consumidores, pois são conferidos por organizações independentes (externas à organização), assegurando a qualidade ambiental do produto e dos processos produtivos a ele associados. Embora existam vários tipos de selos ambientais adaptados a cada setor produtivo, há alguns princípios que são comuns a todos. Assim, os selos verdes:

1. devem ser verificáveis a qualquer momento, para se evitar a fraude;
2. devem ser concedidos por organizações independentes e de idoneidade reconhecida;
3. não devem criar barreiras comerciais;
4. devem recorrer à ciência como método de verificação das condições ecológicas;
5. devem levar em consideração o ciclo de vida completo do produto ou serviço;
6. devem estimular a melhoria do produto ou serviço.

b) O preço ecológico

O preço constitui o indicador geral do valor atribuído ao produto pelo consumidor e reflete os valores ambientais que o produto possui, além dos demais valores envolvidos e custos de sua produção.

A decisão de compra dos consumidores é bastante influenciada pela variável preço; em muitos casos, constitui um impeditivo que pode reduzir o consumo. No entanto, nem todo tipo de produtos ou mercados reflete esta realidade; dependerá muito do valor de uso que se lhe atribui o consumidor.

A internalização dos custos ambientais provoca, de modo geral, um incremento nos custos da empresa a curto prazo, mas que serão compensados a médio e longo prazo, pela redução dos custos na utilização de energia e de materiais de consumo, bem como pela reutilização de materiais reciclados. Do ponto de vista social, no entanto, os custos sempre serão reduzidos, tanto a curto, como a médio e longo prazo.

Deve-se levar em conta que o preço pode representar uma fonte de informação sobre a qualidade do produto. Ocorre que muitos consumidores consideram o atributo ecológico como um valor agregado ao produto e que se este não vale mais é porque sua eficácia ou qualidade técnica é inferior.

Na realidade, o que tem acontecido é que, em determinadas regiões (as mais desenvolvidas) onde a consciência ambiental encontra-se num patamar elevado, a variável preço tem menos peso no momento da compra, e em muitos casos a característica de serem ambientalmente corretos aumenta o poder de venda de determinados produtos.

De qualquer modo, deve-se considerar que existe um limite superior de valor aceitável pelo consumidor, acima do qual o preço passará a ter um efeito inibidor na compra e o comprador não a efetivará apesar de sua predisposição de adquirir produtos ecológicos.

Na relação custo-benefício dos produtos ecológicos, há um aspecto que deve ser considerado que foi abordado por Hawken, e ao qual ele denominou efeito da "informação incompleta", que consiste na falta de informação, por parte do consumidor, dos benefícios do produto ecológico, e que reflete muitas vezes na falta de competitividade de um produto ecológico devido ao preço praticado. Hawken[8] concluiu que os custos calculados para estimar o preço e o benefício dos produtos nas empresas não informam a realidade ecológica do processo de fabricação e dos componentes. Se esta informação chegasse ao consumidor de forma plena, suas decisões poderiam ser modificadas, consolidando um consumo voltado para a valorização dos processos ambientalmente corretos.

---

[8] HAWKEN, Paul. *The ecology of commerce*: a declaration of sustainability. New York: Harper Collins, 1993.

Assim, sendo o preço o indicador geral do valor que o consumidor atribui ao produto, é importante que esse preço reflita os valores ambientais que o produto tem, juntamente com os demais valores e custos de produção. Isto terá efeito na decisão de compra, segundo Hawken, caso o consumidor tenha acesso à informação dos benefícios completos que recebe, levando em conta a qualidade ambiental do bem e o processo de sua fabricação.

c) A distribuição do produto ecológico

A variável distribuição engloba o conjunto de atividades referentes à transferência de mercadorias dos fabricantes e fornecedores aos seus clientes, sejam eles pessoas físicas ou empresas. É o instrumento de marketing que relaciona produção e consumo.

A distribuição envolve algumas atividades básicas, entre as quais: escolha do canal de distribuição, localização e dimensão dos pontos de venda, *merchandising*, visando estimular a compra do produto no ponto de venda e a logística e distribuição.

Do ponto de vista do marketing, a distribuição implica levar adiante uma série de atividades de informação, promoção e apresentação do produto no ponto de venda com o objetivo de estimular a sua aquisição. O valor de uso será determinante do ponto de vista ambiental ao se combinarem os benefícios primários dos produtos (atender a determinadas necessidades individuais) com seus benefícios ecológicos (atendendo a uma necessidade social).

Como instrumento de marketing, a distribuição envolve decisões estratégicas a longo prazo, e que são difíceis de ser modificadas. No que respeita aos processos de gestão ambiental, por exemplo, os canais de distribuição para reciclagem e de destinação de resíduos são bastante complexos para serem estabelecidos e, uma vez acertados, é muito difícil voltar atrás.

Do ponto de vista ambiental, deve-se considerar a existência de duas direções, uma de saída, que são os canais de distribuição que devem ser estabelecidos para a comercialização dos produtos ecológicos, que têm que ser selecionados criteriosamente levando-se em consideração o aspecto da idoneidade; e outra de entrada, em que os consumidores são os geradores de produtos que serão encaminhados para a reciclagem, sendo adquiridos pela empresa que os produziu. A reciclagem constitui-se fundamentalmente num problema de estabelecimento de canais de distribuição que podem afetar todo o processo se não bem estabelecidos.

De modo geral, há dois aspectos essenciais que se deve levar em consideração na distribuição, do ponto de vista do marketing ecológico:

a) minimizar o consumo de recursos e a geração de resíduos durante a distribuição física do produto, ou seja, no transporte, armazenamento e manipulação; e

b) criar um sistema eficiente e distribuição inversa para os resíduos que podem ser incorporados ao sistema produtivo como matéria-prima secundária.

d) A comunicação ecológica

O objetivo da comunicação deverá ser informar sobre os atributos do produto, principalmente os aspectos positivos em relação ao meio ambiente, e transmitir a imagem da organização relacionada com a defesa e preservação de valores ambientalmente corretos. A variável comunicação deve ser capaz de projetar e sustentar a imagem da empresa, destacando seu diferencial ecológico junto à sociedade.

A comunicação tem como objetivo primordial mostrar ao cliente que o produto ecologicamente correto tem um valor agregado, que compensa adquiri-lo comparativamente aos semelhantes, que não apresentam esse conteúdo. É importante destacar que a promoção do produto ecológico não envolve somente os potenciais clientes, mas toda uma gama de grupos de interesses (ONGs, governos etc.) que formam uma opinião pública ambiental e que influenciam os eventuais consumidores através da criação de um ambiente favorável às atitudes ambientalmente corretas.

Algumas atividades de comunicação envolvem: trabalho de conscientização ecológica; informação sobre os produtos e o processo de fabricação ambientalmente corretos; realização de ações de relações públicas em torno de questões ecológicas etc.

Os instrumentos de promoção que estão à disposição de uma ação de comunicação ecológica são os mesmos que se podem aplicar em qualquer outro tipo de promoção comercial, acrescidos de alguns instrumentos específicos, tais como a rotulagem ambiental (selos verdes) e a certificação dos sistemas de gestão ambiental (ISO 14001, por exemplo).

10.4 O posicionamento de marcas ecológicas

O conceito de posicionamento está diretamente relacionado com a escolha que faz a organização quanto à posição que deseja ocupar no mercado. O posicionamento do produto é a maneira como ele é definido pelos consumidores em relação a suas características importantes – seus principais atributos, algo que os torne diferentes dos produtos oferecidos pelos concorrentes.[9] O posicionamento, estabelecido na mente do consumidor, representa um valor a mais para ele, que não é oferecido pelos outros produtos.

---

[9] KOTLER, Philip; ARMSTRONG, Gary. *Princípios de marketing*. Tradução de Arlete Simille Marques, Sabrina Cairo. 9. ed. São Paulo: Prentice Hall, 2003. p. 190.

O produto verde já possui um diferencial competitivo que facilita o posicionamento no mercado. No entanto, para obter sucesso, deve-se elaborar uma estratégia de posicionamento que leve em consideração as características dos produtos considerados ecológicos e qual a reação possível do cliente.

Uma estratégia de legitimação do "produto verde" é associá-lo a uma entidade ambientalista de idoneidade reconhecida, e contribuir de alguma forma (a forma financeira é a mais comum) para a sua atividade. Um exemplo é o da empresa que fabricava os produtos Danone. Ela lançou em 1995 um novo produto com forte apelo ecológico. Na campanha publicitária, evidenciava o *slogan*: "Danimals, o iogurte fera da Danone". Foi estabelecido, com a Fundação SOS Mata Atlântica, um acordo de parceria em que a indústria comprometia-se a destinar, durante dois anos, 1,3% do faturamento obtido com as vendas do novo produto para a fundação. A parceria reforçou o apelo ecológico da nova linha, e representou um reforço de caixa para a SOS Mata Atlântica.[10]

Nesse sentido, os consumidores de produtos verdes apresentam duas reações possíveis em relação aos produtos considerados ecologicamente corretos. Podem assumir uma postura emocional, diretamente relacionada com a postura que têm em relação ao mundo natural; e podem assumir uma postura mais racional, levando em consideração as características técnicas (processos e atributos do produto, por exemplo). Na realidade, a postura assumida pelos clientes de produtos verdes pode conter as duas reações possíveis: a emocional e a racional, variando em cada caso o percentual que pode ser atribuído a cada uma delas.

Em função dessa constatação em relação aos clientes de produtos verdes, podem-se adotar duas estratégias de posicionamento de marcas ecológicas: o posicionamento ecológico com reflexo racional e emocional.

O *posicionamento ecológico com reflexos racionais* procura influenciar na percepção da marca, proporcionando informações predominantemente técnicas ao consumidor, mostrando que, durante todo o seu ciclo de vida, o produto gera baixo impacto negativo ao meio ambiente.

A outra estratégia possível é o *posicionamento ecológico com reflexos emocionais,* que busca transformar a marca, num meio de associar a experiência sensorial de contato com a natureza. A natureza idealizada pelos meios de comunicação de massa está associada a sensações agradáveis, com visões paradisíacas, belas paisagens e desfrute de clima ameno e agradável; e há amplas parcelas da população que apresentam grande afinidade emocional em relação ao meio ambiente natural. Estas emoções se refletem

---

[10] MELLONI, Eugênio. Danone aumenta faturamento com produto ecológico. *Gazeta Mercantil*, 1º dez. 1995, p. B-16.

nos sentimentos, experimentando as pessoas uma sensação de felicidade, alegria ou bem-estar quando em contato com a natureza.

No momento atual, em que predomina um processo de conscientização da opinião pública que se inicia com a chocante visão dos impactos ambientais negativos (acidentes ecológicos, contaminação, matança indiscriminada de animais, ameaça de extinção de espécies etc.), o emocional tende a predominar na reação dos consumidores diante de uma marca.

Outro aspecto que deve ser considerado é de que a redução do impacto ao meio ambiente natural de um produto não resulta de imediato em benefício individual ao seu comprador, o que não o torna a curto prazo um fator motivador de compra. No entanto, a atitude emocional de compra surte efeitos a curto prazo e tende a ser substituída pela atitude racional a médio e longo prazo.

Uma estratégia de posicionamento ecológico que combine as duas estratégias citadas poderá obter reações positivas mais consistentes por parte do consumidor, pois a dimensão emocional aproxima o cliente da marca, e a dimensão racional consolida a fidelidade deste, pois fundamenta a sua escolha perante outros membros da sociedade. O posicionamento de marca ecológica que adota as duas estratégias pode tornar o cliente um multiplicador promocional do produto, o que não ocorre com a adoção do posicionamento de marca, baseado tão somente na dimensão emocional, que a médio prazo perderá a clientela. Ou com a adoção da dimensão racional, exclusivamente, que não aproximará o cliente do produto.

A comunicação eficaz no atual momento de sensibilização ecológica deverá associar a marca a imagens e cenários que apresentem aspectos da natureza que vão ao encontro da imagem idealizada pelo consumidor, e ao mesmo tempo fornecer informações sobre os atributos ambientais do produto e do processo produtivo que contribuem para que o meio ambiente natural permaneça desse modo.

É preciso se ter em mente sempre que a comunicação de marca é apenas um dos componentes de uma estratégia de posicionamento verde; caso esta não esteja baseada em atributos ambientais reais e consistentes, não haverá retorno para a organização a médio ou longo prazo.

10.5 A publicidade ambiental enganosa

A consciência ambiental do grande público é hoje uma realidade, principalmente entre os mais jovens, que entendem a importância de uma atenção maior com a natureza, os efeitos devastadores da contaminação e os perigos que rondam a humanidade com o aumento do aquecimento global. Nesse contexto as empresas continuam, junto ao grande público, a se constituir como as grandes vilãs das agressões ambientais, e aquelas que não deixam claro seu compromisso com o verde têm encontrado alguma resistência na comercialização de seus produtos, tendência que pode vir a crescer.

Esse quadro faz com que os departamentos e agências de marketing se preocupem com essa predisposição negativa do público para com as empresas quando se trata de problemas ambientais, e é quando se tomam iniciativas que contrariam não só o bom senso como também o mais elementar código de ética.

É nesse momento que se multiplicam as propagandas verdes enganosas de vários tipos, algumas com declarações vagas (ambientalmente correto, amigo do meio ambiente) e outras exagerando certos atributos ambientalmente corretos, focando em um ou outro positivo, e ignorando muitos outros negativos da empresa.

Essa prática de procurar comercializar, posicionar, ou seja, comunicar um produto ou serviço como se fosse um benefício para o meio ambiente, com o objetivo de projetar uma imagem ecológica, é conhecida como *greenwashing*, que em tradução literal significa "lavagem verde".

A publicidade ambiental enganosa vem se disseminando como um procedimento não ético adotado por muitas empresas e que procura, através da maquiagem de seus produtos e serviços, enganar o consumidor fazendo-o crer que está contribuindo com a proteção ao meio ambiente, quando na realidade se trata de propaganda falsa.

São inúmeros os exemplos de *greenwashing*. Entre alguns recentes estão: oferecer produto cancerígeno em uma embalagem de plástico reciclado; exibir uma garrafa de água divulgando que o líquido é biodegradável (o que é irrelevante); fazer propaganda de cigarros orgânicos ou de pesticidas ecológicos; afirmar que o produto é 100% natural, embora existam vários produtos naturais muito perigosos (como o arsênico, o urânio e o metanol); exibir rótulos que induzem o consumidor a entender que o produto é certificado quando na realidade não o é. São algumas dentre as muitas propagandas veiculadas pelos órgãos de imprensa e *sites* próprios revelando um comportamento não ético das empresas.

Como hoje está em evidência a pressão da sociedade para que as empresas adotem práticas de responsabilidade social, impressiona o número de organizações que diariamente adotam práticas de maquiagem verde em sua publicidade.

Se levarmos em consideração que o conceito de economia verde e o de sustentabilidade envolvem o aspecto social, o *greenwashing* se torna um problema ainda mais grave: através da maquiagem verde as empresas buscam ocultar práticas de assédio moral para aumento da produtividade, relacionamento com trabalho escravo na cadeia produtiva entre outros casos divulgados pela mídia.

A publicidade verde enganosa é uma prática prejudicial àquelas empresas éticas e que realmente merecem promover-se pelo seu envolvimento com a sustentabilidade. Infelizmente as grandes empresas a adotam com frequência porque é muito mais conveniente no curto prazo, do que mudar seus modelos de negócios. Com a facilidade de comunicação disponível aos consumidores através da Internet, essa prática adotada por muitas empresas poderá se transformar em prejuízo grave na reputação corporativa ao longo do tempo. Para essas empresas que se pautam pelo descompromisso com a ética é bom lembrar a frase de Abraham Lincoln: "pode-se enganar a todos por algum tempo; pode-se enganar alguns por todo o tempo; mas não se pode enganar a todos o tempo todo".

10.6 A certificação como estratégia de marketing

No mercado mundial, está cada vez mais popularizada a publicidade "verde", em que alguns produtos são alardeados como ecológicos, por terem origem em plantações orgânicas, ou por estarem livres de substâncias agressivas ao meio ambiente, ou por não agredirem o ambiente natural, ou por outros motivos semelhantes. São muitas as frases que surgem em rótulos, tais como: "não prejudica a camada de ozônio", "ar-condicionado ecológico", "carvão ecológico" etc. A profusão e a quantidade de alegações que afirmam que o produto é ecológico têm confundido o consumidor, que passa a ver com desconfiança essa divulgação, pois não possui meios de saber se as empresas realmente cumprem com o que afirmam na propaganda.

A comunicação ambiental empresarial tem procurado implantar estratégias que deem garantias ao consumidor de que a informação declarada seja verdadeira, e entre as mais efetivas está a busca pela certificação tanto dos processos produtivos quanto dos produtos. A idoneidade da certificação é obtida por ser um procedimento voluntário, pelo qual uma organização assegura através de documento ou rotulagem que um produto, processo ou serviço cumpre com as exigências ambientais.

No atual processo de globalização dos mercados, as exigências ou critérios ambientais têm se convertido em fatores fundamentais na competitividade empresarial, devido ao crescimento tanto da consciência ambiental dos consumidores, como pela aplicação de medidas cada vez mais rigorosas que os governos são obrigados a adotar devido aos acordos internacionais que buscam diminuir o impacto da atividade humana que afeta negativamente a qualidade de vida no planeta.

Por outro lado, como já vimos nos capítulos anteriores, a inserção da variável ambiental tem contribuído para a geração de novos negócios, em que bens e serviços com a componente ecológica apresentam taxas de crescimento mais altas do que dos produtos convencionais.

As certificações e as rotulagens ambientais estão se constituindo cada vez mais em garantia de que os atributos ambientais declarados sejam reais; o que é bom para o consumidor, que assim tem a certeza de estar adquirindo um produto ou serviço saudável para si e/ou para o ambiente natural; também para o empresário, que obtém um elemento que diferencia o seu produto em relação a outros com a mesma finalidade; e para a sociedade mais geral – ONGs, administrações públicas, organismos internacionais etc. –, que assim tem condições de identificar as organizações que contribuem ou não para atingir objetivos ambientais predeterminados.

Há inúmeras certificações e rotulagens ambientais no mercado internacional que se destinam, na sua maioria, a áreas específicas, como produtos orgânicos, madeiras, proteção aos golfinhos, ou são de cunho geral, como o Sistema de Gestão Ambiental da ISO 14001. A norma técnica 14020 define os critérios a serem adotados nos selos ambientais.

A certificação como estratégia de marketing é adotada pelas empresas como uma oportunidade de mercado para diferenciar-se dos concorrentes mais convencionais e posicionar-se como marca ambientalmente correta e socialmente responsável. Além disso, a certificação também contribui para a inserção da marca em novos nichos de mercado e para atender às demandas de mercados que adotam altos critérios de exigência em matéria ambiental.

Conclusão

Neste capítulo, vimos que a função histórica das empresas, de atendimento das necessidades das pessoas, está se ampliando para suprir outra carência que é a qualidade de vida. Esta crescente nova necessidade do ser humano está tão enraizada em algumas regiões que consegue se sobrepor a outras mais tradicionais.

A busca por melhor qualidade de vida, que refletiu o crescimento das preocupações ambientais no final do século passado, constitui hoje um aspecto importante a ser levado em consideração na construção da imagem de um produto. Esta construção do produto com apelo ecológico só terá condições de se constituir em valor agregado se todo o ciclo de vida do produto e o seu processo de fabricação estiverem adequados às exigências ambientais. Caso contrário, a médio prazo a imagem da marca da empresa perderá prestígio e respeitabilidade, e, como os que atuam no meio sabem, recuperar a reputação é bem mais difícil que construí-la.

11 A responsabilidade social empresarial e o meio ambiente

Um dos aspectos mais visíveis do movimento gerado em torno da questão ambiental nos últimos anos é a responsabilidade social tanto de indivíduos quanto de organizações, sejam elas do setor privado, sejam do setor público, sejam do terceiro setor. A responsabilidade social em questões ambientais tem-se traduzido em adoção de práticas que extrapolam os deveres básicos tanto do cidadão quanto das organizações. Constituem-se em sua maioria em ações voluntárias que implicam um comprometimento maior que a simples adesão formal em virtude de obrigações advindas da legislação.

11.1 O conceito de responsabilidade social empresarial

Há muitas definições de Responsabilidade Social Empresarial (RSE) ou Responsabilidade Social Corporativa (RSC), e existe dificuldade em estabelecer um consenso sobre qual delas deveria prevalecer. Na prática, porém, o conceito de RSE *"promove um comportamento empresarial que integra elementos sociais e ambientais que não necessariamente estão contidos na legislação mas que atendem às expectativas da sociedade em relação à empresa"*.[1] Na realidade, as iniciativas em questões de RSE vão muito além da obrigação de cumprir a legislação em matéria ambiental ou social.

Por outro lado, doações que a empresa faz ocasionalmente não são ações de RSE; são um tipo de ajuda eventual que presta a empresa, configurando-se mais ação de filantropia. Quando se trata de Responsabilidade social,

---

[1] ARAYA, Monica. Negociaciones de inversión y responsabilidad social corporativa: explorando un vínculo en las Américas. *Revista Ambiente y Desarrollo de CIPMA*, v. XIX, nº 3 e 4, p. 74-81, 2003, citação à p. 76.

> *"são estratégias pensadas para orientar as ações das empresas em consonância com as necessidades sociais, de modo que a empresa garanta, além do lucro e da satisfação de seus clientes, o bem-estar da sociedade. A empresa está inserida nela e seus negócios dependerão de seu desenvolvimento e, portanto, esse envolvimento deverá ser duradouro. É um comprometimento".*[2]

É o mesmo entendimento da Conferência das Nações Unidas para o Comércio e o Desenvolvimento (United Nations Conference for Trade and Development – UNCTAD), que considera que[3]

> *"a responsabilidade social da empresa vai além da filantropia. Na maioria das definições se descreve como as medidas constitutivas pelas quais as empresas integram preocupações da sociedade em suas políticas e operações comerciais, em particular, preocupações ambientais, econômicas e sociais. A observância da lei é o requisito mínimo que deverão de cumprir as empresas".*

Na Cúpula Mundial de Desenvolvimento Sustentável, mais conhecida como Rio+10, que ocorreu em 2002, na cidade de Johannesburgo, o Conselho Empresarial Mundial para o Desenvolvimento Sustentável (*World Business Council of Sustainable Development* – WBCSD) divulgou documento em que define a Responsabilidade Social Empresarial como:[4]

> *"O compromisso da empresa de contribuir ao desenvolvimento econômico sustentável, trabalhando com os empregados, suas famílias, a comunidade local e a sociedade em geral para melhorar sua qualidade de vida."*

Durante o Encontro de Johannesburgo, o braço financeiro do Banco Mundial, a IFC (International Finance Corporation), convidou dez bancos para discutir a adoção de critérios mínimos ambientais e de responsabilidade social que devem ser atendidos para a concessão de créditos a projetos acima de US$ 50 milhões. Da discussão surgiu o documento conhecido como Princípios do Equador, adotado hoje por quase 30 bancos em todo o mundo, sendo que no Brasil aderiram o Unibanco, o Bradesco, o Itaú e o Banco do Brasil; as filiais do Citibank e do ABN Amro os adotaram desde o início. Nesse sistema, a adesão dos bancos é voluntária, e as operações de crédito devem receber

---

[2] TOLDO, Marisa. Responsabilidade social empresarial. Instituto Ethos. *Responsabilidade social das empresas*: a contribuição das universidades. São Paulo: Fundação Petrópolis, 2002. p. 71-102. Citação à p. 84.
[3] UNCTAD (2003).
[4] WBCSD. *El caso empresarial para el desarrollo sostenible*, 2002. p. 6.

notas que variam de A a C, sendo que os empréstimos classificados com notas A e B são considerados de alto e médio riscos, respectivamente.[5]

De acordo com o *Livro Verde da União Europeia,*[6]

"ser socialmente responsável não significa somente cumprir plenamente as obrigações jurídicas, mas também ir mais além de seu cumprimento investindo mais no capital humano, no entorno e nas relações com os interlocutores".

Desse modo, a concepção de RSE implica novo papel da empresa dentro da sociedade, extrapolando o âmbito do mercado, e como agente autônomo no seu interior, imbuído de direitos e deveres que fogem ao âmbito exclusivamente econômico. A empresa é vista cada vez mais como um sistema social organizado em que se desenvolvem relações diversas, além das estritamente econômicas.

Na nova concepção de empresa, esta compreende que a atividade econômica não deve orientar-se somente por uma lógica de resultados, mas também pelo significado que esta adquire na sociedade como um todo. Cada vez mais a empresa é compreendida menos como uma unidade de produção, e mais como uma organização. E, como tal, é um sistema social, formado por um conjunto de pessoas que para ela convergem para alcançar determinados fins. Nesta perspectiva, o grupo social que constitui a organização deverá ter uma liderança que deve estabelecer e firmar objetivos éticos para orientar suas atividades.

Assim, os empresários estão se conscientizando de que a empresa não é somente uma unidade de produção e distribuição de bens e serviços que atendem a determinadas necessidades da sociedade, mas que deve atuar de acordo com uma responsabilidade social que se concretiza no respeito aos direitos humanos, na melhoria da qualidade de vida da comunidade e da sociedade mais geral e na preservação do meio ambiente natural.

Do ponto de vista ambiental, a consciência ecológica empresarial tem sido motivada, em parte, pelas pressões contínuas do Poder Público, da opinião pública e dos consumidores, e em muitos casos pela possibilidade de melhorar sua imagem junto a determinados mercados, o que resulta num aumento de seus benefícios.

De qualquer modo, como resultado dessa preocupação ambiental, associada com as exigências legais e éticas da sociedade, muitas empresas têm procurado gradativamente assumir maior responsabilidade ecológica, adotando um papel mais ativo.

---

[5] JULINA, Dense. Crédito bancário só para os responsáveis. *Gazeta Mercantil*, 6 jun. 2005, Caderno Responsabilidade Ambiental, p. 4; Ribeiro, Alex. BB adotará critério socioambiental. *Gazeta Mercantil*, 1º jun. 2004, p. B-2.
[6] Comisión de las comunidades europeas. *Libro verde*: fomentar un marco europeo para la responsabilidad social de las empresas. Bruxelas, 18 jul. 2001, p. 7.

As atitudes que as empresas têm adotado são de dois tipos: as reativas e as proativas. As empresas reativas, num primeiro momento, negam-se a aceitar pressões ou reagem diante delas; quando não há outro caminho, assumem a causa ambiental procurando obter vantagens no processo de mudança a que são obrigadas.

Por outro lado, a gestão ambiental responsável procura incorporar, independentemente de pressões, as exigências ambientais, e se necessário busca soluções que vão além das medidas legais. A mudança de atitude deve levar em conta alguns aspectos, como a adoção de ações, comportamentos e políticas proativas, entre as quais podemos elencar:

- implantar um sistema de gestão ambiental;
- proceder a modificações no processo produtivo, substituindo os produtos tóxicos ou nocivos por outros menos prejudiciais;
- estabelecer um programa de redução de emissões poluentes;
- estabelecer programas de formação e informação ambiental para o quadro de pessoal da organização;
- criar um setor responsável, prioritariamente, com a questão ambiental na organização;
- elaborar códigos de conduta de respeito ao meio ambiente;
- participar ativamente das campanhas educativas e de prevenção organizadas pelos governos em todos os níveis (municipal, estadual e nacional), e daquelas promovidas pelas entidades representativas do seu setor produtivo;
- recuperar e reciclar os seus produtos e subprodutos;
- promover e incentivar a pesquisa de novas tecnologias e novos produtos que não prejudiquem o meio ambiente.
- diminuir o consumo de matérias-primas, água e energia;
- diminuir a produção de resíduos (por exemplo, adotando tecnologias limpas de produção) e, nos casos em que se mantêm, assegurar que tenham um tratamento correto.

A Confederação Nacional da Indústria considera que, para o desenvolvimento sustentável e a responsabilidade social, a indústria deve ter como princípios básicos:[7]

---

[7] CNI (2002, p. 28).

- o reconhecimento de que a educação, a erradicação da pobreza, a promoção da saúde e a eliminação da exclusão social são fundamentais; e que

- é sua responsabilidade atuar de forma integrada e complementar ao governo e a outros agentes da sociedade no sentido de viabilizar o desenvolvimento social e econômico da região, utilizando de forma competitiva e sustentável seus recursos naturais.

As discussões sobre a Responsabilidade Social tomaram um novo rumo com o lançamento do Pacto Global pelas Nações Unidas em 1999, quando o Secretário Geral da ONU, Kofi Annan, apelou para que as empresas do mundo todo assumissem uma globalização mais humanitária. O Pacto tem dez princípios universais:[8]

Princípios de Direitos Humanos

1. Respeitar e proteger os direitos humanos.
2. Impedir violações de direitos humanos.

Princípios de Direitos do Trabalho

3. Apoiar a liberdade de associação no trabalho.
4. Abolir o trabalho forçado.
5. Abolir o trabalho infantil.
6. Eliminar a discriminação no ambiente de trabalho.

Princípios de Proteção Ambiental

7. Apoiar uma abordagem preventiva aos desafios ambientais.
8. Promover a responsabilidade ambiental.
9. Encorajar tecnologias que não agridam o meio ambiente.

Princípio contra a Corrupção

10. Combater a corrupção em todas as suas formas, inclusive extorsão e propina.

---

[8] Disponível em: <www.pactoglobal.org.br>.

Como se vê, o Pacto Global como referência para uma atuação socialmente mais responsável pelas empresas é bastante abrangente e traz novas implicações para a atuação empresarial, incluindo o combate à corrupção.

11.2 As dimensões interna e externa da RSE

A Responsabilidade Social Empresarial apresenta duas dimensões quando considerada a empresa, a interna e a externa.[9]

Considerada a dimensão interna, as práticas responsáveis socialmente dizem respeito primeiramente aos trabalhadores e se referem a questões como os investimentos realizados em recursos humanos, a saúde e a segurança do trabalho, e a gestão das mudanças provocadas pelo processo de reestruturação produtiva, e a gestão dos recursos naturais utilizados na produção. Aqui se incluem também todas as ações, políticas e programas dirigidos aos fornecedores, distribuidores e a todos os integrantes da cadeia produtiva.

Quanto à dimensão externa, a responsabilidade social das empresas se estende muito além do perímetro das empresas, inclui as comunidades locais e amplo leque de interlocutores: consumidores, autoridades públicas e ONGs que defendem os interesses das comunidades locais e o meio ambiente. Incluem ações, políticas e programas dirigidos a qualquer grupo ou problema que não se encontre relacionado diretamente com a empresa através de uma relação contratual ou econômica. Aqui devem ser incluídas iniciativas de apoio à comunidade, doações, participação em fóruns ambientais etc.

A responsabilidade social das empresas ultrapassa também as fronteiras nacionais, pois não só consomem recursos do mundo inteiro, como seus produtos atingem as mais diferentes localidades do globo.

Tanto a responsabilidade social empresarial externa como a interna têm a mesma importância, devendo se apresentar sempre interconectadas. O desenvolvimento de um programa de RSE deve ser respaldado por um amplo apoio de toda a organização às iniciativas ambientais desta. O envolvimento do quadro de funcionários num programa de RSE externa demonstra compromisso social e fortalece o vínculo do empregado com a organização, pois o processo intensifica uma maior identificação do indivíduo com a empresa, não a vendo somente como empregadora, mas também como um agente social ativo que contribui para a sociedade da qual faz parte.

---

[9] Comisión de las Comunidades Europeas. *Libro verde*: fomentar un marco europeo para la responsabilidad social de las empresas. Bruxelas, 18 jul. 2001, p. 8 e 12.

11.3 As normas de RSE

Diversas organizações elaboraram normas para a apresentação de balanço e auditoria em termos sociais. Há normas que privilegiam os processos e os resultados, algumas que são voluntárias, outras obrigatórias, normas que abordam temas específicos, e algumas que cobrem a maior parte das questões que envolvem a responsabilidade social. Entre estas há uma iniciativa importante que é a norma Responsabilidade Social 8000 (SA 8000). Elaborada pela SAI (*Social Accountability International*), ela trata das condições de trabalho e prevê um controle independente para verificação de seu cumprimento nas empresas. Essa norma e seu sistema de controle se baseiam em estratégias comprovadas de garantia de qualidade (como a ISO 9000) e agregam vários elementos que os especialistas em direitos humanos consideram fundamentais para a auditoria social. A norma existe desde 1997[10] e, entre outros aspectos trabalhistas importantes, foca o trabalho infantil, a liberdade de organização, o tempo de duração do trabalho e a remuneração.

A norma SA 8000 é aplicável tanto nas empresas pequenas, como nas maiores que desejam demonstrar a quem possa interessar que lhes importa o bem-estar de seus funcionários. A essência da norma é a crença de que todo lugar de trabalho deve ser administrado de maneira tal que estejam garantidos os direitos humanos básicos e que a gerência está preparada para assumir essa responsabilidade.

O Sistema da norma SA 8000 foi projetado segundo o modelo das normas já estabelecidas, a ISO 9001 e ISO 14001 que correspondem à gestão de qualidade e à gestão ambiental, respectivamente. A certificação pela norma SA 8000 tem a função de validar as declarações da empresa a respeito de seu compromisso com a responsabilidade social, tornando pública sua credibilidade, aumentando assim a reputação da empresa e o nível de confiança da comunidade.

A Norma SA 8000 tem como objetivo a completa adoção pela empresa das exigências legais, a valorização do componente humano e o melhoramento contínuo das condições de trabalho em toda a cadeia de fornecedores, além da correta gestão da imagem empresarial, em um processo no qual se escutam as opiniões de todas as partes interessadas, tanto internas como as externas à empresa. O Quadro 11.1 apresenta as fases do processo de certificação.

---

[10] Maiores informações sobre a norma podem ser obtidas no *site*:<www.cepaa.org/sa8000.htm>.

Quadro 11.1 Fases do processo de certificação da SA 8000

1ª Fase: Diagnóstico ou pré-auditoria
A consultoria avalia a empresa e recomenda adequações.
2ª Fase: Início do processo
A empresa corrige práticas inadequadas e adota uma nova postura de relacionamento com os funcionários. A consultoria treina auditores internos, que serão responsáveis por manter o sistema em funcionamento.
3ª Fase: Análise crítica
A consultoria avalia se o sistema de gestão contempla os requisitos da SA8000 incluindo os fornecedores.
4ª Fase: Auditoria externa
Empresa certificadora credenciada pela SAI realiza visitas na busca de evidências objetivas da implementação da norma na empresa. Obtida a certificação, visitas semestrais de auditores checam o cumprimento das metas definidas em auditorias anteriores. Após três anos, deve-se renovar a certificação.

Fonte: *Brasil Sustentável*, jan./fev. 2005.

Muitas empresas globais já exigem a certificação da SA 8000 de sua cadeia produtiva, o mesmo ocorrendo com importadores americanos e europeus de vários produtos, principalmente têxteis, brinquedos e cosméticos. No início de 2005, eram 492 empresas em 40 países que adotavam a norma de RSE. No Brasil, havia 62 empresas certificadas, entre as quais Alcoa, Avon, Belgo-Mineira, CPFL, Marcopolo, Mendes Júnior, Multibrás, Petrobras, SESI/PR e Suzano.[11]

Em virtude da diversidade de normas relacionadas com a Responsabilidade Social Empresarial, a Organização Internacional para Padronização (ISO) se viu na contingência de criar uma norma voltada para a RSE que compatibilize os diversos critérios adotados, com o objetivo de estabelecer parâmetros comuns para todos os países.

A ISO criou um comitê técnico presidido por Jorge Cajazeira, que é gerente de excelência empresarial da empresa brasileira Suzano Bahia-Sul de Papel e Celulose. O processo teve início formal em 2004 e o grupo concluiu seu trabalho apresentando a nova norma ISO 26000 de Responsabilidade Social no dia 1º de novembro de 2010.

A norma de Responsabilidade Social basicamente é um guia, de aplicação voluntária, o qual dá diretrizes de atuação para todo tipo de organizações em diversas áreas

---

[11] INDICADOR SA 8000: respeito ao trabalho. *Brasil Sustentável*, jan./fev. 2005, p. 50.

relacionadas com a ação socialmente responsável, como o meio ambiente, os direitos humanos, os direitos dos consumidores ou a contribuição ao desenvolvimento social.

O caminho percorrido para a elaboração da norma social não foi fácil. Durante seis anos participaram de sua elaboração empresários, governos, trabalhadores, consumidores, organizações não governamentais entre outros, cabendo a liderança do processo ao SIS (Instituto de Normalização Sueco) e à ABNT (Associação Brasileira de Normas Técnicas).

A ISO 26000 é uma ferramenta voluntária que, seguramente, provocará mudanças no interior das organizações; e aumentará a pressão sobre os governos para aumentar a regulação nessa matéria. A norma destaca que a responsabilidade social não é somente empresarial, mas de todas as organizações e dos indivíduos. Esta característica coloca o desenvolvimento sustentável, e em consequência a melhoria da qualidade de vida, na agenda social.

Levando-se em consideração que a ISO (*International Organization for Standartization* – Organização Internacional para Padronização) é um organismo de grande credibilidade internacionalmente, graças às suas séries 9000 (gestão da qualidade) e 14000 (gestão ambiental) que são amplamente reconhecidas e utilizadas por organizações em todo mundo, pode-se esperar que o conceito de responsabilidade social se expanda tanto em seu entendimento quanto à sua utilização, de forma mais acelerada a nível mundial.

O fato é que a existência de uma norma sobre responsabilidade social que estabelece critérios comuns, consensuais, sobre aspectos ligados às dimensões econômico-financeiras, social e ambiental facilita ao conjunto de organizações – particularmente àquelas ligadas a cadeias produtivas exportadoras – integrar melhores práticas à sua gestão e terem acesso aos mercados globais em igualdade de condições com suas congêneres dos países desenvolvidos.

Essa nova norma, revolucionária em vários aspectos e que certamente colocará um antes e depois no debate sobre a responsabilidade social, surge em um momento em que a relação das empresas com a sociedade está em acelerado processo de mudanças, possivelmente provocado pelo aumento da participação social, que se traduz no fortalecimento de redes sociais de todo tipo, e que por sua vez é decorrente de um maior acesso do cidadão à informação, que se tornou possível pela facilidade na obtenção de novas tecnologias.

Os consumidores estão exigindo maior qualidade, tanto dos produtos que compram quanto dos serviços que recebem. Mas o conceito de qualidade não está mais circunscrito a uma determinada característica, seja de segurança ou de utilidade de um produto ou serviço; mas se ampliou devendo incluir a garantia de que as empresas em sua elaboração não empregaram mão de obra infantil, não deterioram o meio ambiente ou se a organização se envolve com causas sociais.

Muitas empresas preocupadas com sua imagem e sua relação com os consumidores têm aumentado sua participação em projetos de proteção ambiental, assistenciais, educacionais entre outros de cunho social. É dessa necessidade que surge o debate sobre o papel social da empresa, e que tem como resultado a emergência do conceito de responsabilidade social, o qual deve ficar claro que não pode ficar restrito à utilização de excedentes financeiros ou a ações pontuais filantrópicas. A responsabilidade social vai além dos limites funcionais das organizações, iniciando sempre no seu interior e só depois alcançando o ambiente externo.

A primeira responsabilidade ética de uma empresa deve estar dirigida para seus empregados, concretizando-se em condições de trabalho justas e com a criação de espaços adequados para o desenvolvimento pessoal. Numa segunda fase, a orientação deve ser em relação aos fornecedores e clientes; ou seja, que estes tenham informações reais do tipo de serviço que se está prestando, e ao mesmo tempo lhes dando conhecimento de quais são seus direitos entre outras ações.

Os benefícios para a empresa que assume ações de responsabilidade social se manifestam tanto em nível interno quanto externo. Quanto à dimensão interna, há melhoria na comunicação formal, além de serem criados novos vínculos de comunicação entre pessoas e grupos. Há também uma melhora no trabalho em equipe, e no clima organizacional, a cultura corporativa é reforçada em relação a determinadas práticas e comportamentos e surge uma crescente necessidade de aprimoramento da formação técnica e profissional.

As ações sociais se convertem e se tornam parte dos valores da empresa. Há também uma melhora na gestão dos recursos humanos, a lealdade e a motivação se fortalecem, com a consequente melhoria no ambiente de trabalho e aumento da produtividade.

Em resumo, são muitas as formas pelas quais uma empresa pode desenvolver um papel mais ativo na sociedade e que vá além de cumprir com determinadas normas legais ou proporcionar determinados produtos ou serviços. Com a consolidação da ISO 26000, a responsabilidade social e a integração das empresas num papel mais ativo no desenvolvimento de uma sociedade mais justa e sustentável serão valores agregados fundamentais e que redefinirão o conceito de qualidade no século XXI.

A ISO 26000 servirá para estabelecer um padrão internacional para implementação de um Sistema de Gestão e certificação de empresas em torno da Responsabilidade Social.

No Brasil, foi lançada no final de 2004, a norma NBR 16001, criada pela Associação Brasileira de Normas Técnicas (ABNT), que estabelece requisitos mínimos relativos a um sistema de gestão de responsabilidade social. A norma não é obrigatória, e com ela é possível verificar se a empresa segue leis de concorrência, sem a adoção de práticas desleais, se participa do desenvolvimento da comunidade, se não traz prejuízos ao Meio Ambiente, se promove a diversidade e combate a discriminação no ambiente de trabalho, se tem compromisso com o desenvolvimento profissional de seus empregados, entre outros itens. Essa norma NBR 16001:2004 passa a servir de referência para organizações que queiram implementar técnicas de gestão de responsabilidade social.

11.4 A Norma de Responsabilidade Social – ISO 26000

A ISO desenvolveu desde o final de 2004, com lançamento em novembro de 2010, a norma ISO 26000, que fornece orientações em responsabilidade social para diferentes tipos de organizações públicas e privadas, válidas tanto para os países desenvolvidos quanto para países em desenvolvimento.

O principal objetivo da norma é tornar compreensível o que vem a ser responsabilidade social e como se relaciona com os diferentes tipos de organizações, incluindo as pequenas e médias empresas.

Na sua elaboração foram levadas em consideração as diferenças culturais, sociais, ambientais, legais e de desenvolvimento econômico, tornando-a possível de ser aplicada por todas as organizações, independentemente de seu tipo, tamanho, propósito ou localização, pois é clara, acessível e prática. Porém não deve ser utilizada para propósitos regulatórios nem contratuais ou funcionar como uma barreira comercial.

O documento ISO 26000 constitui uma norma internacional que proporciona diretrizes, não sendo uma norma de sistema de gestão. Sua intenção não é de ser utilizada para certificação de terceiras partes, mas oferece elementos que podem ser incorporados a sistemas de gestão já existentes, indicando diferentes formas de integrar a responsabilidade social com as atividades cotidianas da organização.

Na elaboração da norma contribuíram diversos grupos de interesse, entre os quais: consumidores, governos, empresas, trabalhadores, ONGs e entidades de prestação de serviços e pesquisa de países desenvolvidos e em desenvolvimento.

A norma incentiva que as organizações prossigam além do cumprimento legal, reconhecendo que o cumprimento da lei é uma parte fundamental da RS de qualquer organização. Pretende promover um entendimento comum no campo da RS.

Pretende, ainda, complementar outros instrumentos e iniciativas relacionadas com a RS, e não substituí-los.

A aplicação da norma deve levar em consideração a diversidade social, ambiental, legal e organizacional, bem como as diferenças nas condições econômicas, sendo consistente com as normas internacionais de comportamento.

A ISO 26000 não é uma norma de sistema de gestão. Não é apropriada nem pretende servir para propósitos de certificação, ou uso regulatório ou contratual.

É importante destacar que o Desenvolvimento Sustentável é um objetivo geral e transversal da norma dado que a responsabilidade social se orienta para maximizar a contribuição das organizações ao Desenvolvimento Sustentável.

Uma das principais contribuições da norma ISO 26000 é a definição do que seja responsabilidade social para as organizações, de modo geral.

Nesse sentido, "Responsabilidade Social" é a responsabilidade de uma organização pelos impactos de suas decisões e atividades na sociedade e no meio ambiente, por meio de comportamento transparente e ético que:

- contribua para o desenvolvimento sustentável, para a saúde e o bem-estar da sociedade;
- leve em consideração as expectativas dos *stakeholders*;
- esteja em conformidade com a lei e seja aplicável e consistente com as normas internacionais do comportamento; e
- seja integrado em toda a organização e praticado em seus relacionamentos.

11.5 A responsabilidade social ambiental

A partir dos anos 1970, a conscientização ambiental baseou-se fundamentalmente nas denúncias sobre a contaminação industrial, resíduos tóxicos, agrotóxicos utilizados na lavoura e a poluição nas cidades. A legislação decorrente foi marcada por impor o tratamento dos resíduos no final do processo produtivo, o que num primeiro momento foi entendido pelas empresas mais como um entrave, que envolvia um aumento de custos e a ampliação de procedimentos administrativos de controle e acompanhamento da legislação, ou seja, mais burocracia.

Embora ainda existam empresários que têm essa visão, principalmente em pequenas e médias empresas, hoje a mudança é bastante sensível no empresariado em relação à percepção da importância da questão ambiental e de como ela pode afetar os seus negócios a curto, médio e longo prazo. A evolução da perspectiva empresarial em relação aos temas ambientais ocorreu paralelamente com o crescimento dessa preocupação em toda a sociedade. Os alarmes provocados pelos grandes acidentes ecológicos de repercussão mundial, nacional e local influenciam significativamente o comportamento empresarial, com reflexos nos negócios. Ao longo dos últimos anos, muitas marcas ficaram ligadas a catástrofes, tendo seu nome associado à irresponsabilidade ambiental; a marca Exxon-Valdez é uma das mais lembradas em associação com catástrofes ambientais.

O papel das organizações está mudando, ainda lentamente, mas com rumo definido para uma maior responsabilidade social, inserindo-se como mais um agente de transformação e de desenvolvimento nas comunidades; participando ativamente dos processos sociais e ecológicos que estão no seu entorno; e procurando obter legitimidade social pelo exemplo, e não mais unicamente pela sua capacidade de produzir. Ao seu papel econômico, que continua fundamental, agrega-se outro que assume conscientemente, de assumir maior responsabilidade social, onde se inclui a perspectiva ambiental.

Um exemplo do maior papel assumido pelas empresas em termos de responsabilidade socioambiental foi o esforço unificado empreendido por 1.250 indústrias instaladas ao longo do rio Tietê em São Paulo, com o objetivo de desenvolver um trabalho de despoluição de suas águas. O resultado, hoje, é que a poluição desse rio está mais ligada a esgotos domésticos, invertendo-se uma situação em que as empresas eram as principais responsáveis.[12]

Essa é uma tendência das empresas, ainda destacando-se as maiores, como pode ser verificado na pesquisa FIESP/CIESP[13] realizada em 2003, que aponta que está diretamente relacionada com o tamanho das empresas a maior participação destas em ações na área ambiental em benefício da comunidade (vide Quadro 11.2).

---

[12] SIMANSKI, Rosa. Empresas se rendem ao apelo verde. *Gazeta Mercantil*, 8 jun. 1005, Caderno Responsabilidade Ambiental, p. 1.
[13] FIESP/CIESP. *Responsabilidade social empresarial*: panorama e perspectiva na indústria paulista. São Paulo: Fiesp/Ciesp, nov. 2003. Disponível em: <www.fiesp.com.br>.

Quadro 11.2 Ações na área ambiental realizadas pelas indústrias em benefício da comunidade, por número de empregados (%)

Ações	Número de empregados		
	Até 99	De 100 a 499	500 ou mais
Participação em comissões ou conselhos locais para discussão de questões ambientais junto ao governo e à comunidade	15,6	35,1	58,6
Projetos próprios de conservação de áreas ou de proteção de espécies	13,8	23,1	55,2
Apoio a projetos de sustentabilidade ou de educação ambiental em parceria com entidades ambientalistas	13,2	18,5	52,5
Atividades de educação ambiental voltadas a moradores, escolas, entidades sociais etc.	5,7	18,3	58,6

Fonte: FIESP/CIESP (2003).

Devemos levar em consideração também o aspecto de que as maiores empresas estão submetidas a maiores pressões para modificar seus processos produtivos e produtos, pois em sua grande parte exportam para países desenvolvidos onde as exigências ambientais são maiores por parte dos consumidores, ou participam de cadeias produtivas cujo produto final tem como destino essa mesma região. Segundo Paulo Skaf, presidente da FIESP (Federação das Indústrias do Estado de São Paulo),[14]

> *"as empresas socialmente responsáveis, preocupadas com a preservação e interessadas em competir no mercado externo, trabalham cada vez mais para se adaptar à produção limpa. Este movimento provoca um efeito cascata, pois elas passam a exigir cada vez mais o certificado de gestão ambiental de seus fornecedores".*

Da mesma forma, são encontradas junto às grandes empresas o maior número de práticas de responsabilidade ambiental, como mostra o Quadro 11.3.

---

[14] SKAF, Paulo. Empresas trabalham cada vez mais para se adaptar à produção limpa. *Gazeta Mercantil*, 6 jun. 2005, Caderno Empresas & Negócios, p. C-2.

Quadro 11.3 Práticas de responsabilidade ambiental adotadas pelas indústrias na condução de seus negócios por número de empregados (%)

Tipos de ações	Número de empregados		
	Até 99	100 a 499	500 ou mais
Possui normas e procedimentos de prevenção de riscos à saúde e segurança dos funcionários	85,6	96,4	98,3
Implantou processos de destinação adequada de resíduos	68,9	89,2	93,0
Busca reduzir o consumo de insumos (energia, água, matérias-primas, produtos tóxicos)	69,1	83,2	87,9
Monitora e controla regularmente possíveis impactos da atividade sobre o meio ambiente	50,7	71,7	91,4
Possui programa de reutilização ou reciclagem de resíduos	51,2	66,7	91,1
Faz coleta seletiva de lixo	48,9	64,3	81,4
Inclui a questão ambiental no planejamento estratégico do negócio	36,6	56,2	86,0
Desenvolve ações de educação ambiental para os empregados	27,6	48,8	79,3
Fornece aos clientes informações sobre possíveis danos ambientais resultantes do uso de produtos	30,0	32,4	61,5
Possui política de gestão ambiental (metas de minimização de impacto, plano de ação etc.)	20,1	47,9	76,3
Possui uma área responsável pelas questões de meio ambiente	16,6	48,8	83,1
Controla o impacto ambiental de atividades externas (transportes, entrada/saída de materiais)	21,6	40,9	72,2
Desenvolve programas de melhoramento ambiental ligados à sua área de negócio	16,3	44,6	80,7
Discute com fornecedores suas responsabilidades por impactos ambientais	22,6	32,2	67,3
Está certificado pela norma ISO 14001 ou equivalente	4,2	10,4	48,3
Desenvolve ações de educação ambiental para os familiares de empregados	4,8	9,7	40,4
Participa de alguma Bolsa de Resíduos	7,5	8,5	24,5

Fonte: FIESP/CIESP (2003).

Outro dado da pesquisa FIESP/CIESP sugere que predomina a adoção de práticas de responsabilidade ambiental que se desenvolvem no ambiente interno das empresas, como a adoção de normas de prevenção de riscos para os funcionários (88,1%), a implantação de processos de destinação adequada de resíduos (77,1%) e a redução do consumo de insumos (71,9%) como mostra o Gráfico 11.1.

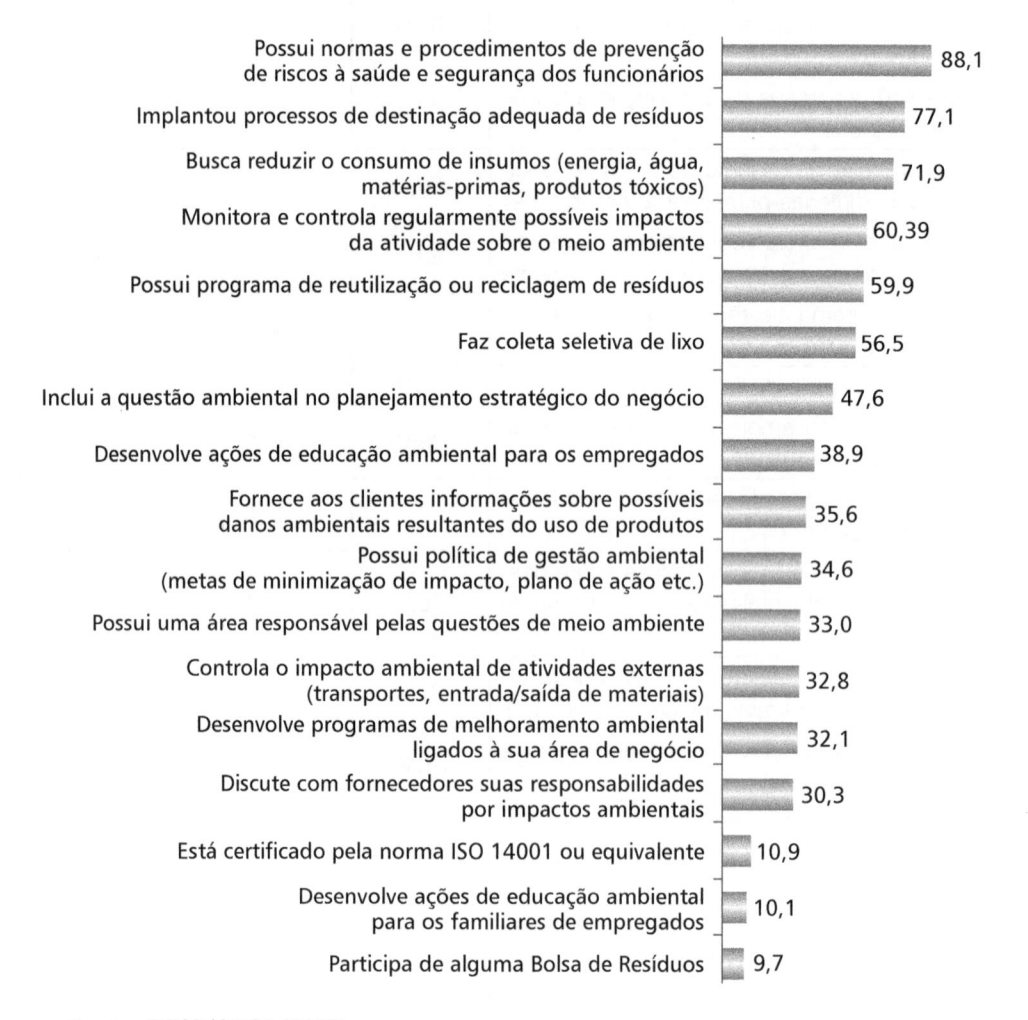

Prática	%
Possui normas e procedimentos de prevenção de riscos à saúde e segurança dos funcionários	88,1
Implantou processos de destinação adequada de resíduos	77,1
Busca reduzir o consumo de insumos (energia, água, matérias-primas, produtos tóxicos)	71,9
Monitora e controla regularmente possíveis impactos da atividade sobre o meio ambiente	60,39
Possui programa de reutilização ou reciclagem de resíduos	59,9
Faz coleta seletiva de lixo	56,5
Inclui a questão ambiental no planejamento estratégico do negócio	47,6
Desenvolve ações de educação ambiental para os empregados	38,9
Fornece aos clientes informações sobre possíveis danos ambientais resultantes do uso de produtos	35,6
Possui política de gestão ambiental (metas de minimização de impacto, plano de ação etc.)	34,6
Possui uma área responsável pelas questões de meio ambiente	33,0
Controla o impacto ambiental de atividades externas (transportes, entrada/saída de materiais)	32,8
Desenvolve programas de melhoramento ambiental ligados à sua área de negócio	32,1
Discute com fornecedores suas responsabilidades por impactos ambientais	30,3
Está certificado pela norma ISO 14001 ou equivalente	10,9
Desenvolve ações de educação ambiental para os familiares de empregados	10,1
Participa de alguma Bolsa de Resíduos	9,7

Fonte: FIESP/CIESP (2003).

Gráfico 11.1 Práticas de responsabilidade ambiental adotadas pelas indústrias na condução de seus negócios (%).

O Gráfico 11.1 mostra que predomina nas empresas a ideia de que a responsabilidade ambiental está diretamente associada a uma melhoria dos seus processos internos, e fica num segundo plano a participação da empresa em ações externas, ou mesmo internas, que reflitam mais diretamente no ambiente externo.

São os setores empresariais mais dinâmicos e competitivos que assumem uma postura ambiental mais proativa envolvendo-se em ações que extrapolam a sua área específica de atuação, granjeando respeitabilidade e afirmando-se como empresas líderes em seu segmento.

Muito embora na pesquisa FIESP/CIESP as empresas certificadas pela ISO 14001 ou equivalentes apareçam com um percentual muito baixo (10,9%), em termos relativos está havendo aumento significativo do número de certificações obtidas pelas indústrias paulistas, como pode ser visto na Figura 11.1. Considerando os países em desenvolvimento, o Brasil é o que apresenta o maior número de empresas certificadas pela norma ISO 14001, o que expressa, segundo Paulo Skaf (Presidente da FIESP), "*a consciência ambiental da indústria*".[15]

Fonte: FIESP.

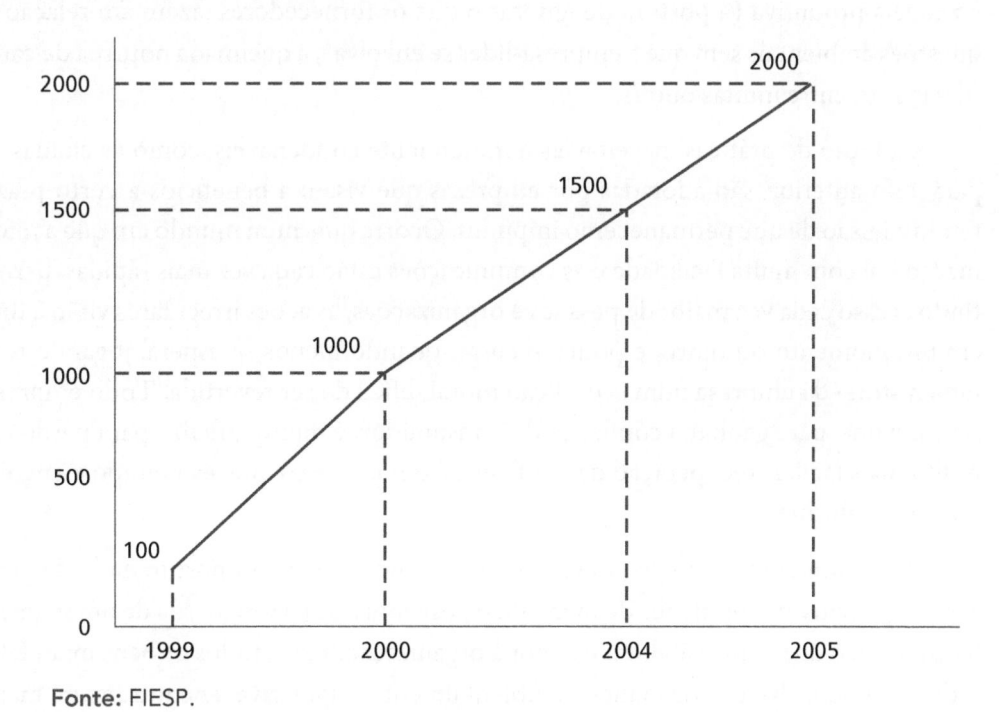

Figura 11.1 Evolução do número de certificações de acordo com a ABNT NBR ISO 14000.

De modo geral, uma empresa, quando incorpora em seus processos as exigências da legislação ambiental, adota um planejamento mais cuidadoso, que impacta toda a

---

[15] SKAF, Paulo. Empresas trabalham cada vez mais para se adaptar à produção limpa. *Gazeta Mercantil*, 6 jun. 2005, caderno Empresas & Negócios, p. C-2.

organização e representa uma ascensão a um grau superior de gestão em que a organização é vista como um agente responsável no contexto social, que tem obrigações e deveres como qualquer indivíduo. Acrescente-se a isso o aspecto positivo que é ter boa reputação no mercado. O fato é que a conduta empresarial ambientalmente pouco ética está cada vez mais encontrando dificuldades para se manifestar, e aqueles que ainda o fazem atuam na marginalidade, comportando-se de forma escusa, conscientes da execução de práticas irresponsáveis.

A irresponsabilidade ambiental se manifesta de várias formas; entre as mais comuns estão: a deposição de material tóxico em áreas sem nenhum controle, o corte abusivo de árvores de mata nativa, a disposição de resíduos tóxicos nos rios e lagos (muitas vezes, feitas na calada da noite), a manutenção de práticas ambientais obscenas na cadeia produtiva (a postura de ignorar o que os fornecedores fazem em relação às questões ambientais sem que a empresa-líder se envolva), a queimada noturna de cana-de-açúcar, entre muitas outras.

A adoção de práticas inaceitáveis e moralmente condenáveis, como as citadas no parágrafo anterior, são adotadas por empresas que visam a benefícios a curto prazo, tendo a ilusão de que permanecerão impunes. Ocorre que, num mundo em que a informação flui com muita facilidade e as comunicações estão cada vez mais rápidas, permitindo acesso cada vez maior de pessoas e organizações, as ações irregulares virão à tona em um momento ou outro, e poderão surgir quando menos se espera, jogando toda uma história da empresa numa condição moral difícil de ser revertida. Todo empresário sabe que, para ganhar a confiança do consumidor, é muito difícil, e para perdê-la é muito mais fácil. A recuperação da confiança é um processo que leva tempo e envolve um custo enorme.

O investimento ecológico deve ser visto como mais uma oportunidade de gerar novos negócios, novos nichos de mercado e posicionar-se na vanguarda de um segmento ou setor, o que dará visibilidade maior à organização. Hoje, todos os bens manufaturados e comercializados de maneira ambientalmente responsável encontram um maior espaço no mercado, em particular nas regiões e países mais desenvolvidos, embora essa tendência esteja cada vez mais se disseminando para um contingente maior de pessoas de todas as camadas sociais e regiões, em virtude de incremento do processo de globalização, que aproxima os mais distantes agrupamentos humanos.

As organizações, seus dirigentes, devem manter maior transparência no funcionamento dos seus processos produtivos, da sua política e posturas ambientais; hoje a difusão de informações técnicas é muito grande, e se torna bastante difícil ocultar do público os processos envolvidos numa unidade produtiva. Como veremos no próximo capítulo, a participação dos cidadãos em questões ambientais revela amadurecimento teórico no entendimento e compreensão de processos que antes eram dominados por um número menor de pessoas. A difusão ampla de informações através da mídia, principalmente pela Internet, possibilita participação qualitativa de um contingente muito maior de pessoas, quando estas se sentem ameaçadas.

Conclusão

Como vimos, a responsabilidade ambiental está contida na responsabilidade social empresarial, e deve ser entendida como parte integrante desta, nunca de forma isolada. Quando se discute responsabilidade ambiental, esta deve ser entendida como o conjunto de ações realizadas além das exigências legais, ou daquelas que estão inseridas num contexto de eficiência profissional ou de área de atuação. A responsabilidade ambiental empresarial se constitui em ações que extrapolam a obrigação, assumindo mais um conteúdo voluntário de participação em fóruns, iniciativas, programas e propostas que visem manter o meio ambiente natural livre de contaminação e saudável para ser usufruído pelas futuras gerações.

12 A cidadania, as empresas e o meio ambiente: o caso CESP das usinas termoelétricas em São Paulo

Neste capítulo, apresentaremos o processo ocorrido diante da atitude de uma empresa, a Centrais Elétricas de São Paulo (CESP), de tentar implantar usinas termoelétricas em dois Municípios do Estado de São Paulo – Paulínia e Mogi-Guaçu –, ambos localizados próximos à cidade de Campinas.[1]

Os procedimentos adotados neste caso pela empresa, em menor ou maior grau, são os mesmos utilizados em muitas organizações públicas ou privadas, que não se adaptaram à realidade da prática democrática de levar em conta a opinião da população e o papel desempenhado por agentes ambientalmente ativos, que hoje dispõem de vários mecanismos institucionais para fazer frente a iniciativas danosas ao meio ambiente vindas de qualquer setor.

12.1 Introdução: um breve histórico

A CESP tentou implantar na região de Campinas, como parte de um programa de expansão de produção de energia, uma usina termoelétrica que geraria 350 MW e que atuaria de forma a complementar a energia gerada pelas centrais hidroelétricas. Essa usina utilizaria como combustível o RESVAC – resíduo ultraviscoso –, subproduto da Refinaria de Paulínia que apresenta em sua composição alta porcentagem de enxofre e que, quando queimado, gera gases fortemente ácidos.

---

[1] Este caso foi discutido com profundidade na dissertação de mestrado apresentada no Instituto de Filosofia e Ciências Humanas da Unicamp, *A questão ambiental e o exercício da cidadania*: o movimento contra a usina termelétrica em Mogi-Guaçu (Dias, 1995 a).

Esses gases, particularmente óxidos de nitrogênio e de enxofre, em contato com o vapor d'água existente no ar precipitam uma chuva ácida que entre outros problemas causa sérios danos à agricultura e à saúde da população.

Inicialmente, tentou-se implantar a usina no Município de Paulínia (1989-1992) e, posteriormente (1992-1993), em Mogi-Guaçu. Em ambas as tentativas, a CESP fracassou, mesmo tendo acumulado experiência ao longo desses anos.

As duas iniciativas não levaram em consideração o estágio de desenvolvimento do debate ambiental no Brasil, desconsideraram aspectos conjunturais (proximidade da ECO-92) e legais (Constituições Federal, Estadual e Leis Orgânicas) e, o que é muito importante, em nenhum momento procuraram envolver as populações num debate sobre a questão energética, o que poderia levar até a um questionamento sobre a validade ou não da necessidade dessas alternativas energéticas.

Sob a ótica da administração da CESP envolvida com a questão, a participação da população deveria se resumir a ser convencida da opção tomada nos gabinetes da estatal, dentro de uma visão de que o desenvolvimento necessita de mais energia elétrica e sem ela haveria o caos. Nas palavras do presidente da CESP, *"ou faz-se usina termelétrica, ou apaga-se a luz"*.[2]

12.2 A origem do problema

A opção termoelétrica como alternativa aos recursos energéticos existentes[3] começou a ser debatida na CESP no início de 1987.

> *"Como parte desta movimentação, duas missões japonesas da JCI (Japan Consulting Institute) visitam a CESP, em setembro e dezembro de 1987 respectivamente, consolidando as linhas principais do projeto. Além disso, em 16 de outubro de 1987, é contratada por parte da CESP a empresa de consultoria Enerconsult para a execução dos estudos de viabilidade técnico-econômica das usinas e, em março de 1988, a CESP solicita à Eletrobrás a inclusão destas térmicas no programa decenal de geração."*[4]

---

[2] Dias (1995, p. 96).
[3] "A UTE Paulínia está planejada como uma planta térmica de complementação, devendo entrar em operação basicamente no atendimento complementar de cargas do sistema em períodos secos e prolongados. Em última análise, seria uma planta de garantia à qualidade do abastecimento elétrico" (Relatório Técnico Cesp/Unicamp/Funcamp – versão preliminar, *Competitividade e impactos da Usina Termelétrica a resíduos ultraviscosos de petróleo, em Paulínia*, 1991).
[4] Demanboro e Figueiredo (1989).

O Programa Termoelétrico da CESP incluía a construção de duas unidades de 350 MW em Paulínia e uma unidade de 350 MW no Vale do Paraíba, utilizando óleos pesados como combustíveis.[5]

Em fins de 1988 o Programa Termoelétrico da Cesp foi aprovado pelo Sistema Eletrobrás e incluído no Plano Decenal de Geração, período de 1989 a 1998.

No início de 1989, foi viabilizado pela CESP, junto ao Eximbank do Japão, um empréstimo de US$ 585 milhões, recurso este que possibilitaria a construção da primeira unidade de 350 MW. A liberação ficou na dependência de acertos do Brasil com a comunidade financeira internacional (FMI, Clube de Paris, credores privados) e de aprovação dos estudos de impacto ambiental (EIA).[6]

Tornando-se viável o financiamento japonês para a construção da usina termoelétrica, tinha a CESP urgência em definir um local para a sua implantação, o que possibilitaria a formalização do contrato.

A pressa, decorrente dessa disponibilidade financeira, contribuiria para dificultar maior esclarecimento da opinião pública e arrastaria a CESP a essas duas aventuras fracassadas na região.

12.3 A primeira tentativa: Paulínia

No mês de março de 1989, sem nenhum preparo anterior, e sem discussões prévias com especialistas e prefeituras, a CESP reúne autoridades e personalidades de prestígio na região para comunicar a decisão de construir uma termoelétrica em Paulínia (Ferreira, Holler e Denise, 1989).

Esse tipo de intervenção gerou um profundo descontentamento em amplos setores da opinião pública. Entidades ambientalistas, associações profissionais, prefeitos,[7] vereadores, imprensa local e regional, professores universitários e outros segmentos da população iniciaram uma mobilização contrária ao projeto que correu paralelamente aos trabalhos internos da CESP para justificar a decisão tomada.[8]

---

[5] Esses óleos pesados ou resíduos ultraviscosos são subprodutos do processamento de petróleo. São comercializados, diluídos em óleo diesel, para o setor industrial. A Cesp compraria da Petrobras o resíduo ultraviscoso *in natura*, a preços baixos. Mais informações podem ser encontradas em Demanboro e Figueiredo (1989).

[6] Documento CESP OF/P/694/93, 29/3/93. Ofício dirigido ao Procurador da Justiça, Coordenador do CAO das Promotorias de Justiça do Meio Ambiente de São Paulo.

[7] Tiveram atuação importante os prefeitos de Cosmópolis, José Pivatto, de Paulínia, José Pavan, e de Americana, Waldemar Tebaldi. Manifestação contrária desses três prefeitos pode ser encontrada no ofício 1.124/91, de 13/12/91, da Prefeitura de Cosmópolis.

[8] Para mais informações sobre o projeto de instalação de uma usina termoelétrica em Paulínia, consultar a coletânea O projeto da termoelétrica em Paulínia, SP: a questão energética e a degradação sócio-ambiental, Osvaldo Sevá e Lucia da Costa Ferreira (Org.). Unicamp: Campinas: Nepam,1989.

Um relatório apresentado, na época, pela empresa de consultoria Acquaterra à CESP aponta a falta de diálogo com a sociedade como um dos principais motivos a dificultar a viabilidade do empreendimento. Textualmente, afirma:

> "A inexistência de um processo contínuo e permanente de informação entre a empresa e os vários setores sociais e institucionais envolvidos com o empreendimento coloca-se como o principal fator de desestabilização das relações e do desgaste institucional da empresa na região."[9]

A CESP encontrou forte oposição ao projeto de implantação da usina termoelétrica em Paulínia, e a mobilização resultante obteve o cancelamento da iniciativa.

Em 1990, surge o Relatório de Impacto Ambiental (RIMA) da obra, produzido pela empresa Transtec, de Porto Alegre, que por si só já encerrava contradições, visíveis até a um leigo no assunto. Só a título de ilustração, vejamos a incoerência existente na página 3 do Capítulo 2 do referido trabalho,[10] quando se refere aos riscos da usina termoelétrica:

> "Em verificação preliminar a UTE Paulínia **deverá apresentar riscos reduzidos** para as áreas vizinhas à mesma, devido às pequenas quantidades envolvidas de materiais perigosos e às propriedades dos combustíveis utilizados. As características do projeto da UTE **não permitem, na fase atual, uma análise e avaliação completa dos riscos**" (grifo nosso).

No mínimo, o Relatório de Impacto Ambiental foi feito com muita rapidez, impossibilitando até mesmo uma revisão, o que justificaria a existência de parágrafos consecutivos com argumentações contraditórias no assunto riscos ambientais, que é o objetivo central do RIMA.

O próprio relatório técnico *Competitividade e impactos da usina termoelétrica a resíduos ultraviscosos de petróleo, em Paulínia*, fruto do contrato CESP-Unicamp-Funcamp, em sua versão preliminar aponta aspectos positivos do projeto, mas que só teriam significado caso a CESP tomasse uma série de medidas técnicas sugeridas.[11] Na avaliação final, conclui:

---

[9] Documento Cesp: *Síntese do relatório apresentado pela ACQUATERRA – Planejamento e Consultoria SLC*, 1991.
[10] Usina Termoelétrica de Paulínia. *RIMA: Relatório de Impacto Ambiental/CESP*. Porto Alegre: Transtec, 1990. Reeditado em São Paulo pela CESP.
[11] Essas medidas são sugeridas às páginas 66, 68, 69, 70, 73 e 75 do referido relatório, em sua versão preliminar, e não aparecem em sua versão "Sumário Executivo".

"Como salientado no início deste trabalho, o projeto apresenta pontos favoráveis [...] mas oferece grande vulnerabilidade face à sua aprovação na Secretaria do Meio Ambiente. Da forma como hoje está organizado o EIA/RIMA não deveria ter sido encaminhado para análise."[12]

Importante assinalar que em sua versão pública, denominada "Sumário Executivo", o relatório técnico não explicita essas medidas técnicas sugeridas e suaviza bastante a observação sobre o EIA/RIMA.[13]

Para fazer frente à "intensa mobilização da população local e regional, contrária à implantação da usina termoelétrica", e reconhecendo sua deficiência na área, um relatório interno da CESP[14] propõe que a Diretoria de Engenharia assuma a responsabilidade do equacionamento das questões socioambientais, *"onde as demandas sociais e ambientais sejam consideradas como elementos condicionantes do planejamento setorial"*.[15]

O relatório propõe que a Diretoria de Engenharia desenvolva um programa de viabilização sociopolítico, que pressupõe a criação de um grupo específico de viabilização da usina termoelétrica de Paulínia.

Conclui o documento com a proposta de criação do Grupo Coordenador de Viabilização Sociopolítica da usina termoelétrica de Paulínia.

Ao apresentar proposta de criar um setor que trate do *"ordenamento da relação entre a empresa e sociedade"*, o relatório esconde a questão principal que é o fato de ignorar as demandas sociopolíticas. Ao identificar a existência dessas demandas, *como problemas a serem solucionados*, cria um grupo interno que tem como objetivo não atender ou ouvir as exigências da sociedade, mas identificá-las e sugerir formas de enfrentá-las para viabilizar o empreendimento.

Essa intenção na criação do grupo de viabilização sociopolítica fica explícita numa das três atribuições expostas no relatório, que é a de

"identificar parceiros políticos para o processo de viabilização do empreendimento, após análise dos dados resultantes do diagnóstico sociopolítico a ser realizado na região".[16]

---

[12] Página 75 do referido relatório, em sua versão preliminar.
[13] Relatório técnico. Sumário Executivo. *Competitividade e impactos da usina termoelétrica a resíduos ultraviscosos de petróleo, em Paulínia*. Contrato Cesp/Unicamp/Funcamp nº 92000/94000/00127, nov. 1991. 13 páginas. Nesse relatório, as medidas estão circunscritas a um parágrafo de 11 linhas, na página 13.
[14] Documento Cesp. Relatório à diretoria (minuta). Relator: Antonio Carlos de Paiva Bonini, com data de 23/10/1991.
[15] Idem.
[16] Idem, p. 5.

Ou seja, identificar aliados para viabilizar o empreendimento. Esse procedimento, conforme veremos ao longo do trabalho, foi empregado à exaustão em Mogi-Guaçu.

Em nenhum momento levantou-se a possibilidade de que o empreendimento poderia causar problemas ou que a população poderia estar certa e a CESP errada. A posição da empresa foi sempre a de que a decisão tomada era a correta e deveria, portanto, ser viabilizada.

No entanto, a empresa não obteve sucesso, e no início de junho de 1992 foi encerrada essa fase, com o governador do Estado de São Paulo, Luiz Antonio Fleury Filho, anunciando durante a Conferência das Nações Unidas para o Meio Ambiente e Desenvolvimento, no Rio de Janeiro, o cancelamento do projeto da termoelétrica de Paulínia.[17]

A declaração do governador praticamente encerrou a etapa Paulínia, como opção de localização da primeira termoelétrica da CESP.

O prefeito da cidade, José Pavan Jr., que foi contrário ao projeto, resumiu o sentimento geral:

> *"Foi a melhor notícia para a cidade em uma semana que se comemora o meio ambiente. Os impostos que eventualmente deixarão de ser recolhidos são bem menores que os benefícios da não construção da usina."*[18]

Devem-se registrar, para deixar claro as contradições na execução da política energética no Estado de São Paulo, as declarações do presidente da CESP à época, Saulo Krichanã, que havia tomado posse no dia 4 de junho. Afirmou estarem suspensos os planos de construção de usinas termoelétricas a óleo combustível em qualquer ponto do Estado, pois *"houve um conjunto de pareceres demonstrando que essa opção traz mais perdas que benefícios"*.[19]

São manifestações contraditórias num mesmo governo, revelando a inexistência de formulação política, substituída por ações improvisadas em função de interesses de grupos que agiram sem levar em consideração a opinião pública.

---

[17] Monticelli e Martins (1993).
[18] *Folha de S. Paulo*, 6 jun. 1992.
[19] Idem.

12.4 A segunda tentativa: Mogi-Guaçu

O processo de tentativa de implantação da usina em Mogi-Guaçu teve início após um "parceiro político", Hélio Miachon Bueno (PMDB), ganhar as eleições para a Prefeitura, o que pela ótica da empresa poderia viabilizar o empreendimento.[20]

A primeira manifestação pública indicando a possibilidade de que a usina fosse construída em Mogi-Guaçu partiu do presidente da Cesp, Antonio Carlos Bonini de Paiva, ao dar entrevista na cidade de Campinas, no dia 16 de novembro de 1992.

Da mesma forma que antes, a comunidade local foi apanhada de surpresa, iniciaram-se mobilizações, que culminaram com a apresentação de um projeto de lei de iniciativa popular que proibiu a construção de usinas termoelétricas em todo o território do Município de Mogi-Guaçu.

Num assunto de grande importância, como a poluição ambiental, as considerações políticas antecederam em muito qualquer consideração técnica.

Para se ter uma ideia das improvisações, e utilizando dados apresentados pela própria empresa, esta produziu um resumo descritivo interno de avaliação somente em julho de 1993, e mesmo assim precaríssimo.

Esse relatório, que resume a avaliação dos técnicos da empresa relativa ao projeto da usina termoelétrica de Mogi-Guaçu, é um perfeito indicador da improvisação que tomou conta da CESP. No item "Situação Atual do Projeto", na página 10, são abordados cinco pontos:[21]

a) acerca dos estudos de impacto ambiental, afirma que *"o EIA e o RIMA estão em fase de contratação pela CESP"*. Ou seja, é o mesmo que dizer que nada existe sobre os impactos ambientais decorrentes da instalação da usina;

b) sobre os estudos de viabilidade técnico-econômica, afirma estar em andamento, ou seja, nada havia de conclusivo;

c) em relação ao projeto básico, que deveria ter servido de base para se propor a construção da usina em Mogi-Guaçu, diz que *"será elaborado após a conclusão dos estudos de viabilidade"*;

d) no que diz respeito aos recursos financeiros, o relatório informa que *"são boas as possibilidades da obtenção de US$ 585 milhões, a serem financiados pelo Eximbank do Japão, para a realização da concorrência internacional"*;

---

[20] Documento CESP. *Relatório à Diretoria* (minuta). Relator Antonio C. B. de Paiva. 23 out. 1991.
[21] Documento CESP. *Usina termoelétrica da região da bacia do rio Mogi-Guaçu*. Resumo descritivo, jul. 1993.

e) o quinto e último ponto é o *"Programa de Viabilização Sociopolítica: com vistas a esclarecer, informar a opinião pública e buscar a compatibilização entre os interesses da sociedade e da empresa acerca do projeto, está em andamento um programa de viabilização sociopolítica"*.

Ou seja, todo um esquema de "marketing" político utilizado para influenciar a opinião pública, empregado pela estatal, é o que internamente a empresa rotulou de "Programa de Viabilização Sociopolítica".[22]

Esse documento de avaliação é de julho de 1993, ou seja, oito meses após intensos e acalorados debates e despesas com publicidade e propaganda. Surgiu, ironicamente, no momento em que a Câmara Municipal estava sepultando esta segunda opção da CESP.

Revelou o relatório que a CESP não dispunha de nenhum estudo técnico que justificasse o empenho em viabilizar o empreendimento.

E a CESP empenhou-se com todo o vigor para viabilizar o empreendimento em Mogi-Guaçu. A partir da manifestação pública do seu presidente em novembro de 1992, passou a utilizar todos os meios possíveis de convencimento da opinião pública, juntamente com o Executivo Municipal.

A estatal paulista cooptou membro de entidades ambientalistas, no caso o presidente da Associação de Defesa do Meio Ambiente (ADEMA), pagando-lhe passagem ao Japão, e criou através do PMDB local outra entidade, a Associação de Defesa da Fauna e da Flora (ADEFAUFLO). No dia 2 de abril de 1993, enviou uma comitiva ao Japão para conhecer as termoelétricas daquele país, da qual faziam parte padre, vereadores, proprietário de jornal local, o deputado federal Carlos Nelson Bueno, que também é funcionário da CESP, e outros, totalizando 14 pessoas.

A viagem, patrocinada pela CESP, motivou uma série de protestos veiculados pelos jornais locais, regionais e nacionais, além de manifestações contrárias promovidas pelas populações tanto de Mogi-Guaçu como de cidades vizinhas.

O movimento contra a termoelétrica atingiu seu apogeu entre abril e maio, e o passo decisivo para impedir sua concretização foi dado no dia 28 de abril, quando foi lançada a ideia de apresentar projeto de lei de iniciativa popular, com a adesão de 5% do eleitorado do município – 3.106 eleitores. No dia 30 de maio, o projeto foi apresentado à Câmara com 4.191 assinaturas, e teve rápida tramitação nas comissões internas. No dia 7 de junho foi aprovado. Encaminhado ao prefeito foi vetado por este, sob alegação de inconstitucionalidade.

---

[22] Documento CESP. *UTE da região da bacia do rio Mogi-Guaçu*. Resumo descritivo, jul. 1993.

No fim do mês de agosto, a Câmara derrubou o veto do prefeito, e na manhã do dia 1º de setembro foi promulgada pelo Legislativo a lei proibindo a instalação de usina termoelétrica no Município de Mogi-Guaçu.

Esse ato, na prática, encerrou a opção Mogi-Guaçu como alternativa para a construção de uma usina termoelétrica. Mais uma vez, uma população de um município do Estado de São Paulo optou pela qualidade de vida, descartando uma possibilidade de desenvolvimento sem controle, sobre o qual pairavam muitas dúvidas não esclarecidas.

A ação empreendida pela estatal paulista foi, desde o início, marcadamente política. A CESP julgou ter aprendido a lição de Paulínia, no que diz respeito à necessidade da participação em qualquer processo que diga respeito ao meio ambiente. Julgou certo mas agiu errado, pois tentou integrar parcelas da comunidade e do sistema político, cooptando integrantes do movimento ambientalista e da sociedade civil.

A ação política favorável à usina encontrou forte resistência local e regional, que alterou a correlação de forças no poder político municipal, culminando em mais uma ação fracassada de implantar um projeto sem levar em consideração a cidadania conquistada que, ao ser exercida, ampliou o espaço democrático e modificou o equilíbrio de forças no sistema político convencional.[23]

12.5 A dialética da participação do cidadão na questão ambiental

Em Mogi, desenvolveu-se um forte movimento de resistência contra a usina termoelétrica, conflito este criado em torno da qualidade de vida, que foi alimentado em grande medida por uma imagem que deu margem à determinada conduta.

A imagem empresarial do *grande poluidor*,[24] estigma criado e politizado ao longo dos anos 1980 que, estampada no imaginário político da década, permanece no inconsciente coletivo[25] e contribuiu para ativação da luta pela qualidade ambiental, foi importante fator de mobilização em Mogi-Guaçu.

À identificação estabelecida, pela maioria da população, entre a usina termoelétrica e a poluição que seria causada, a CESP não conseguiu contrapor argumentos que rompessem essa ligação.

---

[23] Dias (1995a).
[24] Expressão empregada por Ferreira e Ferreira (1992) à p. 16.
[25] A expressão *inconsciente coletivo* é aqui empregada no sentido de que boa parte da população possui uma percepção dos limites do desenvolvimento, em relação à manutenção da qualidade de vida. Essa percepção foi adquirida e foi se consolidando ao longo da década de 1980, como foi expresso por Ferreira e Ferreira (1992).

Ao afirmarem que a usina significava desenvolvimento, sem explicitarem de que tipo, os que eram favoráveis ao empreendimento – CESP e a Prefeitura – encontraram o inconsciente coletivo resistente a essa argumentação e acabaram contribuindo, ao mesmo tempo, para o fortalecimento da imagem de *grande poluidor*. Este mito concedeu um peso relativamente grande no embate ambiental ao longo da década de 1980.

O movimento de resistência contra a instalação da usina termoelétrica constituiu-se numa mobilização que incluiu vários setores da comunidade local e regional.

Membros da comunidade técnico-científica, intelectuais, educadores em todos os níveis, jornalistas, instituições, dirigentes sindicais e de associações profissionais, ambientalistas organizados ou não, entre outros figuram como integrantes de destaque.

Não constituiu nenhuma estrutura organizativa significativa, talvez em decorrência da própria temporalidade do movimento. Constituiu uma Comissão Regional de Luta contra a Termoelétrica que teve papel importante em determinado período.[26]

Não houve militância formalmente agregada à mobilização, nem hierarquia de decisões. Houve um período de fortalecimento do movimento – março a maio de 1993 – e que correspondeu a uma institucionalização incipiente, de curta duração[27] e indicou maior constância das atividades da Comissão Regional. No dizer de Pádua,[28] são *"ações coletivas que, dependendo de uma motivação ocasional, não chegam a se institucionalizar de forma permanente"*.

A campanha contra a termoelétrica conduzida pela Comissão Regional foi ampla ao integrar os mais diversos segmentos sociais e foi considerada apartidária, no sentido de não existir um partido liderando o movimento.

Havia sempre a preocupação de não identificação da Comissão com nenhum grupo ou partido político, o que acabou predominando e mantendo sua característica como uma comissão suprapartidária formada por ambientalistas, comerciantes, empresários, entidades, sindicatos e associações de classe de Mogi-Mirim.[29]

Tomaram parte ativa na ação vários sindicatos das duas cidades além de outras organizações da sociedade civil.

O movimento de resistência contra a usina termoelétrica teve sua duração definida por sua ação frente à tentativa de implantação da usina. Iniciou-se quando do anúncio e encerrou-se quando a Câmara promulgou a lei de iniciativa popular que proibia a construção em Mogi-Guaçu.

---

[26] Particularmente nos meses de março, abril e maio.
[27] Kärnen (1987).
[28] Pádua (1991, p. 151).
[29] *A Comarca*, 3 abr. 1993.

A ação da cidadania se incorpora como prática rotineira da democracia. A um direito ameaçado irrompe uma reação que perdura o tempo necessário para que seja assegurada de fato a permanência do direito adquirido.

O Princípio 10 da Declaração do Rio de Janeiro estabeleceu as bases em que deve ocorrer a participação nas questões ambientais, garantindo o efetivo exercício da cidadania. Num trecho bastante elucidativo, afirma que

> *"os Estados devem facilitar e estimular a conscientização e a participação pública, colocando informação à disposição de todos. Deve ser propiciado acesso efetivo a procedimentos judiciais e administrativos"*.[30]

Desse modo, além da qualidade de vida ter passado a ser um direito assegurado constitucionalmente, a participação da sociedade nos assuntos ambientais que lhe dizem respeito passa a ser reconhecida pela comunidade internacional como fator importante para a sustentabilidade do desenvolvimento.

A eclosão do movimento de resistência à usina termoelétrica em Mogi-Guaçu revelou a construção de uma identidade coletiva quanto ao exercício de um direito, e expôs uma forma de participação política, proporcionada pela ampliação dos direitos do cidadão.

Esse é um processo de luta permanente, de conquista e de garantia de novos direitos da cidadania que só pode ocorrer numa sociedade integralmente democrática.

Essa é a única forma de tornar efetivos esses direitos, pois se garante um fluxo permanente de demandas sempre renovadas que a sociedade coloca diante do Poder Público, cujas instituições, pelos processos mais diversos – formais ou de democracia direta – devem ser capazes de integrar à vida política, assegurando a sua incorporação ao âmbito da cidadania.

No caso enfocado, a demanda da população pela manutenção da qualidade de vida, que teoricamente estava ameaçada pela construção e posterior operação da usina termoelétrica, foi integrada à vida política na forma de uma lei que proibia a construção de usina termoelétrica em Mogi-Guaçu, que surgiu de uma manifestação de democracia direta: apresentação de projeto de lei de iniciativa popular.

A participação da população ocorreu, estritamente, dentro dos marcos institucionais. A articulação entre a sociedade civil e os representantes formais do sistema político – vereadores – foi modelar. Não houve grandes mobilizações de rua, porque a ação

---

[30] Publicado na revista *Estudos Avançados*, USP, v. 6, nº 15, 1992.

da cidadania pela manutenção de seus direitos possui hoje instrumentos que permitem que ela ocorra cada vez mais como rotina dentro dos marcos institucionais.

Deve-se destacar o papel desempenhado pelas organizações interessadas na defesa e no estudo do meio ambiente, que cada vez mais cumprem o papel de informar as populações em sua área de atuação, acompanhando os processos ecológicos envolvidos.

Estas organizações são capazes de rapidamente induzir uma ação contrária[31] a qualquer agressão ao meio ambiente. Seus membros, agindo como articuladores sociais,[32] possibilitam a intervenção organizada da população no resguardo de seu direito a uma qualidade de vida melhor.

A influência de agentes sociais, identificados com uma postura ecológica – organizados ou não em entidades ambientalistas – torna-se cada vez maior, à medida que cresce a consciência de que a qualidade de vida é um direito que deve ser preservado.

O desenvolvimento de uma consciência crítica em relação às questões ecológicas faz crescer uma demanda por informações relativas ao meio ambiente que, em certo grau, deve ser suprida pelos agentes ambientalistas.

Essa ação torna-se cada vez mais importante, particularmente nos Municípios, pois inibe a ação de agentes econômicos que de outra forma desenvolveriam projetos prejudiciais ao meio ambiente.

O desenvolvimento da cidadania "é estimulado tanto pela luta para adquirir tais direitos quanto pelo gozo dos mesmos, uma vez adquiridos".[33] Considerando como adquirido o direito *"ao meio ambiente saudável e ecologicamente equilibrado"*,[34] resta à cidadania o exercício pleno desse direito através da luta para mantê-lo e efetivamente conquistá-lo na prática.

Essa mobilização em torno do efetivo exercício dos direitos adquiridos reveste-se de necessidade vital para a consolidação da democracia, pois há uma espécie de consenso de que as leis ambientais no Brasil são excelentes, mas não são cumpridas.[35]

O processo ocorrido em Mogi-Guaçu, em torno da instalação ou não de uma termoelétrica, insere-se no contexto em que a justaposição dos direitos ambientais legalmente reconhecidos[36] e o direito, de fato, a um ambiente sadio deve motivar

---

[31] Cf. Ferreira, Holler e Denise (1989).
[32] Cf. Jacobi (1989, p. 155).
[33] Cf. Marshall (1987).
[34] Constituições Federal e Estadual e Leis Orgânicas Municipais.
[35] Cf. Guimarães Jr. (1991, p. 15).
[36] E incluídos nas Constituições Federal e Estadual e nas Leis Orgânicas Municipais.

grandes discussões, particularmente, nas comunidades locais, devido à disparidade existente entre um direito reconhecido formalmente e um direito a ser adquirido na prática. No entanto,

> *"que exista democracia tampouco dá garantias de um desenvolvimento ambiental e socialmente sustentável, tendo que incorporar as bases ecológicas do conflito social no funcionamento de muitas instituições democráticas"*.[37]

Dessa forma, a ampliação da extensão da cidadania envolve um processo político pelo qual se ampliam e se definem gradualmente, em todos os níveis, os direitos e os deveres recíprocos.[38]

No caso analisado, a CESP não compreendeu que o estágio atual da cidadania impõe novas exigências na implementação de políticas que possam colocar em risco as condições ambientais.

Essa nova necessidade social é que motivou a ação local, através de outro direito conquistado pela sociedade, que é a apresentação de projetos de lei de iniciativa popular.[39] Incluído na Lei Orgânica Municipal de Mogi-Guaçu, foi base legal utilizada para barrar a implantação da usina.[40] Foi a primeira vez no Município que se utilizou esse direito.

Essa ação através do sistema político convencional é importante para a consolidação da prática democrática, pois a participação da população altera a correlação de forças no poder político local e garante a realização da vontade coletiva.

Assim entendido, o exercício efetivo da cidadania

> *"é fundamental tanto para legitimar os instrumentos que utilizará a sociedade para enfrentar o problema ambiental através da autoridade política democraticamente eleita, como para decidir e atuar diretamente no limite das medidas que levarem a cabo"*.[41]

---

[37] Guimarães (1991 p. 129).
[38] Bendix (1964).
[39] Artigo 29, inciso XI, da Constituição Federal.
[40] O art. 36 da Lei Orgânica Municipal sobre projeto de iniciativa popular tem o seguinte conteúdo:
"A Lei Orgânica do Município poderá ser emendada, mediante proposta:
[...]
III – de cidadãos, mediante iniciativa popular assinada, no mínimo, por um por cento do eleitorado do Município."
[41] Tomic (1992).

Essa forma de participação política, que se constitui na articulação da sociedade civil em torno de uma ação no sistema político convencional, fortalece a democracia participativa e consolida os mecanismos formais de exercício democrático.

Pode-se afirmar que a ação convencional é uma forma legítima e difundida de participação que deve ser considerada em todas as questões ambientais.

Conclusão

Devido à maior complexidade das sociedades modernas, o acesso à informação democratiza-se, deixando de ser monopólio de governos ou grandes empresas, passando o cidadão comum a ter acesso, por diferentes meios alternativos, a explicações de processos ambientais que contribuem para a sua formação e facilitam a sua ação no momento de enfrentar um problema ambiental.

No caso das tentativas de implantação de empreendimentos prejudiciais ao meio ambiente, as matérias divulgadas através da mídia facilitam o acesso a conhecimento especializado para um conjunto bastante amplo de pessoas, que antigamente ficava restrito a alguns especialistas.

Essa massa crítica existente na sociedade, formada em grande medida pela divulgação através da mídia de matérias com temas ecológicos, foi importante para a consolidação de uma "maioria silenciosa" de resistência à usina termoelétrica.

A consciência ambiental, contida na necessidade de melhor qualidade de vida, vai se formando e consolidando no cidadão comum, integrante da chamada "maioria silenciosa".

Para passar da "apatia" para a ação em determinadas circunstâncias, necessita-se de elemento indutor que utilize conhecimentos e experiência acumulada no trato de assuntos ambientais, e ser capaz de organizar esse interesse difuso existente na sociedade. Esse é o papel cumprido pelos agentes ambientais – sejam entidades, sejam pessoas ecologicamente ativas.

A possibilidade de implantação de uma usina termoelétrica em Mogi-Guaçu, com potencial poluidor explicitado anteriormente pela tentativa de Paulínia, foi uma dessas situações emergenciais, em que agentes ambientalmente ativos, juntamente com outros segmentos da sociedade civil – como sindicatos e associações –, motivaram parcela considerável da população que já estava vivendo um processo de expectativa em relação à degradação do meio ambiente.

Ao se manifestar a possibilidade de agravamento da poluição, apontada com eficácia pelos agentes ativos, a "maioria silenciosa" expressou-se apoiando o movimento contra a termoelétrica, passando a existir uma corrente da opinião pública contrária à usina.

Além de engrossar a opinião pública contrária ao empreendimento, essa "maioria silenciosa" participou e realizou debates e palestras, assinou manifestações endereçadas às autoridades, integrou-se à iniciativa popular apresentando projeto de lei que proibia a construção de usina termoelétrica em Mogi-Guaçu, além de outras formas de expressão.

As ações contrárias à usina foram respaldadas por uma cidadania ativa, preocupada em ter de fato aquilo que já possuía de direito.

A ação dos agentes ambientalmente motivados, quando manter como *locus* privilegiado as instituições, encontrará forte apoio desse cidadão "apático" em circunstâncias normais, que se recolherá ao seu cotidiano quando resolvido o problema que deu origem à ação coletiva, não se integrando a nenhuma forma de organização nova, ao contrário, reconhecendo o papel central desempenhado pelas instituições políticas formais.

Com o aumento dessa consciência, torna-se cada vez mais difícil para um agente privado ou público implementar políticas que afetem o meio ambiente.

Particularmente no âmbito municipal, há grande interação do cidadão com o núcleo de decisões políticas. Essa interação é tanto maior quanto menor é o Município.

Esse componente torna-se importante para o fortalecimento da democracia, pois o exercício da cidadania se efetiva através dessa participação política que se manifesta individual ou coletivamente, independentemente de qualquer associação civil ou política.

Essa forma de exercitar a cidadania enquanto manifestação individualizada só tem condições de influir no poder em nível local, por suas próprias características em relação à proximidade física dos cidadãos do Município com os orgãos do poder político municipal.

Com o aumento do poder dos Municípios sobre o seu território, com a delegação de uma série de serviços através da descentralização administrativa dos governos federal e estadual e com o aumento das prerrogativas das Câmaras Municipais, torna-se importante a participação do cidadão comum, enquanto indivíduo que pode influenciar as decisões.

Se antes o peso do cidadão era menor, agora a tendência é de que a cidadania ativa tenha maior importância nas decisões, particularmente naquelas que podem afetar o ambiente.

Essa consolidação da cidadania, no caso analisado, através da compreensão cada vez maior do direito ambiental como fundamental para a vida, traz como efeito imediato maior fiscalização dos atos do Poder Público em sua relação com as empresas.

Os orgãos públicos, por sua vez, embora procurem ignorar essa realidade, submetem-se cada vez mais à imposição social de respeitar o meio ambiente. Às vezes por entendimento próprio, outras por ordem judicial e quando se esgotam as vias formais, o cidadão ativo impõe sua vontade, seja através de manifestação pública, pressão sobre seus representantes políticos – como em Paulínia e Mogi-Guaçu –, seja utilizando os mecanismos da democracia direta, como aconteceu nesta última cidade.

Anexos

ANEXO A
Atribuições e finalidades de um sistema de administração de qualidade ambiental municipal

São atribuições e finalidades do sistema de administração de qualidade ambiental e da proteção dos recursos naturais:

I – elaborar e implantar, através de lei, um Plano Municipal de Meio Ambiente e Recursos Naturais que contemplará a necessidade do conhecimento das características e recursos dos meios físicos e biológicos, de diagnóstico de sua utilização e definição de diretrizes e princípios ecológicos para o seu melhor aproveitamento no processo de desenvolvimento econômico e social e para a instalação de Plano Diretor e da Lei do Zoneamento;

II – definir, implantar e administrar espaços territoriais e seus componentes representativos de todos os ecossistemas originais a serem protegidos, sendo a alteração e supressão dos mesmos, incluindo os já existentes, permitidas somente por lei;

III – adotar medidas nas diferentes áreas de ação pública e junto ao setor privado, para manter e promover o equilíbrio ecológico e a melhoria da qualidade ambiental, prevenindo a degradação em todas as suas formas e impedindo ou mitigando impactos ambientais negativos e recuperando o meio ambiente degradado;

IV – estabelecer normas para concessões de direito de pesquisa, de exploração ambiental e de manipulações genéticas;

V – realizar fiscalização em obras, atividades, processos produtivos e empreendimentos que, direta ou indiretamente, possam causar degradação do meio ambiente, adotando medidas judiciais e administrativas de responsabilização dos causadores da poluição ou da degradação ambiental;

VI – promover a educação ambiental e a conscientização pública para preservação, conservação e recuperação do meio ambiente;

VII – promover e manter o inventário e o mapeamento da cobertura vegetal remanescente visando à adoção de medidas especiais de proteção, bem como promover a recuperação das margens dos cursos d'água, lagos e nascentes, visando a sua perenidade;

VIII – estimular a recuperação da vegetação em áreas urbanas, com plantio de árvores nativas e frutíferas, objetivando especialmente a conservação dos índices mínimos da cobertura vegetal;

IX – incentivar e auxiliar tecnicamente as associações ambientalistas constituídas na forma da lei, respeitando a sua autonomia e independência de atuação;

X – proteger, preservar e restaurar os processos ecológicos essenciais das espécies e dos ecossistemas, a diversidade e a integridade do patrimônio biológico e paisagístico do Município;

XI – proteger a fauna e a flora, vedadas as práticas que coloquem em risco sua função ecológica, provoquem extinção de espécies ou submetam os animais à crueldade, fiscalizando a extração, captura, produção, transporte, comercialização e consumo de seus espécimes e subprodutos;

XII – definir o uso e ocupação do solo, subsolo e águas, através de planejamento que englobe diagnóstico, análise técnica e definição de diretrizes de gestão dos espaços com a participação da população e socialmente negociadas, respeitando a conservação da qualidade ambiental;

XIII – controlar e fiscalizar a produção, a estocagem de substâncias, o transporte, a comercialização e a utilização de técnicas, métodos e as instalações que comportem risco efetivo ou potencial para a saudável qualidade de vida e ao meio ambiente natural e de trabalho, incluindo materiais geneticamente alterados pela ação humana, resíduos químicos e fontes de radioatividade;

XIV – requisitar a realização periódica de auditorias nos sistema de controle de poluição e prevenção de riscos de acidentes das instalações e atividades de significativo potencial poluidor, incluindo a avaliação detalhada dos efeitos de sua operação sobre a qualidade física, química e biológica dos recursos ambientais, bem como sobre a saúde dos trabalhadores e da população afetada;

XV – incentivar a integração das escolas, instituições de pesquisa e associações civis, no esforço para garantir e aprimorar o controle da poluição, inclusive no ambiente de trabalho, e no desenvolvimento e na utilização de fontes de energias alternativas, não poluentes e de tecnologias poupadoras de energia;

XVI – discriminar, por lei, as penalidades para empreendimentos já iniciados ou concluídos sem licenciamento e a recuperação da área de degradação, segundo critérios e métodos definidos pelos órgãos competentes;

XVII – registrar, acompanhar e fiscalizar as concessões de direitos à pesquisa e exploração de recursos hídricos e minerais, em seu território, exigindo, dos responsáveis pelos respectivos projetos, laudos e pareceres técnicos, emitidos pelos órgãos competentes e hábeis para comprovar que os empreendimentos:

a) não acarretarão desequilíbrio ecológico, prejudicando a flora, a fauna e a paisagem em geral;

b) não causarão, mormente no caso de portos de areia, rebaixamento do lençol freático, assoreamento de rios, lagoas ou represas.

Fonte: Lei Orgânica do Município de Mogi-Guaçu, São Paulo, artigo 150 da seção I do Capítulo IV – Do Meio Ambiente, dos Recursos Naturais e do Saneamento.

ANEXO B

Carta de São Paulo sobre Produção + Limpa/Prevenção à Poluição

Os representantes dos países e instituições reunidos na Conferência das Américas sobre Produção + Limpa, realizada em São Paulo, Brasil, de 17 a 19 de agosto de 1998, entendendo o papel crucial desempenhado pela produção mais limpa e pela prevenção à poluição na busca do desenvolvimento sustentável no Continente, decidiram lançar a Mesa Redonda das Américas para Produção + Limpa e publicar esta Carta de São Paulo.

A Conferência designou um Comitê Diretivo Interino para organizar e orientar o processo de estabelecimento da Mesa Redonda. O Comitê foi formado com representantes dos governos, indústrias, centros nacionais de produção mais limpa e ONGs.

A Carta de São Paulo contém as recomendações mais importantes para a implementação da produção mais limpa/prevenção à poluição nas Américas e está de acordo com as diretrizes do documento "Parcerias para Prevenção à Poluição" adotado pelos chefes de Estado durante a Cúpula das Américas, Miami, 1994, e reforçado pela Cúpula das Américas para o Desenvolvimento Sustentável, realizada em Santa Cruz, Bolívia, 1996, e pela Segunda Cúpula das Américas, realizada em Santiago, Chile, 1998. Suas recomendações são dirigidas aos governos, setor privado, organizações não governamentais e outros segmentos da sociedade civil.

Definição

Produção + Limpa é a aplicação contínua de uma estratégia ambiental preventiva integrada aos processos, produtos e serviços para aumentar a ecoeficiência e reduzir os riscos ao homem e ao ambiente. Aplica-se a:

- processos produtivos: conservação de matérias-primas e energia, eliminação de matérias-primas tóxicas e redução da quantidade e da toxicidade dos resíduos e emissões;
- produtos: redução dos impactos negativos ao longo do ciclo de vida de um produto desde a extração das matérias-primas até sua disposição final;
- serviços: incorporação de preocupações ambientais no planejamento e entrega dos serviços.

Produção + Limpa requer mudanças de atitude, garantia de gerenciamento ambiental responsável, criação de políticas nacionais direcionadas e avaliação de alternativas tecnológicas.

Prevenção à poluição é definida como a utilização de processos, práticas, materiais, produtos ou energia que evitem ou minimizem a geração de poluentes e resíduos na fonte (redução na fonte) e reduzam os riscos globais para a saúde humana e para o ambiente.

Recomendações

1. considerar produção mais limpa/prevenção à poluição (P+L/P2) como um princípio norteador para a política e legislação ambientais em nível dos governos federal, estadual e municipal, bem como um componente para o planejamento estratégico das empresas e organizações não governamentais;
2. promover o desenvolvimento de parcerias para P+L/P2 entre os diferentes níveis de governo e os vários setores da sociedade civil e indústrias;
3. prover incentivos legais e econômicos para P+L/P2;
4. motivar o estabelecimento de índices e indicadores de desempenho com base ambiental para avaliar o progresso e demonstrar e disseminar informação sobre a eficácia econômica de P+L/P2;
5. promover o levantamento e divulgação pública de informações sobre a utilização e lançamento de substâncias tóxicas e poluentes prioritários como base de atuação;

6. promover o desenvolvimento e disseminação de indicadores para medir padrões de consumo;

7. estimular sinergia entre os setores industriais e programas voluntários de desenvolvimento mais limpo que incentivem as indústrias a buscar o desenvolvimento sustentável e investimento em P+L/P2;

8. apoiar a educação e divulgação para a aplicação de P+L/P2;

9. encorajar as empresas a levar em consideração o uso das práticas tradicionais e das práticas de produção das minorias nativas e étnicas que estejam de acordo com os princípios de P+L/P2;

10. promover a criação (ou adoção) e implementação de políticas e aplicações de prevenção à poluição nas instalações e escritórios dos governos;

11. reconhecer a fiscalização e a aplicação da legislação ambiental como fatores importantes de motivação para a adoção de P+L/P2 e considerar, também, que objetivos de P+L/P2 devem ser incluídos no desenvolvimento e implantação de programas de regulamentação e fiscalização;

12. trabalhar, de maneira cooperativa, para fornecer assistência técnica, capacitação e aumento da competência local para as economias emergentes, visando criar consciência de P+L/P2;

13. aumentar o diálogo, o desenvolvimento e transferência de informações e tecnologia dentro do continente (norte-sul e sul-sul), para promover P+L/P2 e encorajar o desenvolvimento do mercado para serviços e tecnologias de P+L/P2;

14. fortalecer os mecanismos tradicionais de financiamento e desenvolver mecanismos inovadores para promover P+L/P2 através das instituições financiadoras e aumentar o diálogo com as instituições financeiras internacionais para aprimorar tais mecanismos;

15. promover P+L/P2 para atender aos acordos internacionais;

16. promover a criação e fortalecimento de mecanismos e instituições para servirem como fontes de recursos e promotores para a implementação de P+L/P2;

17. aumentar a troca de informações e cooperação no continente através do estabelecimento da Mesa Redonda das Américas.

ANEXO C

Declaração internacional sobre produção mais limpa

Reconhecemos que atingir o Desenvolvimento Sustentável é uma responsabilidade colectiva. As acções para melhorar o ambiente global devem incluir a adopção de práticas de produção e consumo mais sustentáveis.

Reconhecemos que a Produção Mais Limpa e outras estratégias preventivas tais como a Ecoeficiência, Produtividade Ambiental e Prevenção da Poluição são as opções preferíveis requerendo o desenvolvimento, apoio e implementação de políticas e práticas adequadas.

Entendemos a Produção Mais Limpa como a aplicação continuada de uma estratégia preventiva integrada aplicada a processos, produtos e serviços com vista a reduzir os riscos para a saúde humana e ambiente e a conseguir benefícios económicos para as empresas.

Com este propósito comprometemo-nos a:

LIDERANÇA	*utilizando a nossa influência* – para encorajar a adopção da Produção Mais Limpa e práticas sustentáveis de consumo através das nossas relações com os 'stakeholders'.
CONSCIENCIALIZAÇÃO, EDUCAÇÃO E FORMAÇÃO	*construindo a capacidade básica em Produção Mais Limpa* – desenvolvendo e conduzindo programas de consciencialização, educação e treino para facilitar a prática dentro da nossa organização; – encorajando a inclusão dos conceitos e princípios nos *curricula* educacionais de todos os níveis.
INTEGRAÇÃO	*encorajando a integração das estratégias preventivas* – a todos os níveis da nossa organização; – através de sistemas de gestão ambiental e de instrumentos tais como a avaliação do desempenho ambiental e Produção Mais Limpa, avaliação de impactes ambientais, e avaliação do ciclo de vida dos produtos.
INVESTIGAÇÃO E DESENVOLVIMENTO	*criando soluções inovadoras* – promovendo uma mudança de prioridade das abordagens de fim de linha para estratégias preventivas nas nossas políticas e atividades de P&D; – através do desenvolvimento de produtos e serviços que sejam ambientalmente eficientes e satisfaçam as necessidades dos consumidores.

TRANSPARÊNCIA	*partilhando as nossas experiências em Produção Mais Limpa* – estimulando e promovendo o diálogo na implementação desta estratégia; – através da comunicação dos benefícios aos 'stakeholders' externos.
IMPLEMENTAÇÃO	*actuando para adoptar a Produção Mais Limpa* – com melhorias continuadas, fixando objectivos ambiciosos e reportando regularmente os progressos através de sistemas de gestão estabelecidos; – encorajando investimentos e financiamentos novos e adicionais em opções de tecnologias preventivas, e promovendo a cooperação e transferência de tecnologias mais limpas entre países; – através de trabalho conjunto com a UNEP e outros parceiros e 'stakeholders' apoiar esta declaração e analisar o sucesso da sua implementação.

Referências

ABSY, Mirian Laila (Coord.). *Avaliação de impacto ambiental*: agentes sociais, procedimentos e ferramentas. Brasília: Ibama, 1995.

ALBAVERA, F. S. El actual debate sobre los recursos naturales. *Revista de la Cepal*, Santiago do Chile: Cepal, nº 51, 1993.

ANDRADE, Rui Otávio Bernardes de; TACHIZAWA, Takeshy; CARVALHO, Ana Barreiros. *Gestão ambiental*: enfoque estratégico aplicado ao desenvolvimento sustentável. São Paulo: Makron Books, 2000.

ARAYA, Monica. Negociaciones de inversión y responsabilidad social corporativa: explorando un vínculo en las Américas. *Ambiente y Desarrollo de CIPMA*, v. 19, nº 3-4, 2003.

ASSOCIAÇÃO BRASILEIRA DE NORMAS TÉCNICAS – ABNT. *NBR ISO 14001 Sistema de Gestão Ambiental*: especificações e diretrizes para uso. Rio de Janeiro: ABNT, 1996a.

_____. *NBR ISO 14004 Sistema de Gestão Ambiental*: diretrizes gerais sobre princípios, sistemas e técnicas de apoio. Rio de Janeiro: ABNT, 1996b.

BANCO MUNDIAL – BIRD. *Meio ambiente e desenvolvimento na América Latina e no Caribe*: o papel do Banco Mundial. Washington, D.C.: Banco Mundial, 1992. (Edição especial para a Unced.)

BARBIERI, José Carlos. *Desenvolvimento e meio ambiente*: as estratégias de mudanças da Agenda 21. 5. ed. Petrópolis: Vozes, 1997.

BARONI, Margaret. Ambiguidades e deficiências do conceito de desenvolvimento sustentável. *Revista de Administração de Empresas*, São Paulo: FGV, nº 32 (2), p. 14-24, abr./jun. 1992.

BENDIX, R. *Estado nacional y ciudadanía*. Buenos Aires: Amorrortu, 1964.

BIZZOZERO, L. J. Estado e espaço no surgimento de um processo de integração: os casos do Mercosul e da Comunidade Europeia. *Contexto Internacional*, Rio de Janeiro: IRI, nº 14 (1) 1992.

BOGO, Janice Mileni. *O sistema de gerenciamento ambiental segundo a ISO14001 como inovação tecnológica na organização*. 1998. Dissertação (Mestrado) – Departamento de Engenharia de Produção e Sistemas, Universidade Federal de Santa Catarina, Florianópolis.

BOUTROS-GHALI, Boutros. *Paz, desarrollo, medio ambiente*. Santiago do Chile: Cepal, 1992.

BRAGA, Antonio Sérgio; MIRANDA, Luiz Camargo (Org.). *Comércio e meio ambiente*: uma agenda positiva para o desenvolvimento sustentável. Brasília: MMA/SDS, 2002.

BRAVERMAN, H. *Trabalho e capital monopolista*: a degradação do trabalho no século XX. 2. ed. Rio de Janeiro: Zahar, 1980.

BUSATO, Janete Moro. *A decisão de investir em gerenciamento ambiental*: a evolução da questão em Santa Catarina. 1996. Dissertação (Mestrado) – Departamento de Engenharia de Produção e Sistemas da Universidade Federal de Santa Catarina, Florianópolis.

CÂMARA MUNICIPAL DE MOGI-GUAÇU. *Lei Orgânica do Município*. Mogi-Guaçu, 1990.

CÂMARA MUNICIPAL DE RIBEIRÃO PIRES. *Lei Orgânica do Município*. Ribeirão Pires, 1990.

CAMPOS, Lucila Maria de Souza. *Um estudo para definição e identificação dos custos da qualidade ambiental*. 1996. Dissertação (Mestrado) – Departamento de Engenharia de Produção e Sistemas da Universidade Federal de Santa Catarina, Florianópolis.

CANÍZIO, Márcia Jabôr. Ecologia e ordem internacional: uma discussão sobre os paradigmas de análise. *Contexto Internacional*, Rio de Janeiro, nº 12, p. 29-51, jul./dez. 1990.

CARRIERI, Alexandre de Pádua. Organizações e meio ambiente: mudança cultural. In: RODRIGUES, Suzana Braga; CUNHA, Miguel P. (Org.). *Estudos organizacionais*: novas perspectivas na administração de empresas (uma coletânea luso-brasileira). São Paulo: Iglu, 2000.

CARSON, Rachel. *Primavera silenciosa*. São Paulo: Melhoramentos, 1968.

CARVALHO, Isabel. Ecologia, desenvolvimento e sociedade civil. *Revista de Administração Pública*, Rio de Janeiro: FGV, 25 (4), p. 4-11, out./dez. 1991.

_____. *Territorialidades em luta*: uma análise dos discursos ecológicos. São Paulo: Instituto Florestal/Secretaria do Meio Ambiente, 1995.

CEPAL (Comisión Económica para América Latina y el Caribe). *La incorporación de la dimensión ambiental en las políticas publicas*: experiencias de la Argentina en el quinquenio 1984-1988. Santiago do Chile: Cepal, 22 jan. 1990.

CLEGG, Stewart R.; HARDY, Cynthia; NORD, Walter R. (Org.). *Handbook de estudos organizacionais*. São Paulo: Atlas, 1998.

CODDINGTON, W. *Environmental marketing*. New York: McGraw-Hill, 1993.

COELHO, Arlinda Conceição Dias. *Avaliação da aplicação da metodologia de produção mais limpa UNIDO/UNEP no setor de saneamento*: estudo de caso: EMBASEA S.A. 2004. Dissertação (Mestrado) – Departamento de Engenharia Ambiental, Universidade Federal da Bahia, Salvador.

COMISIÓN DE LAS COMUNIDADES EUROPEAS. *Libro verde*: fomentar un marco europeo para la responsabilidad social de las empresas. Bruxelas, 18 jul. 2001.

COMISSÃO MUNDIAL PARA O MEIO AMBIENTE E DESENVOLVIMENTO – CMMAD. *Nosso futuro comum*. 2. ed. Rio de Janeiro: FGV, 1991.

CONAMA (Conselho Nacional do Meio Ambiente). Resolução 1 que "Dispõe sobre os critérios básicos e diretrizes gerais para o relatório de Impacto Ambiental", de 23 jan. 1986 (publicada no *Diário Oficial da União*, em 28 fev. 1986).

CONFEDERAÇÃO NACIONAL da INDÚSTRIA – CNI. A indústria e o meio ambiente. *Sondagem especial da CNI*, ano 2, nº 1, maio 2004.

_____. *Indústria sustentável no Brasil*. Agenda 21: cenários e perspectivas. Brasília: CNI, 2002.

CONFERÊNCIA DAS NAÇÕES UNIDAS sobre o Meio Ambiente e Desenvolvimento – CNUMAD. Agenda 21. 3. ed. Brasília: Senado Federal, 2001.

CORREA, Leonilda Beatriz Campos Gonçalves Alves. *Comércio e meio ambiente*: atuação diplomática brasileira em relação ao selo verde. Brasília: Instituto Rio Branco: Fundação Alexandre de Gusmão: Centro de Estudos Estratégicos, 1998.

DEANE, Phyllis. *A revolução industrial*. 3. ed. Tradução de Meton Porto Gadelha. Rio de Janeiro: Zahar, 1975.

DEMANBORO, A. C.; FIGUEIREDO, P. J. M. Planejamento energético brasileiro: uma análise crítica do setor elétrico e a proposta de implantação da Usina Termoelétrica de Paulínia. In: SEVÁ, Oswaldo; FERREIRA, Lúcia da Costa (Org.). *O projeto da termoelétrica em Paulínia, SP*: a questão energética e a degradação sócio-ambiental. Campinas: Unicamp: Nepam, 1989.

DIAS, Reinaldo. *Sustentabilidade*: origem e fundamentos. São Paulo: Atlas, 2015.

_____. *Eco-inovação*: caminho para o desenvolvimento sustentável. São Paulo: Atlas, 2014.

_____. *A política ambiental no Mercosul*. 2001. Tese (Doutorado) – IFCH/UNICAMP, Campinas.

_____. A sustentabilidade nas organizações. In: DIAS, R.; ZAVAGLIA, T.; CASSAR, M. (Org.). *Introdução à administração*. Campinas: Alínea, 2003.

_____. *A questão ambiental e o exercício da cidadania*: o movimento contra a usina termoelétrica em Mogi-Guaçu, SP. 1995a. Dissertação (Mestrado) – IFCH/UNICAMP, Campinas.

_____. As empresas e o padrão de qualidade ambiental. *Economia & Empresa*, v. 2, nº 3, 1995b.

_____. A administração ambiental e o poder público. *Revista de Administração Municipal*, Rio de Janeiro, v. 42, nº 216, p. 51-65, 1995c.

_____; CASSAR, Mauricio. *Fundamentos do marketing turístico*. São Paulo: Prentice Hall, 2005.

DIEGUES, A. C. S. Desenvolvimento sustentável ou sociedades sustentáveis: da crítica dos modelos aos novos paradigmas. *São Paulo em Perspectiva*, São Paulo: Fundação Seade, v. 6, nº 1-2, 1992.

DOCUMENTO CESP. *Ofício/P/694/93*, 29 mar. 1993.

_____. Síntese do relatório apresentado pela Acquaterra-Planejamento e Consultoria SCL, out. 1991.

_____. *Relatório à Diretoria* (minuta). Relator: Antonio Carlos Bonini de Paiva. 23 out. 1991.

_____. *Usina termoelétrica da região da bacia do rio Mogi-Guaçu*: resumo descritivo, jul. 1993.

DONAIRE, Denis. *Gestão ambiental na empresa*. São Paulo: Atlas, 1995.

DURÁN, Alexander Bonilla. Notas para a história das lutas ecológicas. *Pau Brasil*, São Paulo, ano 2, nº 12, p. 6-12, maio/jun. 1986.

EGRI, Carolyn P.; PINFIELD, Lawrence T. As organizações e a biosfera: ecologia e meio ambiente. In: CLEGG, Stewart R.; HARDY, Cynthia; NORD, Walter R. (Org.). *Handbook de estudos organizacionais*. São Paulo: Atlas, 1998.

EPELBAUM, Michel. *A influência da gestão ambiental na competitividade e no sucesso empresarial*. 2004. 190 p. Dissertação (Mestrado) – Escola Politécnica, USP, São Paulo.

FERREIRA, Leila da C.; FERREIRA, Lucia da C. Limites ecossistêmicos: novos dilemas e desafios para o estado e para a sociedade. In: HOGAN, Daniel Joseph; VIEIRA, Paulo Freire (Org.). *Dilemas sócio-ambientais e desenvolvimento sustentável*. Campinas: Unicamp, 1992.

FERREIRA, Lucia C.; HOLLER, S.; DENISE, A. S. Luz e sombras: disputas políticas em torno do projeto UTE-Paulínia. In: SEVÁ, Oswaldo; FERREIRA, Lucia da Costa (Org.). *O projeto da termoelétrica em Paulínia, SP*: a questão energética e a degradação sócio-ambiental. Campinas: Unicamp: Nepam, 1989.

FIESP/CIESP. *Responsabilidade social empresarial*: panorama e perspectiva na indústria paulista. São Paulo: Fiesp/Ciesp, nov. 2003.

FIKSEL, Joseph. *Design for environment*: creating eco-efficient products and processes. New York: McGraw-Hill, 1996.

FUKS, M. Natureza e meio ambiente: a caminho da construção de um consenso social. In: GOLDENBERG, Mirian (Org.). *Ecologia, ciência e política*. Rio de Janeiro: Revan, 1992.

GONÇALVES, Reinaldo. *O Brasil e o comércio internacional*: transformações e perspectivas. São Paulo: Contexto, 2000.

GRAY, R.; BEBBINGTON, J.; WALTERS D. *Accounting for the environment*. Londres: Paul Chapman, 1993.

GUIMARÃES, Roberto P. Medio ambiente y etica: un nuevo paradigma de desarrollo. *Ambiente & Sociedade*, ano I, nº 2, p. 5-24, 1998.

_____. El discreto encanto de la Cumbre de la Tierra: evaluación impresionista de Rio-92. *Nueva Sociedad*, Caracas, 1992.

_____. A assimetria dos interesses compartilhados: a América Latina e a Agenda Global do Meio Ambiente. In: LEIS, Hector R. (Org.). *Ecologia e política mundial*. Rio de Janeiro: Vozes, 1991.

GUIMARÃES JR., R. A. Eco-92 e o direito ecológico no Brasil. In: *O Brasil na CNUMAD-92*: comentários sobre os subsídios técnicos para a elaboração do relatório nacional. Campinas: Nepam: Unicamp, 1991.

HARDIN, Garret. The tragedy of commons. *Science*, v. 162, p. 1243-1248, 1968.

HAWKEN, Paul. *The ecology of commerce*: a declaration of sustainability. New York: Harper Collins, 1993.

HERCULANO, S. C. Do desenvolvimento (in) suportável à sociedade feliz. In: GOLDEMBERG, Miriam (Coord.). *Ecologia, ciência e política*. Rio de Janeiro: Revan, 1992.

HOBSBAWM, Eric J. *Da revolução industrial inglesa ao imperialismo*. Tradução de Donaldson Magalhães Garschagen. Rio de Janeiro: Forense Universitária, 1983.

INDICADOR S A 8000: respeito ao trabalho. *Brasil Sustentável*, jan./fev. 2005.

INSTITUTO BRASILEIRO DE GEOGRAFIA E ESTATÍSTICA – IBGE. *Pesquisa de informações básicas municipais sobre meio ambiente*. Rio de Janeiro: IBGE, 2005.

IUCN/UNEP/WWF. *Estratégia mundial para a conservação*. São Paulo: Cesp, 1(V), 1984.

JACOBI, P. *Movimentos sociais e políticas públicas:* demanda por saneamento básico e saúde: São Paulo, 1974-84. São Paulo: Cortez. 1989.

JOHR, Hans. *O verde é negócio*. 2. ed. São Paulo: Saraiva, 1994.

KÄRNEN, H. Movimentos sociais: uma revolução no cotidiano. In: SCHERER WARREN, Ilse; KRISCHKE, Paulo (Org.). *Uma revolução no cotidiano?*: os novos movimentos sociais na América do Sul. São Paulo: Brasiliense, 1987.

KINLAW, Dennis. *Empresa competitiva e ecológica*: desempenho sustentado na era ambiental. São Paulo: Makron Books, 1997.

KITAMURA, P. C. *Desenvolvimento sustentável*: uma abordagem para as questões ambientais da Amazônia. 1994. Tese (Doutorado) – Instituto de Economia, Unicamp, Campinas.

KOTLER, Philip. *Administração de marketing*. 4. ed. São Paulo: Atlas, 1996.

_____; ARMSTRONG, Gary. *Princípios de marketing*. Tradução de Arlete Simille Marques e Sabrina Cairo. 9. ed. São Paulo: Prentice Hall, 2003.

LARAIA, Roque de Barros. *Cultura*: um conceito antropológico. 11 ed. Rio de Janeiro: Jorge Zahar, 1997.

LE PRESTRE, Philippe. *Ecopolítica internacional*. Tradução de Jacob Gorender. São Paulo: Senac, 2000.

LÉLÉ, S. M. Sustainable development: a critical review. *World Development*, Reino Unido: Pergamon, 19(6), p. 607-621, June 1991.

LEONARD, H. Jeffrey (Org.). *Meio ambiente e pobreza*: estratégias de desenvolvimento para uma agenda comum. Rio de Janeiro: Jorge Zahar, 1992.

MAIMON, D. Política ambiental no Brasil: Estocolmo-72 a Rio-92. In: MAIMON, Dália (Coord.). *Ecologia e desenvolvimento*. Rio de Janeiro: Aped, 1992.

MALTHUS, Thomas. *Ensaio sobre o princípio da população*. Lisboa: Europa-América, s/d.

MARSHALL, T. H. *Cidadania, classe social e status*. Rio de Janeiro: Zahar, 1987.

MARX, Karl. *O capital*. Tradução de Reginaldo Santana. 13. ed. Rio de Janeiro: Bertrand Brasil, 1989. Livro 1, v. 1.

MEADOWS et al. *Limites do crescimento*. São Paulo: Perspectiva, 1973.

MINISTÉRIO DAS RELAÇÕES EXTERIORES – MRE. *Mercosul*: origem, legislação e textos básicos. Brasília: MRE, 1992.

MIYAMOTO, Shiguenoli. A questão ambiental e as relações internacionais. *Revista de Informação Legislativa*, Brasília: Senado Federal, ano 28, nº 112, 1991.

MONTICELLI, J. J.; MARTINS, J. P. S. *A luta pela água*: nas bacias dos rios Piracicaba e Capivari. Capivari: EME, 1993.

NOGUEIRA, Heloisa (Org.). *Experiências inovadoras de gestão municipal*. São Paulo: Polis, 1992.

OECD. *Technologies for cleaner production and products*: towards technological transformation for sustainable development. 1995.

_____. *Eco-labelling*: actual effects of selected programmes. Paris: OCDE, 1997. (Relatório OCDE/GD (97) 105.)

_____. The polluter pays principle: definition, analysis, implementation. Paris: OECD, 1975.

ORGANIZACIÓN de las Naciones Unidas – ONU. Consejo Económico y Social. *Informe del secretario general. Declaración de Rio sobre el Medio Ambiente y el Desarrollo*: aplicación y ejecución. New York: Comisión sobre el Desarrollo Sostenible, 10 fev. 1997.

OTTMAN, Jacquelin A. *Marketing verde*: desafios e oportunidades para uma nova era do marketing. Tradução de Marina Nascimento Paro. São Paulo: Makron Books, 1994.

OXFAM INTERMÓN. *El mecanismo de desarrollo limpio y su contribución al desarrollo humano*: análisis de la situación y metodología de evaluación del impacto sobre el desarrollo. Madrid: Intermón-Oxfam/Politécnica de Madrid, 2008.

PÁDUA, J. A. O nascimento da política verde no Brasil: fatores exógenos e endógenos. In: LEIS, Hector R. (Org.). *Ecologia e política mundial*. Rio de Janeiro: Vozes, 1991.

PEATTIE, K. *Environmental marketing management*. Londres: Pitman, 1995.

REIS, Luis Felipe Sanches de Sousa Dias; QUEIROZ, Sandra Mara Pereira de. *Gestão ambiental em pequenas e médias empresas*. Rio de Janeiro: Qualitymark, 2002.

RELATÓRIO TÉCNICO CESP/UNICAMP/FUNCAMP. *Competitividade e impactos da usina termoelétrica a resíduos ultraviscosos de petróleo em Paulínia*. Versão preliminar. Campinas, 1991. Mimeografado.

_____. *Competitividade e impactos da usina termoelétrica a resíduos ultraviscosos de petróleo em Paulínia*. Sumário executivo. Campinas, nov. 1991. Mimeografado.

RODRIGUES, M. G. Movimento ambiental e ativismo político: um estudo de caso da campanha contra os bancos multilaterais de desenvolvimento. *Contexto Internacional*, Rio de Janeiro: IRI, 15 (2),1993.

ROOME, N. Developing environmental management strategies. *Business Strategy and Environment*, v. 1, nº 1, p. 11-24, 1992.

SACHS, I. *Estratégias de transição para o século XXI*: desenvolvimento e meio ambiente. Tradução de Magda Lopes. São Paulo: Studio Nobel: Fundap, 1993.

_____. Estratégias de transição para o século XXI. In: BURSZTYN, Marcel (Org.). *Para pensar o desenvolvimento sustentável*. 2. ed. São Paulo: Brasiliense: ENAP: Ibama, 1994.

SCHMIDHEINY, Stephan. *Cambiando el rumbo*: una perspectiva global del empresariado para el desarrollo y el medio ambiente. México: Fondo de Cultura Económica, 1992.

SEVÁ, Oswaldo; FERREIRA, Lucia Costa (Org.). *O projeto da termoelétrica em Paulínia, SP*: a questão energética e a degradação sócio-ambiental. Campinas: Unicamp: Nepam, 1989.

SISTEMA ECONÓMICO LATINOAMERICANO – SELA. Secretaría Permanente. La cumbre de Johannesburgo: frustración para el desarrollo? *Notas Estratégicas*, Caracas: Sela, nº 42, oct. 2002.

SOARES, Esther Bueno. *Mercosul*: desenvolvimento histórico. São Paulo: Oliveira Mendes, 1997.

THORSTENSEN, Vera. *OMC (Organização Mundial do Comércio)*: as regras do comércio internacional e a rodada do milênio. São Paulo: Aduaneiras, 1999.

TOLDO, Marisa. Responsabilidade social empresarial. In: INSTITUTO ETHOS. *Responsabilidade social das empresas*: a contribuição das universidades. São Paulo: Fundação Peirópolis, 2002.

TOMIC, T. Participación y medio ambiente. *Revista de la Cepal*, Santiago do Chile, nº 48, 1992.

TORMO, Cristina García-Oecoyen. El papel de las organizaciones no gubernamentales ambientales ante la política ambiental. *El Socialismo del Futuro*, Madri, nº 8, p. 99-106, 1993.

UICN/PNUMA/WWF. *Cuidando do planeta Terra*: uma estratégia para o futuro. São Paulo: UICN: PNUMA: WWF, 1991.

UNCTAD. *Comercio y medio ambiente*: progresos concretos alcanzados y algunas cuestiones pendientes. Genebra: Secretaria da UNCTAD, A/S.E/1997/13, 1997.

_____. Publicación de información sobre la repercusión de las empresas en la sociedad: tendencias y cuestiones actuales. *Informe de la Secretaría de la UNCTAD*, Genebra, TDB/B/COM.2/ISAR/20, 15 ago. 2003.

UNESCO (United Nations Educacional, Scientific and Cultural Organization). Conseil International du Programme Sur l'Homme et la Biosphère, (MAD) Première Session, Paris 9-19 Novembre, 1971. Rapport final 1.

USINA TERMOELÉTRICA DE PAULÍNIA. *Rima – relatório de impacto ambiental/Cesp*. Porto Alegre: Transtec, 1990. Reeditado em São Paulo pela Cesp.

VALLE, Cyro Eyer. *Qualidade ambiental*: ISO 14000. 4. ed. rev. e ampl. São Paulo: Senac, 2002.

VIOLA, Eduardo. O GEF e o Brasil: institucionalidade e oportunidades de financiamento. *Ambiente e Sociedade*, Campinas: NEPAM/UNICAMP, 1 (1): 5-26, 2º semestre de 1997.

WARFORD et al. *The evolution of environmental concerns in adjustment lending*: a review. Washington: World Bank, Feb. 1993.

WELFORD, R. *Environmental strategy and sustainable development*. Londres: Routledge, 1995.

WORLD BUSINESS COUNCIL FOR SUSTAINABLE DEVELOPMENT – WBCSD. *Eco-efficient leadership for improved economic and environmental performance*. Disponível em: <www.wbcsd.org>. Acesso em: jan. 1996.

_____. *A eco-eficiência*: criar mais valor com menos impacto. Lisboa: WBCSD, 2000. Disponível em: <www.wbcsd.org>.

_____; PNUMA. *Eco-efficiency and cleaner production*: charting the course to sustainability. Paris: WBCSD, 1998.